曽我量深に聞く

宗教的要求の象徴・法蔵菩薩

限りなく
純粋感性を求めて――

那須信孝 著

大法輪閣

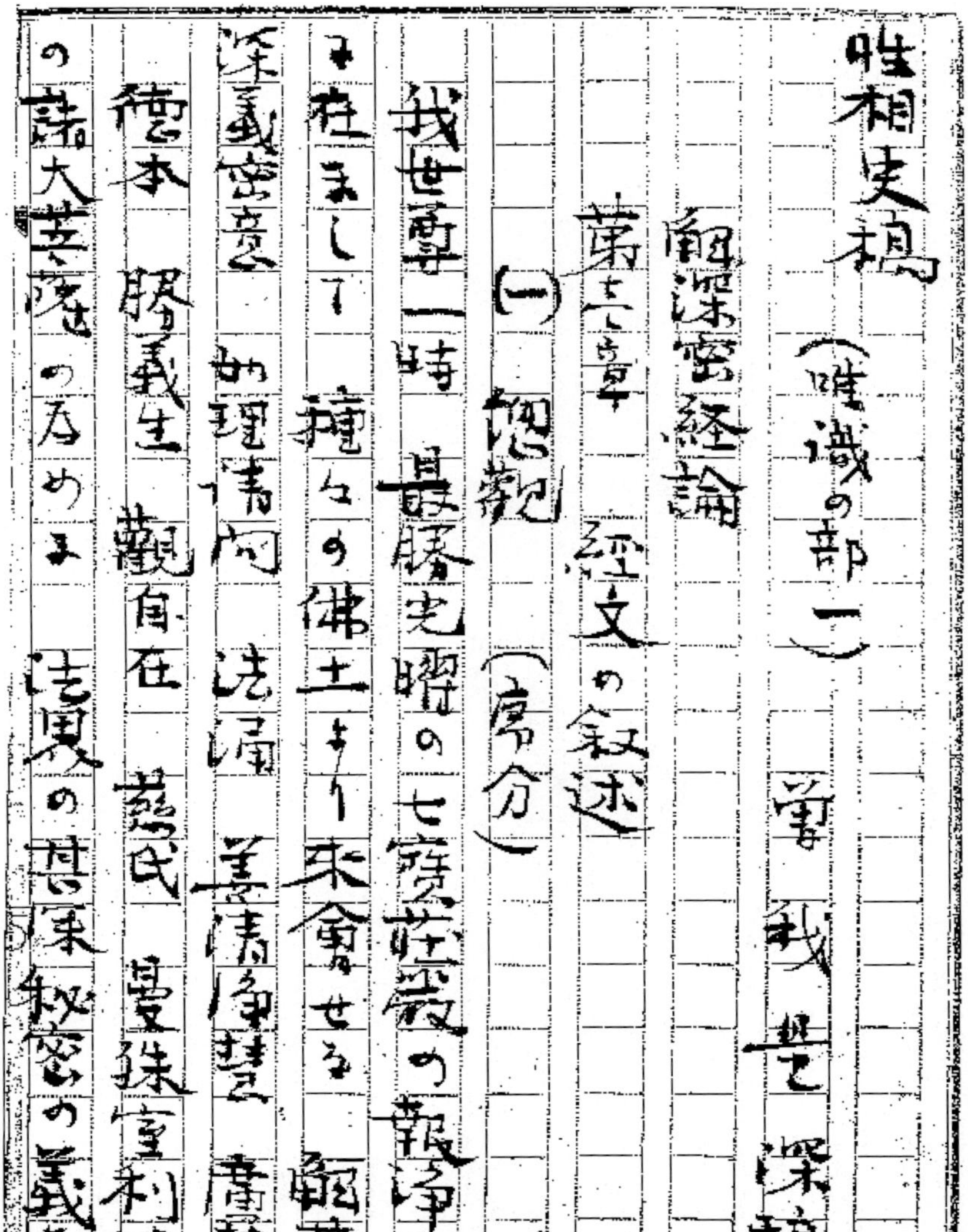
唯相史稿（唯識の部一）
曽我量深稿
解深密経論
第十七章　經文の叙述
(一) 總觀（序分）
我世尊一時最勝光曜の七寶莊嚴の報淨土に在まして種々の佛土より来會せる無量深義密意如理請問法涌善清淨慧廣慧德本勝義生觀自在慈氏曼殊室利等の諸大菩薩の爲めに法身の甚深秘密の義旨

曽我量深の自筆原稿

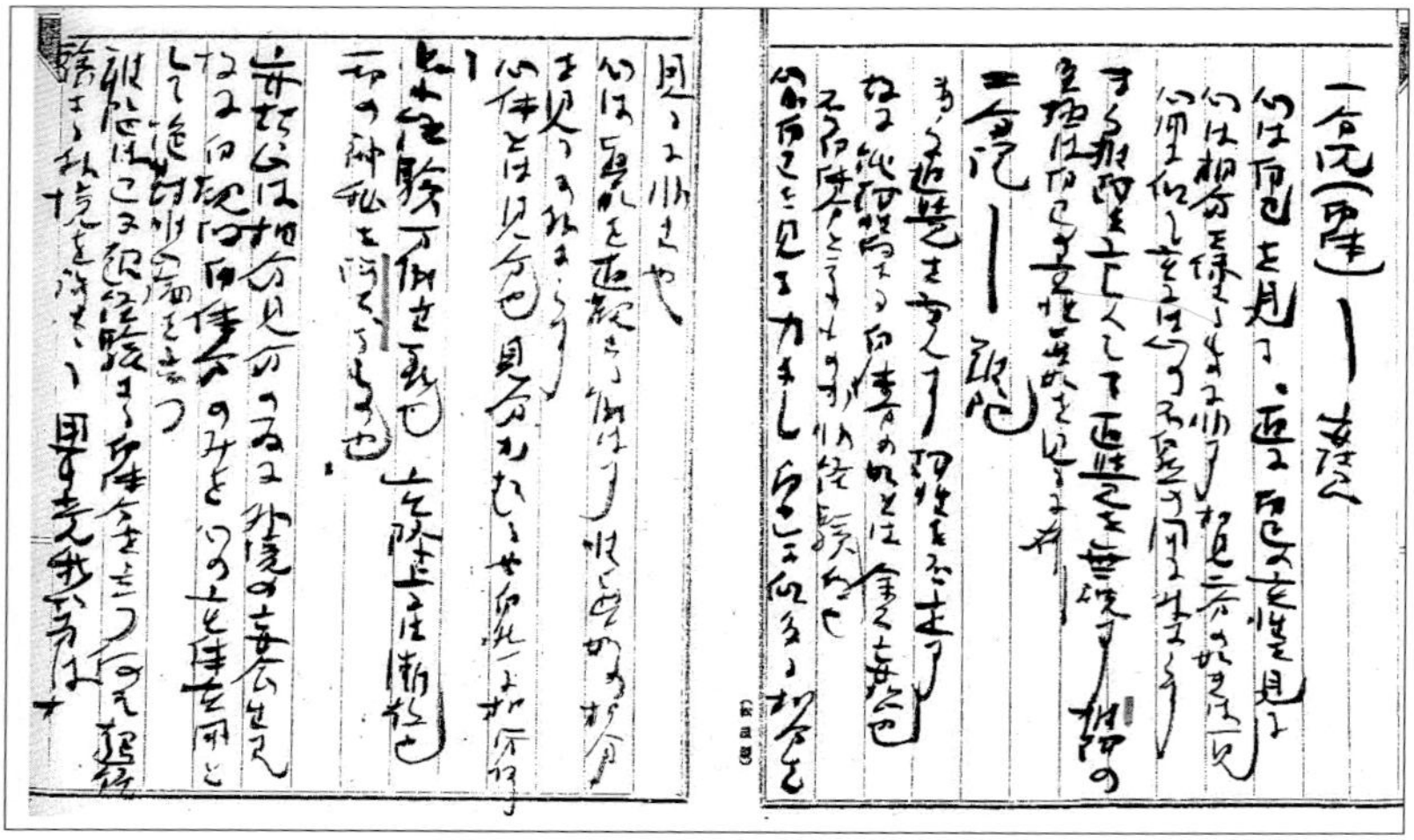

曽我の覚え書きとも思われるノート（本文「はじめに」註［1］を参照）で唯識の諸学派を驚くべきほど詳細に考究されている。常に一分説の難陀、二分説の安慧、三分四分説の護法を対比して、各々の特徴を捉えて詳論する。

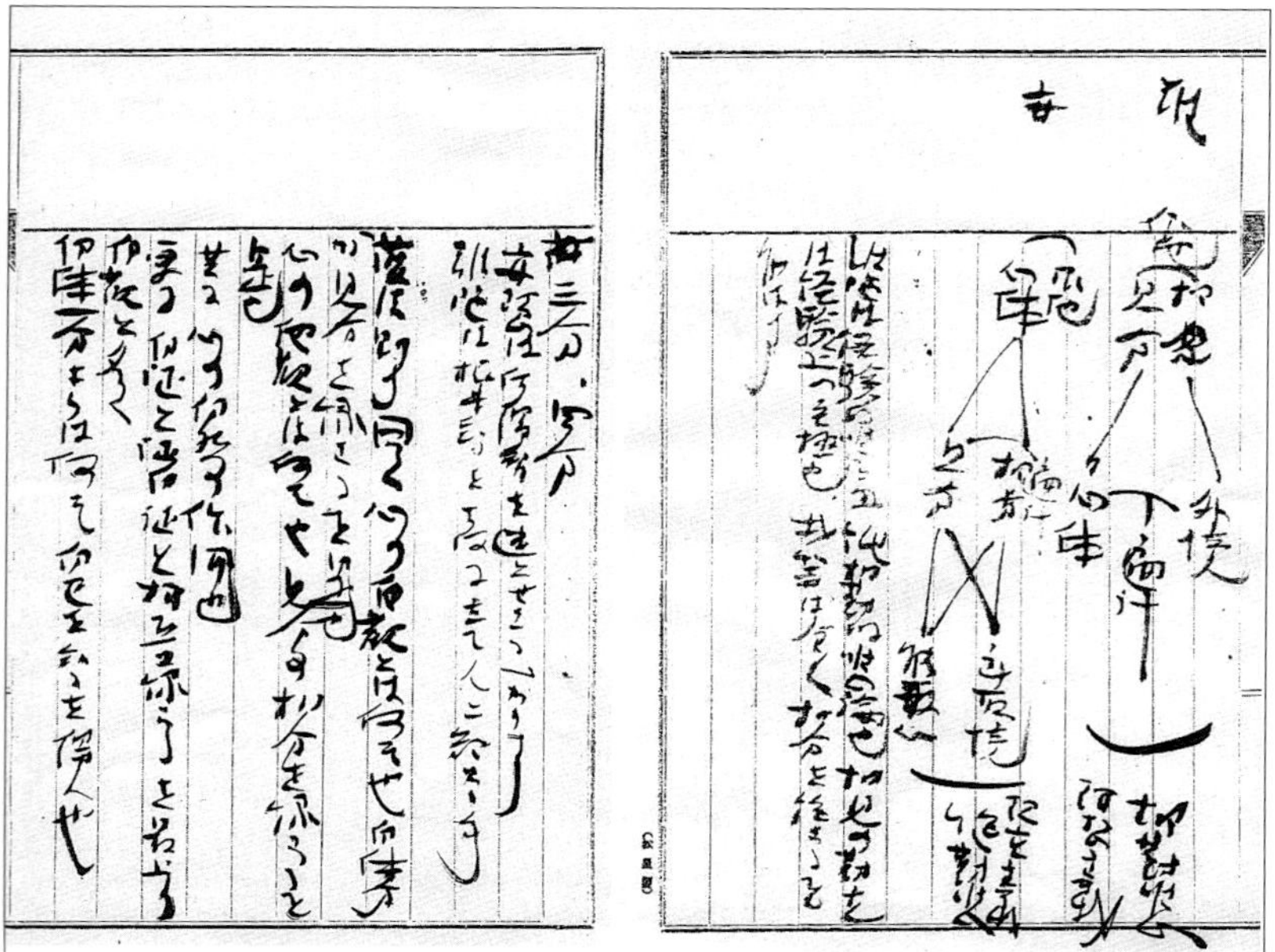

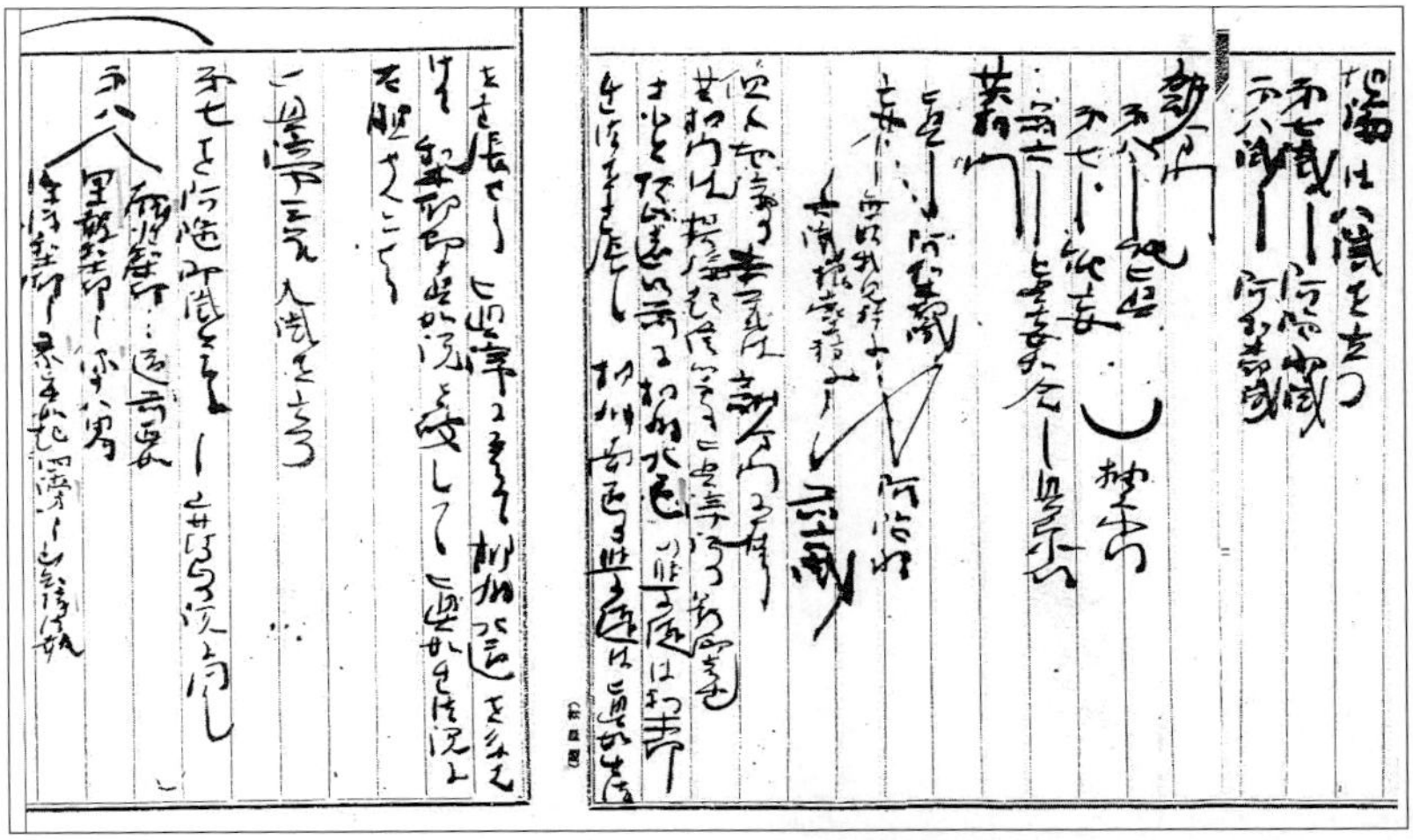

決定蔵論・無相論の立場は八識中に真妄の両面、解性梨耶と汚染梨耶の両面を認め真を解性如来蔵となす。この如来蔵を別開して第九識となす。この時、第八識は唯在纒位に限る。

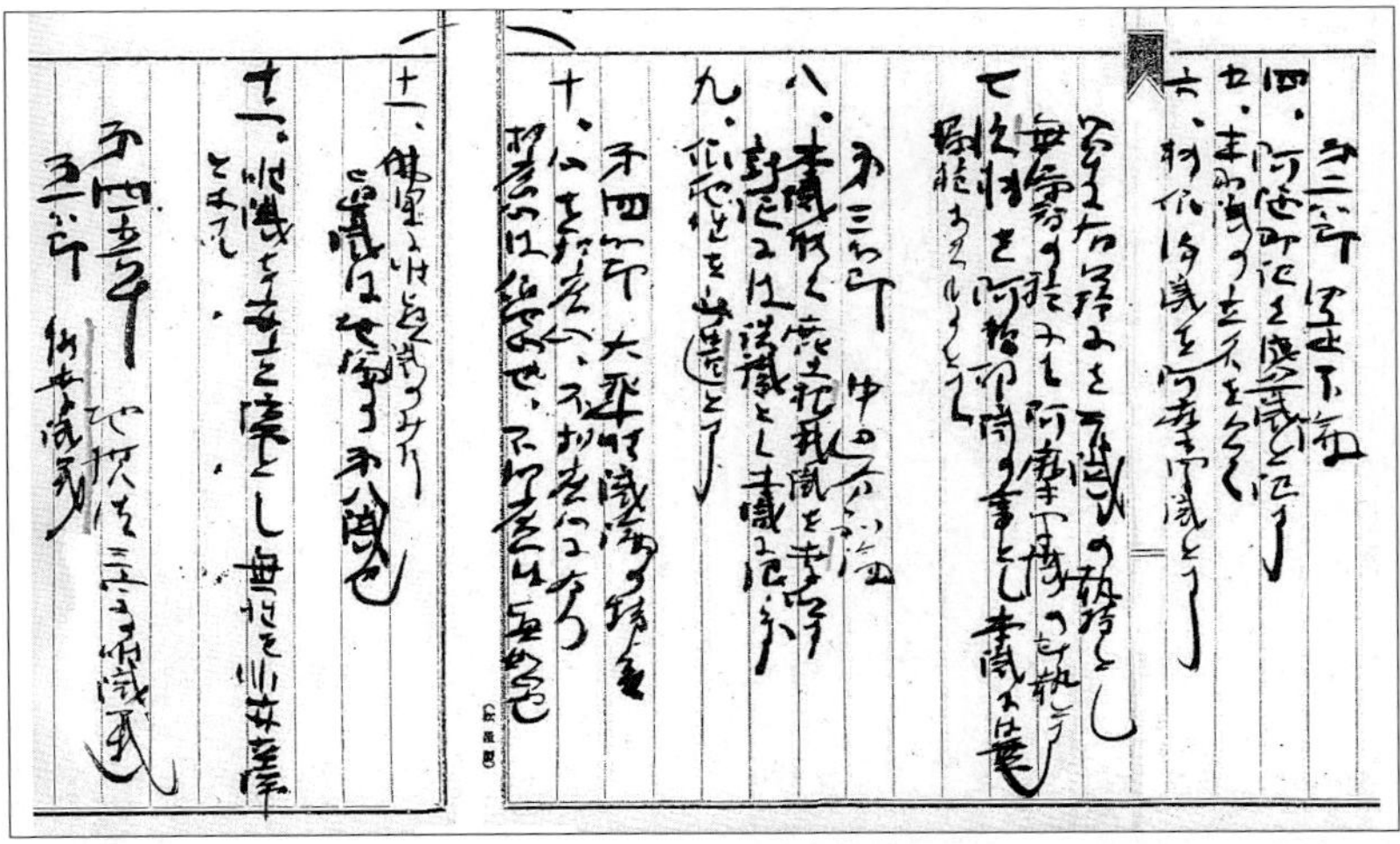

梁摂論と無相論の相異について対比して考究している。曽我は阿摩羅識については、「選集」八巻で一度しか説いていないが、ノートでは真諦の考えとして幾度も論じている。この文でも「転依浄義を阿摩羅識とす、単に有漏種子を蔵識の執持とし、無漏智の執持を阿摩羅識の所執とす」とある。

(三)絶対唯心論——超論理的無元論——絶対

(我)相対的存在は空

法(心／境)相対的存在は空

(四)相対唯心論——外——我法(境)——空

内——識(心)——有

↓

唯我依法

(相対存在論)

論理的唯心二元論——心

論理的観念論——内外相対

心境相対

心外境空

現象的一元論

(五)絶対的存在論——超論理的存在論

識(体——内——心／用——外——境)

合論的一元論

識性(内——身／外——境)

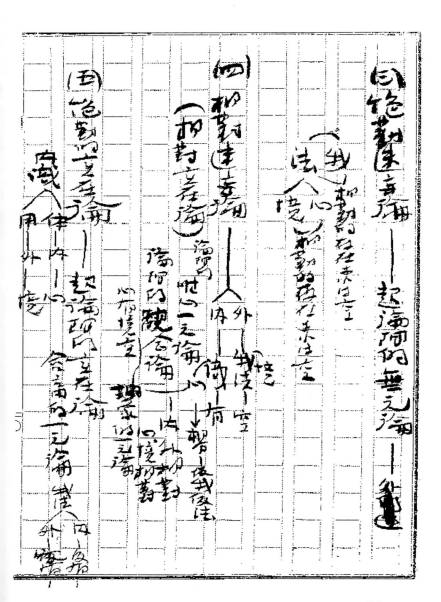

曽我量深に聞く

宗教的要求の象徴・法蔵菩薩

——限りなく純粋感性を求めて——

目次

装幀＝山本太郎（ツヅリ・ワークス）

そえがき

幡谷　明

「一切梵行の因は善知識なり」（『涅槃経・迦葉品』、教行信証化巻本三九二頁所引）

那須氏が敬慕され、その深遠な思想・教学の聞思《もんし》に生涯をかけてこられた恩師曽我量深《そがりょうじん》先生との値遇《ちぐう》の経緯については、平成二十四年に出版された大著『曽我量深の教え　救済と自証—法蔵菩薩は誰か—』（新学社）の「始めに」と「あとがき」にその要が記されている。

氏から直接お聞きしたところによれば、京大の卒論《三願転入》の口答試問の時に武内義範《たけうちよしのり》先生が「曽我先生の本を読むこと、そしてお話をお聞きすること」と指示せられたことが決定的な意義をもつものであったとのことである。

大谷大学の研究科に進学され、曽我・金子・鈴木という不出世の碩学の講義を聴講されると共に、偏依《へんね》曽我先生一師を歩まれていた無二の畏友となった小林光麿《こばやしみつまろ》氏に出会い、難解この上なき曽我教学を身読信証する道が次々とかけがえのない名師・名友との値遇を通して開かれてきた。

京大で長尾雅人《ながおがじん》博士から近代仏教学における唯識《ゆいしき》学を学ばれた氏は、因明《いんみょう》に及ぶ広範な伝統的な唯識教学を修得されていた曽我先生の教学の核であった唯識と真宗学について、大変な努力をして学ばれたことであり、殊に曽我先生の自筆の原稿に基づく「曽我量深選集」の第一巻から第五巻までを綿密に解読に取り組まれたことは、小林光麿氏のような求道心と同学心に篤い学友が常に一緒であったとは云え、筆舌に尽くしがたい学仏道の歩みであったことは想像を絶する。

本書は、曽我教学に強い関心を寄せて真宗教学を学ばれている有志の方々約三十名の僧俗・坊守《ぼうもり》らと毎月一回、三年間にわたって講義されたものを纏められたものである。

本書の内容については、病身である私には紹介出来ないが、ただ原稿を一読させて頂いて特にその一つは第一巻収録の『解深密経《げじんみっきょう》』（龍樹滅後［A.D.206］梵本を欠落、チベット本のみ）を中心とする先生についての独立した書物は残されていないが、思想を参照駆使して解読されていることである。

曽我先生は大学の研究院を卒業後、七年間真宗大学で「倶舎《くしゃ》」唯識学を中心に教鞭をとられ、大学の東京移転を機に五年の越後時代を別として、再び東京に出られ東洋大学で八年間（一九一六〜二四）教授として唯識を担当されている。この時期は「倶舎の哲学」「唯識の哲学」を始め、唯識関係の書物を実に数多く講義せられており、先生の唯識仏教が如何に幅広く底深いかが知られる。近代教学の研究では、野沢静証著『大乗仏教瑜伽行《ゆがぎょう》の研究』の論証がある。

本書の後半には、先生の唯識教学と『浄土論』についての独自の関係についての論証が纏められている。先生には金子先生とは違って『浄土論』についての独立した書物は残されていないが、先生の透徹した思索を知らされる貴重な「浄土論観」である。

本章の終章「曽我の法蔵菩薩と唯識観」は、前著『救済と自証』をも含めた終章とも言うべきもので、『大経』所説の法蔵菩薩と二種深信《じんしん》における感応道交という『唯識論』の阿頼《あら》耶識《やしき》論の即的関係において、法蔵菩薩が大乗菩薩道の宗教的原理である事を明らかにする。

私達が先生から頂いた何よりの根本真理は「如来は我を救い給うや」「如来我となり我を救い給う。如来我となるとは、法蔵菩薩降誕のことなり」の根本命題にあることを思うことであり、その一法句を南無阿弥陀仏の大行によって憶念執持し、人生を完うしたいと念ずることである。

（はたや・あきら＝仏教学者、大谷大学名誉教授）

《凡　例》

一、引用文献および本文の漢字は、常用体のあるものは、常用体を使用した。

二、引用文献は以下のように略記した。

『曽我量深選集』――――「選集」

『曽我量深講義集』――――「講義集」

『曽我量深先生講話集』――「講話集」

曽我量深に聞く

宗教的要求の象徴・法蔵菩薩

―限りなく純粋感性を求めて―

はじめに

曽我量深《そがりょうじん》の教学を総括的に概説した書、『救済と自証《きゅうさいじしょう》』を出版した（二〇一二年、新学社刊）が、それは真宗学の観点から特に曽我の唯識《ゆいしき》思想の根幹である「法蔵菩薩《ほうぞうぼさつ》は阿頼耶識《あらやしき》なり」のキーワードを中心に、曽我が唯識思想を基盤として真宗学を考究していることを明らかにした。しかしそれでは曽我の唯識学とそれを基礎に、浄土教の法蔵菩薩について論じた曽我の考えが充分に理解が得られない点があった。本書では、大乗仏教の流れに沿って曽我の法蔵菩薩と阿頼耶識の関係を詳しく考究することにより、『救済と自証』の前書を理解する手がかりになれば幸いである。

曽我教学の特質は、浄土真宗のみならず、真の仏教は救いを契機として仏が仏自身に目覚める、仏自身が自己を自証する教えである、しかしてそれが衆生が救済されることを通して自己自身を証明する教えであると捉えている点である。すなわち、救済と自証は対立するものではなく、真の救済は自証を離れないのであり、また救済なくして自証もないのである。この両者の不即不離《ふそくふり》の関係を明らかにしようとするのが曽我教学である。

宗教的原理において如来と衆生という相対立する実体があるのではない。如来はすなわち宗教的意志の対象であり、衆生は宗教的認識の対象である。本願すなわち宗教的意志の体《たい》と用《ゆう》とである。仏は衆生を救済せんとして限りなく自己を内観自証するのであり、衆生は救済されることをとおして限りなく救われがたき身であると深信《じんしん》する。仏と衆生の自証は逆対応である。

こういった限りない内観の学、教えとしての真宗学にとって、極めて深い関わりをもっているのが唯識学である。真宗学をして自覚の教学たらしめるものは瑜伽《ゆが》教学である。唯識論を学ぶとは唯識観することである。一切唯識の思想は自己内観の道である。自覚自証の道である。曽我は自己の唯識学に対しての考えを次のように述べている。

> 私は昔から唯識学者のいふ阿頼耶識と、真宗学でいふ法蔵菩薩と同じだといふやうなことを云つてゐるのではありませぬ。一体さういふ阿頼耶識とか法蔵菩薩とかいふものは何を意味してゐるか。我等の宗教的要求において何を意味するか。かういふことを私は明らかにしたいといふだけのことであります。(「講義集」四―一四五〜一四六頁)

私は真宗学のことを話をするのか、唯識の話をするのか、どこの話をするのか解らぬやうでありますが、私は一般的なる真宗学の話をするのでも完成せる唯識学の話をするのでも無い。自分は現在の自分の意識の事実の話をするのである。だからして意識の体験を離れたる真宗学でも無いし、宗教的認識と交渉なき唯識学でも無い。詰《つま》り自分の意識の中に流るゝ真宗学を話し、自分の宗教的要求の反省なる唯識学を話して居るのである。だからして無限に開展する真宗学でもあり、又現在に自ら生きて思想しつゝある唯識学でもある、かう思ふのであります。（『選集』五―一六七〜一六八頁）

曽我先生と昵懇にされていて『曽我量深選集』はじめその著書を出版された故津曲淳三《つまがりじゅんぞう》氏が、「先生の門下生を以て自任する者の、一として先生の御文章を読解し得る者のなかったことは、大なる驚異であると共に、また悲傷せざるを得ぬ事であった。今回編輯の任に当り、殊に其感を深くするものである」（『選集』四、月報）と言っているが、故小林光麿《こばやしみつまろ》法友がまとめられた曽我先生の未発表のノートの筆録には、驚くほど詳細にあらゆる唯識学に関する研究を考察しておられる。[1]無相《むそう》唯識派と有相《うそう》唯識派の特徴を詳細に対比しているが、例えば安慧《あんね》の一分説、難陀《なんだ》の二分説、護法《ごほう》の四分説を比較し、その是非を論ずるのでなく特徴を記している。『摂大乗論《しょうだいじょうろん》』第一編・第三、本論の種類（『選集』一）において護法・安慧の意見の相違は、法相為本《ほっそういほん》と観心《かんじん》為本との差違に帰するものと、その差異特徴を論じているのもこのノートによるのであろう。曽我は通常の唯識思想を充分に熟知された上で、自覚の教えとして独自の唯識観を講述されているのである。

曽我は『無量寿経《むりょうじゅきょう》』について次の様に述べている。

大乗仏教に於ける仏道と菩薩道との相関相成が此法蔵菩薩と阿弥陀仏との因果必然関係の上に巧に顕示せられてある。(乃至)

龍樹の『中論』の教学は法についての「識」の否定であつたが、無着、世親の『唯識』の教学は此否定に立つて、法それ自体の中に自証する「識」を見出した。かくして法についての「識」をも成立する根拠を与へ、菩薩道の建設に依つて小乗仏教に更に新生命を復活せしめた。所謂小乗仏教学は要するに世間実用の常識を用ゐて純正なる法の識を可能ならしめやうとするものである。されば大乗仏教に於ける一貫の問題は、仏道に於ける信解と、菩薩道に於ける行証との二者を、云何にして立体的に具足せしめ得べきやにある。(同 四―一九七～一九八頁)

瑜伽行《ゆがぎょう》唯識思想は、大乗仏教の般若中観《はんにゃちゅうがん》思想を継承するのであるが、中観の無自性空《むじしょうくう》・心性清浄《しょうじょう》を説くのに対して、深層意識を掘り起こし、流転《るてん》の主体の煩悩《ぼんのう》を解明する。その実存的解明が浄土思想と内面的に対応するのであり、曽我は、阿弥陀仏の因位《いんに》の法蔵菩薩出現の道程を内観することにより、広く深く宗教的要求を象徴表現するのが法蔵菩薩であることを明らかにし、親鸞の思想が一乗究竟《いちじょうくきょう》の内観の教えであることを明らかにするのである。

曽我の唯識思想の根本的立場は、最も初期の「選集」第一巻『解深密経論《げじんみっきょうろん》』をはじめ『摂大乗論』等唯識に関する三文（『三法印《さんぼういん》と唯識宗』『唯識宗の末那《まな》識観』『仏教唯心の基礎としての阿頼耶識の証明』）にある。詳論は『解深密経論』で述べるが、三文の要旨を簡略に概観しておく。

『三法印と唯識宗』は三法印が仏教の根本の教えであるが、その三法印について一切有部《いっさいうぶ》と唯識宗を比較している。「三法印は仏教の根本教理なり。是故に仏教々理の発展は則ち三法印の開展なり。第一諸行無常《しょぎょうむじょう》印は万有論なり。一切法無我印は人間論なり。涅槃寂静《ねはんじゃくじょう》印は涅槃論なり」と。第一諸行無常印とは、現象の存在は生滅変化するが三世《さんぜ》にわたり実の法が存在する三世実有《じつう》論で、従って諸法無我、一切法は無我であり、法は存在するが実の我は存在しないと言うのに対して、唯識では法も我も断ずる。大乗の中観派は法我ともに空《くう》ずるが、唯識では我法の執着を否定する。しかして涅槃寂静は小乗有部の教は「絶対的涅槃の実在を信ずるものなり。其独存を信ずるもの也。涅槃は何等内容なき、活動なき消極的形式的のものなりと。それに対して唯識では、識を離れたる真如の存在を拒否せり。真如は識が実性たることによりてのみ、僅《わずか》に其存立を得る也。唯識宗は断じて識の永存を唱へたり」と識は転じて永久に活動する不住処涅槃の仏があると説く。

また『唯識宗と末那識観』では、「第一義諦《たい》の平等無差別なる馬鳴《めみょう》の心真如門と同じ。唯其異なる所は俗諦上の所論にあり」と、真諦は真如門と同じだが俗諦門が異なる。それは八識の八識体別で、体とは用より演繹《えんえき》したる名目で、活動を総合した一仮名《けみょう》に外ならないので用以外に実体的な体は無く、唯識は心・意・識全てを現象界におく。無明を帯び、無明と相応して活動するものは末那識で、末那識は我という妄執を帯びて活動する最も根本的のものである。末那識は我という我執を帯びて阿頼耶識の主観作用をもって自己そのものとなす。

更に『仏教唯心論の基礎としての阿頼耶識の証明』は、実体の観念は客観的証明の基礎、主観の観念は主観的証明の証拠と、宗教的信念は内観主義であり、「自己以外の万有を殺すと共に、自己の裡に於て平等に無限絶対の力と価値とを万有の上に附与す」と阿頼耶識は一切の宗教は皆主観主義内観主義でなければならぬことを証明するのであると論じている。

これらの唯識に関する曽我の文は、特に難解な文であるが、『解深密経論』の各章について講究していく。

註［1］　曽我ノートについて

「ノート」は、『行信の道』(曽我量深研究誌) 発行人・津曲淳三氏によれば、曽我量深先生の時々の御思索をノートに毛筆や鉛筆で書かれた手控えの書で、それを「ノート」と題して、以下のような凡例、

○本号から掲載する「ノート」は嘗て新潟県見附市浄恩寺に保存され、後曽我量深先生の手に渡った、明治末年から大正初年に及ぶ、先生郷期の手控であり、言わば「原暴風駛雨」である。十数冊を数えるが、年時にかかわりなく、判読し得た都度、活字にするつもりである。
○本号掲載分は内容から見て明治四十五年のものであろう。鉛筆書きであるが、更にその上に墨書している箇所もあるが、「判読不能」があるのはそのためである。その他、文字が不明で断定出来ず、辛うじて判読したものには「？」を付した。
○ノート一頁分を纏めとし、一行あけて他の頁と区別してある。この場合、意味内容上の連関は全く顧慮していない。
○本文中の〔　〕は先生自ら抹消された部分を表す。同様、後からの挿入文字は然るべく示した。

（『行信の道』第三輯―七一頁）

『行信の道』第三輯（昭和四十八年七月発行）と第四輯（昭和四十八年十月発行）、或いは『宗教の死活問題』（『曽我量深論稿集』昭和四十八年二月発行）等に随時掲載された。然るに『行信の道』は第四輯でやむなく廃刊になり、昭和五十七年一月、津曲淳三氏が亡くなられた後、旦らくして曽我量深先生の直筆のノートは見付市の浄恩寺に返還され保存されていたようである。平成十一年三月、当寺先代住職小林光麿（無等院釈聞英）が曽我量深先生の御思索の足跡を慕って、東京都所住の弥生書房の津曲篤子氏を訪ねた。次いで新潟の浄恩寺を訪ねて、その折に御住職曽我春也氏より曽我量深先生御思索の詳細をお聞きするなかで、直筆のノートを拝見することとなり不可思議な宿縁に感銘を深くする時、思いがけずノートのコピーを拝受するに至った。その後、曽我量深先生御思索のノートが自分独りの胸底に埋もれてしまうのを憂慮して、いずれ世に公開されることを願ってノートの活字化を思い起った。ノートの書式は『行信の道』掲載の凡例を参考にして、而も難解な内容と毛書体の判読には熟慮を重ねて数年をかけて大切に解読し、およその年代を考察しながら編集したものが、ノート1「論師道」からノート15「機法関係」と称する全十五冊である。

この冊子の各々の題名中、ノート4「明治四十二年拾月暴風駛雨」とノート7「明治四十四年一月九日千歳閣室」の二冊は、曽我量深先生自らノートの表紙に毛筆で書かれていた月日とタイトルで、タイトルの見当たらなかった十三冊は最初のページの一節を選んで曽我春也氏が仮題としたものである。（小林光麿編集「曽我ノート」より）

第一章　曽我の解深密経観

一、序品について

『解深密経《げじんみっきょう》』は、序品《じょほん》・勝義諦相品《しょうぎたいそう》・心意識相品《しんいしきそう》・一切法相品《いっさいほっそう》・無自性品《むじしょう》・分別瑜伽品《ふんべつゆが》・地波羅蜜多品《ちはらみった》・如来成所作事品《にょらいじょうしょさじ》の八品で構成されている。

言うまでもなく『解深密経』は、仏の深密の教えを解明した経という意味であって、『般若経』などに説かれた無自性、空の思想をより明確なものに発展させた唯識説が説かれた経として、思想史上重要な意義をもつものである。

その序品において（曽我は総論と名づけている）仏が十八円満の受用土《じゅゆうど》において、二十一種功徳《くどく》成就《じょうじゅ》の受用身を現じ、無量の大声聞《しょうもん》衆と大菩薩《ぼさつ》衆が集会《しゅうえ》している情景を述べられている。一切平等の真理を体得した思議を超えた大悟境に如来は住し、弟子たちは、よく仏の解脱《げだつ》を身に体せんと如来の教えのままを行い努める聖者《しょうじゃ》たちが集う法会の情景を叙述しているだけである。

しかるに曽我は総論と名づけているように、自己のこの経を領解《りょうげ》する立場について論及して、大乗菩薩や大声聞縁覚《えんがく》の少数有識者は、智慧によって真理の世界に証入するが、それだけでなく極悪の凡夫の救済の教えであるとの考えを述べている。

> 抑《そもそ》も如来は、一面は無限の智慧にして、一面は無限の慈悲なり。而も此の両面の向ふ所を見るに、智慧は既に絶対に達して従て寂静なり安住なり。然るに眼を転じて慈悲の方面を見るに、其の本性既に活動なるに加へて、救済を要する衆生無辺なる故、無辺の大悲は其の活動無限にして停止する所なし。即ち智慧は向上して真理に合せんとし、慈悲は向下して衆生を化《け》せんとす。従つて向下の極《きわま》る所は極悪の凡夫《ぼんぶ》なり、大悲の主目的の悪人にあるは是れがためなり。（『選集』一―三九三頁）

曽我は冒頭に、如来は無限の智慧と慈悲の存在である。すなわち向上して如来の智慧は絶対の真理に達している。そしてまた向下して慈悲の面は無限に活動して衆生を教化救済するので、向下の極まる所は極悪の凡夫であり、大悲の主目的の悪人にある。従ってこの集会は大小の聖人のみの集会でなくて一切の凡夫・悪人も救われる浄土の集会でもあると記している。しかして「絶対真理は最高智識の対向にして、最高智識は唯完全円満の天才を具する極少者の外《ほか》達すべからざればなり」と、文面の当意では少数の大士が真理に証入するには破邪顕正《はじゃけんしょう》の智でなければならないことが説かれている。

破邪顕正は智の上にありて、真理の上にあらざればなり。智は相対的に従て邪正あり、迷悟あり。論者は邪執と真理とを相対せしむれども、実には邪執は正智に対すべきものなり。真理は邪執と正智とに通じて変ぜざるものなり。智既に相対的なり、従て之に対して邪の存するは当然なり。若し邪執なければ、相対的なる智は寧ろ存在の理由を失ふに至るべし。真理無智の故に、邪執は無智と違せず。邪執は正智に違する故に所破となる。真理無智の故に迷悟染浄なく、真理は絶対にして万有と相対すべきに非ず、法界は唯一なり。（乃至）

而して真理は、始終一貫して不変なり。吾人は初めに情ありて次第に智を開展す。夫《そ》れ始なきもの無し、其の終なきものは有り。無明なきもの無し、遂に正智なき者有り。何となれば、無明は無始なればなり。而して唯正智の燈火を有する者にして、始めて無明の黒闇《こくあん》を自覚し、これを根底より破壊し去るなり。（同　一―三九七頁）

かくの如く最高の知識者の智といえども破邪顕正の相対智なのである。曽我は最高の知識者の智である空智は所破の邪見に対する相対智であり、かくて顕われたる空理は邪見に対して顕われたる相対的正理に過ぎない。所破の邪情、能破の正智、邪正の別はあれども、共に相対の範囲を出ない。真理は唯自ら証明するので、かかる相対智には関係無く真理は絶対にして万有と相対すべきものではない。かかる真理は、ただ、正智の前には最も普遍平易明瞭の事実である。正智を有する者にして、初めて無明の黒闇を自覚し、これを根底より破壊し去るのである。その正智とは「真理ありて正智あり　真理の自然に顕はるるを名《なづ》けて真理を証《さと》るとは名けたれ」（ノート01—003）、「唯心論は心の外に境なきものでなければはならぬ　心境全く一なるは根本正智斗《ばか》りである。根本智には相分《そうぶん》かない　又見《けん》分かない　自体《じたい》分か直に自己所具の真理を内観する斗りである」（ノート06—028）、かかる曽我の考えは、絶対智の正智と相対智とをハッキリと区別している。しかして曽我は正智すなわち無上の智慧、絶対智は信によりてのみ成立するので、能証能顕の霊智妙観《れいちみょうかん》の力の存在を教ゆる自力教に対して所顕所証の如来の相を讃仰する仏智不思議の信心によって証入すると説くのである。絶対智は自己の有限を自覚せしむる自己以上の如来の智慧である。曽我は真理は如来の智を信じねば、智者も凡夫も真理に証入することが出来ないと、『解深密経』を読み抜く自己の立場をはじめに鮮明にしているのであろう。

　総論の緒論に、「大悲門の対象は人にあり、大智門の対象は唯法にあり。去る者は追はず、来る者は拒まず。二乗と闡提《せんだい》とは如聾如唖《にょろうにょあ》、唯大乗種姓の諸の者のみ之を了解す。茲《ここ》に於《おい》てか世尊、明瞭なる文義に依て性相《しょうぞう》を決判し、不定種姓《ふじょうしゅしょう》の者を誘引して大乗に入らしむ。是れ吾人が、本経の序分に対して、正宗分の地位内容を予説するものなり。」と結んでいる[1]。

曽我は『解深密経』が、単に「如来の智慧を説くだけでなく慈悲を説くのであり、菩薩声聞の解脱する教えのみではなくて極悪の凡夫の救済の教えである」と考えている。

したがって「不定種姓の者を誘引して大乗に入らしむ」と、五乗斉入《ごじょうさいにゅう》と、等しく仏になるとの文として読み取っている。ここで注意しなければならないのは、智慧の門によって到達した所の仏智不思議の信念を否定するのでなく、それは如来の大悲の根源であって智者を排斥しようとするのではない。世の指導者である智者も大悲の対象である悪人も漏らさない五乗斉入の大道であることを明らかにしている。

唯識では、①菩薩②独覚③声聞④不定⑤無姓の五つの種姓にわかれ、各人はそのうちのどれか一つに先天的に属し、各人の宗教的素質には差別があるとみる、この考えが五姓各別説とよばれるものである。

このうち①菩薩姓の人は、菩薩定姓ともよばれ、菩薩の種子《しゅうじ》のみをもち、つねに菩薩として修行して最後に仏に成る人のことである。直ちに仏となるから頓悟《とんご》の大乗あるいは頓悟の菩薩とよばれる。②独覚姓と③声聞姓とは、まとめて定姓の二乗とよばれ、独覚種姓あるいは声聞種姓としてその種姓がはっきりと定まり、最終的には無余依《むよえ》涅槃に入ってしまう人をいう。④不定姓とは菩薩・独覚・声聞の種子いずれをも、あるいは、菩薩と独覚との種子を、あるいは菩薩と声聞との種子をもち、直ちに菩薩となることなく、だんだん声聞あるいは独覚を経て菩薩となり、最後に仏となる人をいう。このように漸々《ぜんぜん》と仏に成ってゆくから漸悟の菩薩とよぶ。⑤最後の無姓の人とは、無漏《むろ》の種子をまったく欠き、決して仏に成ることができず、いつまでも凡夫でありつづけなければならない人をいう。

この唯識の五姓各別について、一切に仏性ありと説く一乗教の側から三乗権教《ごんきょう》として批判されたが、一乗が究極の理想であるにせよ、現実には三乗があり、無性有情があり、仏性無き闡提がある。この事実を通して人間の素質を分類しているので、決して仏になる可能性がないという意味ではない。

二乗が浄土へ往生しないというわけではなくて、二乗の心が生じないということである。二乗というのは法相唯識などでは五姓各別といって、趣寂の二乗と不定種姓の二乗があり、不定種姓の二乗には廻心《えしん》向大ということがあるけれども趣寂の二乗は寂滅涅槃に入ってしまえば、永遠に涅槃から覚めるということがないのである。いま浄土へ往生すれば、浄土は一乗清浄の世界である。二乗が浄土へ生れるには、阿弥陀仏の本願一乗のみのりを信ずることによって、廻心向大して浄土に往生することができる。一度、浄土に往生すれば二乗の心は生じない。こういうことを二乗種不生というのであって、二乗が往生しないというのではあ

りません。[2]（『選集』八―二五五頁）

と記している。長尾雅人もまた五姓各別の考えについて次の様に述べている。

この学派は三乗教であって一乗教ではないといって、権教（究極的ならざる仮の教え）として貶《おとし》められた。しかしこの学派が、一乗の優位性を知らないのではなく、かえって一乗の意味について深い反省を加えて明らかにしたのは、この学派が最初である。それにもかかわらず、三乗の区別の存在を否定することはできない、という意味において三乗教である。それは単に三乗の別を認め、それらを並列させることではなく、前代の仏教、すなわち二乗小乗といわれるものを批判しながら、それらにあるべき処を与え、それによってすべてを総合しようとする立場である。（『摂大乗論・和訳と註解上』五～六頁）

五姓各別の思想の重要性は然しながら、このような種姓に万人を分類しようとしたことにあるのではない。そこには一方では無種姓（何らの解脱への可能性を有せぬもの、特に仏種姓を欠くもの）が想定せられ、他方では不定種姓という奇怪な表現が設けられた。不定種姓とは二乗とも菩薩ともまだ決定的でない種姓の謂《いい》であり、二乗でありつつ菩薩の行にも転じ、或は菩薩の家に生れながらも退転して二乗の行を行ぜんとするものである。かかる不定種姓の者を、或は菩薩行に転回せしめ誘引せんが為に、或は、最初から菩薩行に専心せしめ維持せんが為に、仮に一乗が説かれたというのである。各人の差別が無くなったり、三乗の種々の行道が否定せられ無意味となるのではない。

かくして三乗家の立場からは、この不定種姓を救わんが為の一乗説法であるから、一乗ということを云うためには不定種姓は大きな意味を有する。然るに誰が不定種姓なのであるか。不定種姓なる範疇のはばはどれだけあるのか。それは五姓各別の一つだからといって、全衆生の五分の一なのではない。無性有情の数は、まさに有性有情の数に等しいといい得るかも知れない。それと同様に、不定姓のものは、定姓のものだけあるとも考え得よう。或は、すべての有情は不定種姓であるということも、不可能ではない。永久に輪廻の続く限り、声聞や縁覚の悟りに安住しない限り、或は菩薩が不住涅槃である限り、定姓とは云い切れないものがあるのだから。然しこれらの点に就いて、如何なる思索がこの時代に廻らされたかを、われわれは直接論書の上に読みとることは出来ない。ただ不定種姓という概念がこの問題に関連して、大きな役割を演じたことは疑いないところである。(『中観と唯識』五二九～五三〇頁)

煩悩は人間の本来性のものであり、一切の人間に仏性ありといわれるけれども、無性有情という他はない仏性無き闡提がある。一乗が究極の理想であるにせよ、現実には三乗があり、無性有情があり、闡提がある。その事実を深く自覚して分類しているので、従って無仏性の「無性有情姓」を設けたことも、単に無仏性と悟ることの出来ない人だと決めつけたのではなく、五姓各別と言う分類自体が、自分は一体どの姓に属するかという、仏教本来の「自己を問い直す」こと、本当に悟りを求めているかと自問自答するとき、自分は「無性有情姓」に属するのではないかと自覚することがこの五姓各別の分類から学ぶべきことであろう。「独覚定姓」「声聞定姓」の定姓とはその立場に決定していて、自利のみで利他を求める菩薩定を求める菩提心がないと考えるべきで、不定姓は立場が定まらない迷いの立場から菩提を求めるという意味で、まだどの分類にも定まっていないと考えるべきである。

総論の難解な文の要旨を概観した。曽我は『解深密経』が大乗の菩薩の智慧の門によって到達した仏智不思議の信念を否定することなく、また一切の凡俗無智の悪人も排除することなく、如来の大悲を顕わさんが為に、その本源なる大智慧を明らかにしている。それは正しく唯識思想を通して真宗学が正しく五乗斉入の教えであることを自証しようとする意図が示されている。

二、勝義諦と世俗諦

龍樹《りゅうじゅ》においては勝義諦より世俗諦への筋道が説かれるが、それは『解深密経』における勝義諦相品の空観説より心意識相品の識縁起への過程において継承せられ展開せられてあると言い得るであろう。従って勝義諦では空論が基調として説かれ始められている。

勝義諦相品において常識の対象である我法はすべて迷妄であり、皆空となし、万有の実相は、この差別相の世俗を超えた究極的な絶対平等・不可思議の真理を説く。

まず真理に対する疑問は如理請問菩薩《にょりしょうもんぼさつ》によって提起せられて、解甚深義密意菩薩《げじんじんぎみっいぼさつ》の解答によってその幕は開かれ、次いで法涌《ほうゆう》・善清浄慧《ぜんせいじょうえ》及び善現《ぜんげん》相前後して疑問の提出があり、それに対して世尊の教訓があり、前後合して四相をもって真理の何たるかを示す。その四相とは、

第一　離言無二相
第二　超尋思相
第三　超一異相
第四　一切一味相

である。それは、第一と第二は見道の一念の特質を顕わし、第三と第四は修道の特質を顕わしていると言えるのであろう。

勝義諦相品について、曽我の論を詳しく述べられないが、第一の「離言無二相」は、真如・真理は絶対離言で、有為無為の言説を絶している。言説を超えてはじめて、二元の対立を脱する。

それならば　如何にして真如に進入出来るのか。われわれの認識は言語認識を超えることができない。

曽我は、有為・無為、相対・絶対の両者の対立を超えるのには、「言詮・概念・相分を超絶して、離言の境に進入せざるべからず。黙は不二なり、言は二なり。言説を超離して初めて二元対立の域を脱し、宇宙の実在に到達することを得。認識は言説を越ゆべからず、然れども其の対象が言説に過ぎざるを知る時、吾人は孤然として認識を脱し、言説を超越するを得。これを勝義諦の第一相」（「選集」一―四〇二頁）と言うが、まさに離言の一念に勝義の世界に頓入する。言語概説自体が対象にすぎないと自覚する時、忽然として認識を脱し、差別相を超絶したる絶対平等・不可思議の真理に直入するのである。

「法性は離言であつて一とも異とも名《なづ》くべきではない。唯夫《そ》れ人間の識の境界でないから是を不二とか無二とか、強《しい》て名くるに過ぎない。名字は是れ衆生をしてそれを自証せしむる法の方便善巧であつて、衆生は名を通して、則ち名に即して而も名を超離せしめて法性の離言の意義に証入せしむる所の不可思議の妙用である。衆生の智慧の境界は具体的なる言語名字である。名言の無い所に智慧はないであらふ。併《しか》し乍《なが》ら円融至徳の具体的なる名言はそれに依つて法性離言の意味を詮表せしめる。則ち無量無限の否定の否定なる離言の意味こそは即ち法性が言語なる本願力自然を通して内に開顕する所の無為自然の自証の自境界に外ならない」（「選集」五―八八頁）と言うが、「本願円頓一乗は、逆悪摂すと信知して、煩悩菩提体無二と、すみやかにとくさとらしむ」（「高僧和讃」）。誠に逆悪の信知の極限においてこそ煩悩菩提体無二を証知せしめられる。信仰は客観的事実ではなく、主観的自覚的事実である。円融至徳の名号は法性離言の世界からの喚び声であり、名号は体験者の象徴的表現なのであろう。

次に第二の「超尋思相」とは言議を超えるのみならず、一切の人間の思慮をめぐらし尋ねる境を超越して不可知である。

「尋《じん》」と「伺《し》」の定義は、「倶舎論」では「心の粗い作用が尋、微細な作用が伺である」と解釈している。「清浄道論」では、「尋」は、対象に心を結びつけると言われ、「伺」は、対象を思惟すると説かれている。水が波浪によって乱されるように、尋伺の鼓動によって心が乱されるのである。勝義諦・真理の世界はかかる尋・伺、一切の思量を超えた不可知の真理であり、思慮分別を超えた境界は不可称不可説不可思議の広大無辺の世界である。[3]　経に、

我、一切の尋思を超過せる勝義諦の相に於て、現に等正覚し、現に等覚し已《おわ》りて、他の為に宣説し、顕現し、開解し、施設し、照了す。何を以ての故に、我れ説く、

一、勝義は、是れ諸の聖者の内自の所証なり。尋思の所行は、是れ諸の異生の（論理）展転の所証なり。

二、勝義は、無相（無差別相）の所行なり。尋思は、但有相の境界にのみ行ず。
三、勝義は、言説すべからず。尋思は、但言説の境界にのみ行ず。
四、勝義は、諸の表示を絶す。尋思は、但表示の境界にのみ行ず。
五、勝義は、諸の諍論を絶す。尋思は、但諍論の境界にのみ行ず。[4]

┌真理――――――――――聖者自内証処
└尋思――（＝認識＝知）――凡夫展転所証処

（「選集」一―四〇三頁）

自利利他円満して　帰命方便巧荘厳
こころもことばもたえたれば　不可思議尊を帰命せよ

（『浄土和讃』）

と親鸞が讃嘆せられた世界である。

第三の勝義諦「超一異相」の特質は一でも異でも無い。勝義諦真理の世界と俗諦の現象界との関係についてである。一切万有の相対とか絶対とかの差別を超えたところにこそ絶対の真理はある。勝義と俗諦、小乗はこの事理は別体であると説き、大乗は事理一体を説くが、真理と事実は、一でも無く、異でもないのが『解深密経』が説くところである。い・ろ・は、に分類して詳しく論じているが、その要旨をまとめると、理事円融論は事理の一体を唱える。真理と万有《万物・万象》が悟りと迷いが一体と言い、煩悩即菩提を説き、菩提即煩悩は認めないのであるから、この世には悟れる人のみになり、宗教的信念は必要でなくなり、宗教的無用論になる。また雑染《ぞうぜん》即清浄とも清浄即雑染と言うもそれが一体と言うのであるから、清浄は雑染を転ずるはたらきは無い。「一念不生即仏なり。一念雑染を見ざらんか、即ち永劫に雑染を見ざるべし」と。清浄は雑染を転ずるはたらきは無い。すなわち宗教無功ということになる。見道の一念によって見惑を一念に断ちきるので、悟りと迷いの相即を直観的に説くのみで否定から肯定へ転じる媒介が無い。中観は煩悩即菩提を無分別に直観的に捉えるので、空は、否定即肯定、破邪即顕正となるのである。

また　理事各別論の理と事が異なると言うが万有《万物・万象》と真理が異なる以上、入真見証、一念に悟りを証することが出来ない。たとえ悟りに入った後も、迷いを完全に否定できない。すなわち煩悩を断ずることは出来ない。諸法空無我と法も我も二空を説く大乗と違って、法の実我の無我を説く小乗は真理には到達できない。自己否定の四通り、「迷情《めいじょう》の四句は四句皆否なり」「百非すれども迷を出《い》でず」とあるごとく、如何に自我を否定しても否定できない。

いずれにせよ、空性全現の為には、殊に宗義上の理論的根拠の為には、むしろ否定せらるべき媒介が必要となるのである。しかして否定せらるべき媒介とは、依言《えごん》真如とも称せられる如きものである。

真理は絶対にして万有と相対すべきに非ず。従って理事、真理と現象が別体と言うも、一体と言うも根本的に誤りである。[5]

唯識では理事は一でもなく異でもない。すなわち見道においては理事一体と言えども、修道においては一とはいえない。従って一でも異でもないのである。

「吾人は円融論を脱して宗教必要の意義を得、別体論を越へて其の有功を成立す。宗教の必要の可能によりて心霊的事実なる迷悟の観念を肯定し、宗教の有功によりて遂に転迷開悟の目的を果遂せしむ」。唯識の観想修行は、この絶対迷妄主義と絶対実在主義とを超絶するのである。

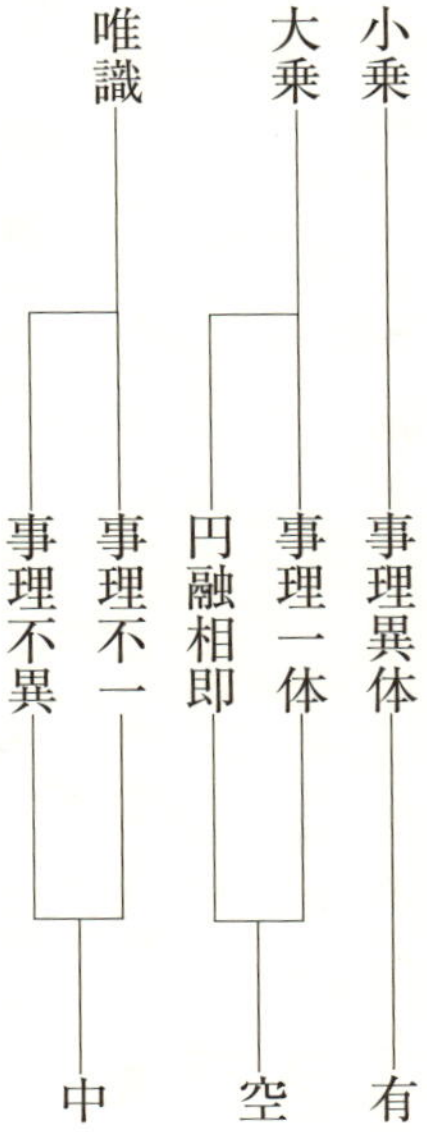

（「選集」一―四〇六頁）

第四の勝義諦「遍一切一味相」とは、一切に遍じ一味の相であるということを論説している。すなわち真理は絶対無言・超尋思・超万有を説いたが、真理は観念では無くて実在するという。

それは認識の対象ではなくて、真理の実在は実験（体験）直感の対象である。従って真理に達するには、実験（体験）のみが真理に達する唯一の方法である。しかし自己の体験に愛着し、増上慢に落ち込めば意義が無い。絶対清浄なる真理には、「真理既に清浄なり、然らば如何にして之を把持すべきや。清浄は朦朧に反し、従って無明の対象にあらず。又愛憎すべからざるを以て、貪瞋《とんじん》の対象に非ず。故に一切の雑染を捨て、不可得空に住し、始めて之が面目に接し得べし」と、自己の体験の愛着雑染を超えるとき、絶対清浄の真如は、現象界においても絶対清浄味であり清浄平等である。従って一つの体験の証明が一切の証明になるので、それは絶対の真理が内在しているからである。これが一切に遍じ一味の相があるということである。「一色蘊の無我に達する時、即ち他の諸蘊と諸諦と縁起等の無我に達す。是れを一証一切証となす」と言う。

以上、勝義諦・第一義諦の四相を略述したが、曽我はその勝義諦四相を人生の四つの迷いの相を超えるあり方に喩えている。[6]

三、円融門と行布門

最後に曽我は勝義と世俗の問題について真宗学と如何なる点で関連しているかを、次の様に述べている。

吾人の真生活の第一歩は、真理の自覚なり。後天的なる我法の妄執を一括し、一念に頓破し、以て普遍の真理に体達するにあり。此の一念は実に永劫の黒闇を破りて、絶対無智の凡夫が、一躍仏々平等の智見に達する大悟徹底の境界なり。『華厳経』に「歓喜信心無疑者速成無上道与諸如来等」と云ひ、又「初発心地便成等覚」と云ひ、又『教行信証』には「大願清浄の報土には品位階次を云はず、一念須臾の頃、速に疾く無上正真道を超証す、故に横超と曰ふ也」と云へるものは、此の間の消息を漏すものなり。

蓋し信念確立は一念頓断頓証なり。既に頓断と云ふ、其の一念は具縛の悪機なり。既に頓証と云ふ、明かに其の地位は如来と同じ。其の如来と同じきは識見にあり、又具縛の凡夫と等しきは其の実行にあり。抑も信念獲得時にありては、後天的・外習的迷見一時に断捨すと雖も、先天的・内有的迷執に就ては毫末も手を下さず。これ智行不合一の極端にある位なり。思ふに、一乗教に於ける円融門は信仰なり、頓入なり、見惑頓破の方面なり。行布門は修行なり、漸入なり、修惑漸断の方面なり。円融門は理惑を破し、行布門は事惑を遣る。円融門に由て先づ信を立て、次に行布門に依て行を勧む。是れ即ち、先づ見惑を頓断して、後に修惑を漸断する唯識の教理と一致するが故なり。智行の二が偏廃すべからざる如く、円融・行布の二門は偏廃すべからず。見修二道、其の一を偏廃すべからず。されど吾人に、先づ智と信と円融と見道とありて、之によりて行と行布と修道と来る。一乗教が専ら円融門を説き、仏心宗が唯見証を説き、純他力教は唯信を説く、其の所以なきに非るなり。（「選集」一―三九八～四〇〇頁）

『華厳経』では、「この法を聞きて歓喜し、心に信じて疑なければ、すみやかに無上道を成じ、もろもろの如来と等しからん」、そして親鸞はそれを「この法を聞きて信心を歓喜して、疑なきものはすみやかに無上道を成らん。もろもろの如来と等し」と読み替えておられる。しかして『教行信証』では、「品位階次を云はず、一念須臾《しゅゆ》の頃、速《すみやか》に疾《と》く無上正真道を超証す、故に横超と曰ふ也」と、見道の一念と信の一念と、同じことであると考えている。

信念獲得の時は、見道の一念に、後天的な一切の見惑は消失して、真理である勝義の世界すなわち如来と同じ境地に直入する。しかし見道の一念に見惑は頓断されても、先天的な修惑の雑染が完全に対治されるのではない。見惑は頓に断ぜられても、倶生の煩悩である塵沙の修惑は依然としてある。明らかに一念の信においては、その地位は如来と同じ。その如来と同じきは識見にあって、また具縛の凡夫と等しいのはその実行にある。

大乗空論の円融門においては理事一体を説き、無分別智の実相論で、平等をもって客観の実相とし、差別は各自主観の妄想によるものとし、各自の妄想を捨てて空である無碍の正智をもって平等の実相を観照すべしと主張するのである。それは「見道の信念の対象が相対的なる自己の実行に存せずして、専ら絶対平等の真理に限ることを教ふるに非ずや。勿論、見道は唯信無行なるも、而も行の生ずることを拒否するものにあらず。是れ信後相続進趣の修道の対象が、主として万有の差別・自己罪悪の対治に向ふが故に非ずや」と理事円融の観念は到底雑染断滅の方法では無いとその違いを述べている。

他力の信念が先づ自力の罪悪を忘れて直ちに如来の本願に向ひ、華厳・禅の本覚主義が本無煩悩本是菩薩と達し、性具性悪を談ずる天台すら煩悩即菩提と観じて菩提即煩悩と観ぜず。是等は皆、見道の信念の対象が相対的なる自己の実行に存せずして、専ら絶対平等の真理に限ることを教ふるに非ずや。勿論、見道は唯信無行なるも、而も行の生ずることを拒否するものにあらず。是れ信後相続進趣の修道の対象が、主として万有の差別・自己罪悪の対治に向ふが故に非ずや。（同　一―四〇〇頁）

理事円融論は、雑染相（迷）即ち清浄相（悟）と云ふを得ると共に、清浄即雑染と云ふことを得。煩悩即菩提と云ふことを得ると共に、菩提即煩悩と云ふことを許さゞるべからず。既に迷即悟なるがために迷の存在を否定して宗教無用論を構成したる如く、今や悟即迷なるがために悟の存在を否定して、円融論はまた宗教無効論を構成せざるべからず。円融論によれる宗教無効論は、悟後却迷にあり。万有の差別相が雑染なるが如く、之と相即せる真如また雑染ならざるべからず。真理即雑染なるが故に、真理の証入は到底雑染対治の所以にあらず。論者元より云はん、「真如即雑染を知らざるがため雑染あり、二者の相即を見るにより て又雑染を見ず。一念不生即仏なり。一念雑染を見ざらんか、即ち永劫に雑染を見ざるべし」と。然れども此の如きは、所謂《いわゆ》る見惑頓断の分斉なり。塵沙の修惑は依然としてあり。況《いわ》んや見道の一念は無相なり、理の相を見ず、事の相を見ず、何ぞ更に理事円融の相を見んや。理事円融の相の如きは後得智の境界にすぎず。然らば即ち、理事円融の観念は到底雑染断滅の方法にあらず、詩的朦朧の姑息的懈慢界に過ぎざるなり。（同　一―四〇七～四〇八頁）

既に述べたごとく理事円融論は、理事一体、煩悩即菩提と説くのに対して、唯識では理事は一でもなく異でもない。すなわち見道においては理事一体と言えども、修道においては一とはいえない。従って一でも異でもないのである。

信念は一念に速やかに大乗菩薩の聖者のみではなくて一念に永劫の黒闇を破って、絶対無智の凡夫が、勝義の世界に直証するが、その行修は、漸時に断ぜなければならない。円融の一門の背後に行布の一門あること、見惑を断じても、倶生の惑である修惑を問題にするのが瑜伽行唯識なのである。
ここで見道の一念と信の一念と同じであるようだが、一念の開発のあり方には違いがあると考えるべきであろう。曽我が転迷開悟について次の様に記している。

迷を転せすんは悟を開く能《あた》はす　となすものかある
迷を転せすして悟を開くを得ると云ふことか出来る乎
雲を払ふて月現はるるは転迷開悟である
月出てて天地明なるは開悟転迷である
前者は不自然である　后者は自然である
真我に迷はない　迷と云ふことは我の部分のみある　（「曽我ノート」０４—０４３）

転迷開悟と開悟転迷とを論じているが、転迷開悟は見道の一念、自力で開悟することを、開悟転迷は信の一念、他力を表しているのであろう。これは「弥陀正覚の一念に往生が定まるので、機よりはいささかも加える事は無い。日は出でたるか出でざるかをおもふべし、闇は晴れざるか晴れたるかを疑ふべからず」と『安心決定鈔』にある通りで、悟りの一念と往生の一念の立場の違いを明らかにしている。

かかる他力的な考えを長尾が次の様に示唆している。

世俗と勝義とはもと真と偽としてかく絶対的な判別であった。勝義のみが真に絶対的な真理、宗教的な真実に値いし、それに対しては世俗は常に偽証である。然し世俗が偽証であるとの意味は、右の如くにして、勝義と世俗とが全く隔絶的に超越的であり、真に絶対的に矛盾であることを示すにほかならない。勝義は世俗とはその次元を異にしている。真偽と云っても、同じ平面に於ける真偽の対立ではない。そこには絶対的な隔絶がある。偽から真へ、坂を登る如くに登り得るのではなく、偽の世俗の世界が全く無に帰することによって、真の勝義の世界が顕われる。

自己の依って立てる世界が、絶対的に転換し、これのみは絶対不動のものと信ぜられていた自己の地盤が崩れ去ってのみ、初めて勝義的たり得る。世俗から勝義へということは、全く非連続的なのであり、絶対的な飛躍によるのほかは勝義の世界は得られない。

絶対他力という如きものも、実はかかる絶対に非連続な飛躍的超越的な点に考えられるものであろう。他力には絶対超越的という意味がある。如何なる門戸もそこに開かれて居らない、如何なる人間のいとなみもとどき得ない、そこに勝義の世界がある。もともと絶対他力ということはただ浄土教に於けるのみの真理ではない。如何なる真実も、それは真理としては他力的に開顕せられ啓示せられるのほかはない。自己の内にあるもの、自力的に捉え得るものは、もと自己が求めたものではなかったのである。それはそもそも自己内存在であるという意味で、究極的な真実ではない。（『中観と唯識』「勝義と世俗との世界」一四九頁）

曽我は円融論について、龍樹が相対智と絶対智について論じているが、龍樹の破邪論の特色は破邪それ自らが目的であった。彼が有無の邪見を破するは、我等の心中に有無の邪見のあることを証明せんが為である。その空智は所破の邪見に対する相対智であり、かくて顕われたる空理は邪見に対して顕われたる相対的正理に過ぎぬ。『中論』は所破の邪情を示して、能破能断の正智の徹頭徹尾無効なることを我等に教えるのである。しかし『大智度論』は「仏法大海以信為能入」と、絶対智を開くものであり、絶対智は信によって成立する。仏智不思議を信じる信心の智慧によらねばならない。『中論』が空智によって相対の人智を閉じるのに対して、智者の第一人者の龍樹であっても、自己の智力によって、絶対智である仏智に悟入出来ない。自身においては、智を極めて絶対の無智を証し、力を極めて究竟の無力を観じたのである。自己に対するの破邪は能破の絶対智によって、破邪され無智と無力を知らしめられる。龍樹が平等の絶対門によって専ら如来の智慧と果力を明らかにするのである。

龍樹の教義は決して破邪に終わるのではなくて、更に積極的顕正の一門を有する。彼が有無の邪見を破するは、却って我等の心中に有無の邪見のあることを証明せんが為である。『大智度論』は、経の初の如是を釈して「仏法大海以信為能入」といい、『中論』が相対の人智を閉づるに対して、『大智度論』はまさに如来の絶対智を開くものである。絶対智は如来を信ずることによってのみ成立する。従って龍樹は仏智不思議の信心を勧むるのである。無量の諸仏をもって唯一絶対不可思議力の顕現となし、これをその信心の境とするもので、仏々平等の絶対的見地に立つのである。

絶対真理の勝義諦から見れば迷妄で差別的実有の世界は否定する面が強調され、唯識本来の俗諦現象面との関係は説かれていない面を明らかにするのが唯識思想である。「智慧は向上して真理に合せんとし、慈悲は向下して衆生を化せんとす」と冒頭に記している如く、勝義諦の如来の絶対智がいかにして無限の慈悲に転じるかを勝義諦品から学ぶことが大切である。

曽我は旧訳《くやく》の天親《てんじん》を使用している。現在は一般に世親《せしん》と言われるが、曽我の文を尊重して天親と呼ぶことにする。

註〔1〕『解深密教論』の原本である『性相史稿』には「大悲門の対象は人に在り、随て悪人救済は本懐目的也。大智門の対象は唯法にあり。真理に在り。「去るものは逐はず、来る者は拒まず」。二乗と闡提とは如聾如唖。唯大乗菩薩種姓の諸の者のみ是を領解す。茲に於て乎、世尊、明瞭なる論義に依りて性相を決判し、迷情に在る所の不定種姓の機類を誘引して、真理に摂入せしむ。是れ吾人が本経の序分に対して、正宗分の地位内容を預説するもの也」とある。明らかに悪人正機の立場で了解していることが解る。性が全く感情の支配を脱する時、初めて智は絶対智となる。相対智とは情に捉われたる智。

註［2］「曽我ノート」『梁摂論』第十三を見るに三乗平等法身を証ると云ふ。

同第十五法身五業の第五業の下に小乗には定根性を得されは則ち小を転すへし　若已に定性を得れは　則ち転して大とならす　大乗には菩薩道を専修せさるをは未定根性と云ふ故に一切声聞皆転して大となすの義あり、云々

註［3］「比丘等よ、ここに比丘あり。諸欲を離れ、諸の不善の法を離れ、有尋・有伺にして、離より生ずる喜と楽とある初禅を具足して住す。尋と伺とが止息することより、内清浄となり、心専一性となり、無尋・無伺にして、定より生ずる喜と楽とある第二禅を具足して住す。

喜を離れることより、捨に住し、正念正知にして、身に楽を感受し、諸の聖者が「これ捨にして、正念ある楽住なり」と宣説する第三禅を具足して住す。

捨を捨て苦を断ずることより、さきにすでに喜と憂とを滅したるが故に、不苦不楽にして、捨による念の清浄なる第四禅を具足して住す。」（平川彰「法と縁起」三八一頁に引用。「増阿含経」巻一四、大正、二巻、九七ａ）

註［4］「迷情の四句は四句皆否なり」「百非すれども迷を出でず」という。自己否定の形式が四通りある。

第一が先ず肯定しなければならぬ。先ず否定するには肯定しなければならぬ。否定せんとするならば先ず一応肯定して——初めから否定したってものはわからん。先ず一応否定すべきものを一応肯定する。それから、それを否定してゆく。

第一は「有」。第二が「空」。第三は「亦有亦空」。第四は「非有非空」。これを「四句分別」と、こういうようにしておるのであります。（「講話集」一—六二頁）

註［5］

●大乗空観

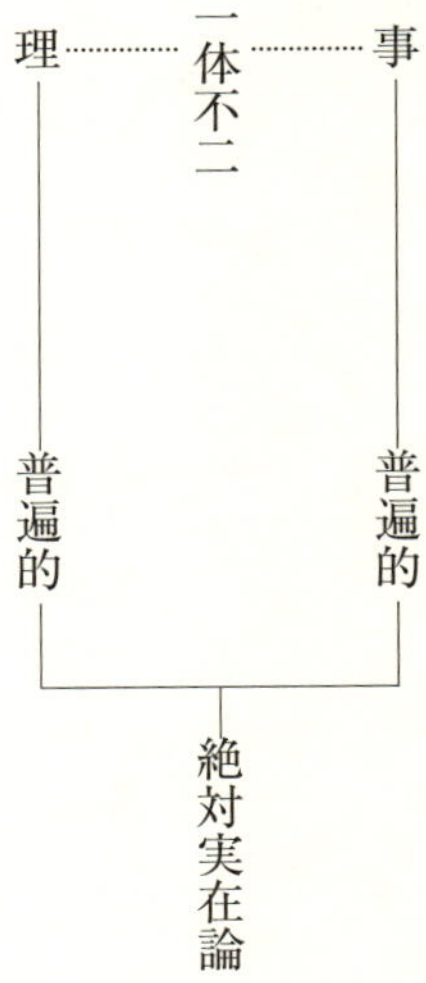

理事円融論は実相論なり、理事一体不二の絶対実在論

●小乗教

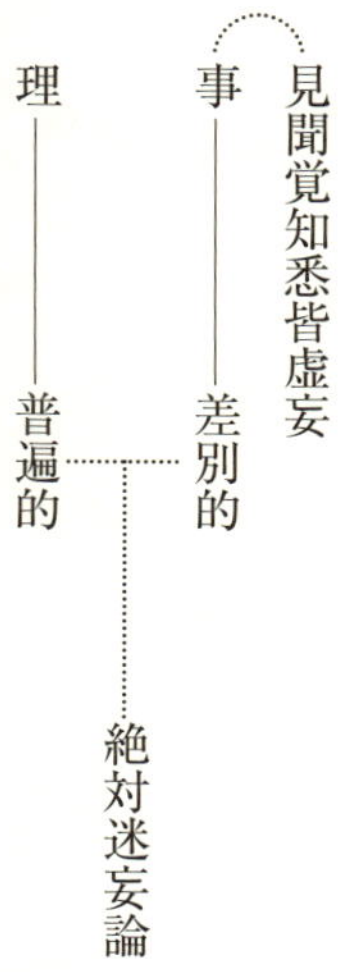

理事各別で絶対迷妄論

●唯識観

事理は一でも異でもない。円融論を脱し、別体論を超える。

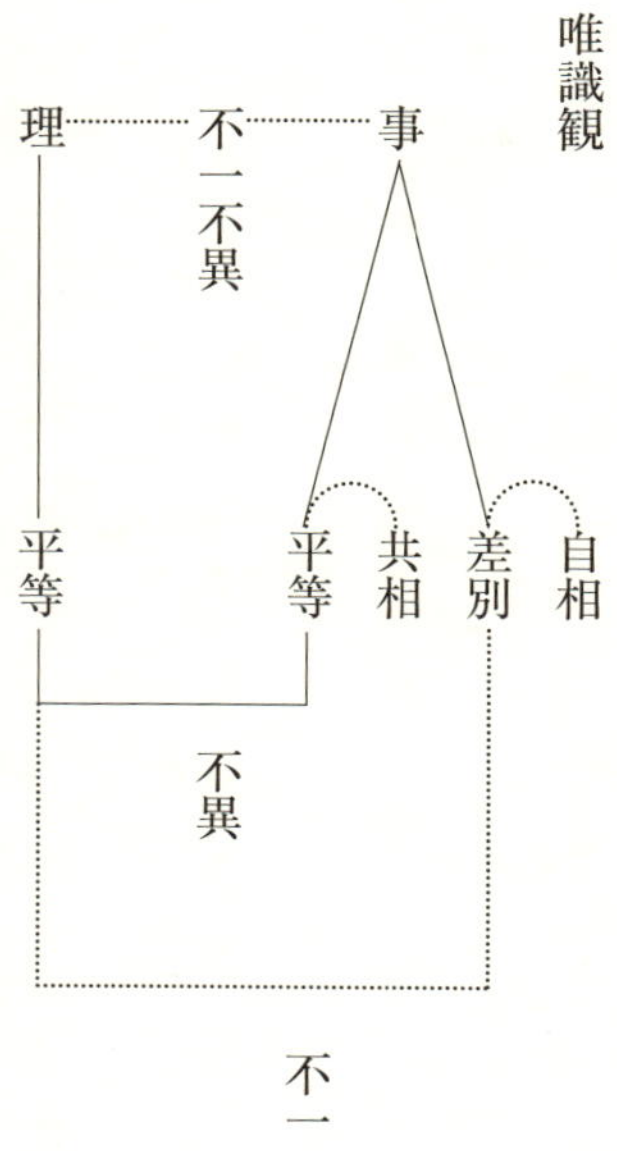

（「選集」一—四一〇頁）

註〔6〕

離言無二相――凡夫常識ノ迷ニ反対ス
超尋思相――外道哲学者ノ見解ヲ破ス
超一異相――大乗菩薩ノ見ヲ破ス
一切一味相――増上慢有所得ノ二乗ヲ破ス

真如の四相は、人生に於ける四迷を否定す。一切の迷執を概括するに、四となる。曰く、言語の如く真理を執する常識的迷執、其一なり。認識万能を執して、以て一切人世を解すべしとなす外道学者、其二なり。沈思冥想に耽りて、事理の問題を曖昧に附し去らんとする大乗的修行者、其三なり。自己の偏狭なる実験を執して、他を排斥する小乗的修行者、其四なり。

（『選集』一―四一三頁）

第二章　現象縁起の原動力

一、見分と相分

次に、曽我の『解深密教論』の「第三現象縁起の原動力（心意識相品）」の文を主として、唯識の本源である阿頼耶識《あらやしき》について考究する。曽我は心意識相品を領解するに当たり、現象縁起の原動力という題名をつけている。

曽我はこの心意識相品において、阿頼耶識にはその機能において種種の名があるが、『唯識三十頌《じゅ》』や『成《じょう》唯識論』に見られる根本識の語を使用している。これは阿頼耶識が眼識・耳識・鼻識・舌識・身識・意識・末那《まな》識・阿頼耶識の八つの識のうち第八番目で、人間存在の根本にある識であると考えられているからであろう。

我われは普通には六識しか考えないが、唯識では末那識とか阿頼耶識とかいうのは何のためであるかというと、それは我等の仏道の自覚の原理を明らかにするためである。それは我われの常識、物質界というものを説くならば、前六識だけでよいのだが、この第七識・第八識というものは我等の精神的要求、精神界の原理を説こうとする。

唯識三十頌に、

根本識に依止《えじ》す。五識は縁に随って現ず。或いは倶《とも》なり。或いは倶ならず。濤波《とうは》の水に依るが如し。

根本識に依止すと、染浄の識のために依となるのが第八識で、五・六識の所依となる。すなわち前六識は何を根本として働くのかというと、阿陀那《あだな》識から生じるものである。根本識から転変してきた心が六識である。

蔵識既に外に求むるが故に、蔵識内に根底を有する七転識は、又蔵識の感化によりて頻りに実我・実法の客観的妄像を構成して、又其の痕跡を蔵識中に印象し、斯《か》くて、所薫・能薫の二者対峙して三法展転《ちんでん》し、外は現象界益々複雑となり、内は蔵識の種子益々豊富となる。されば、意識的無明は末那識を根本とすれども、無意識的無明は正に蔵識にあり。蔵識が、無意識的に外の薫習を求むるは、明かに客観的執心なり。されば根本識は、其の見分の上に、自我と執せらるべき理由を有するに止らず、其の見分は既に、客観的妄執の根本に非ずや。されど、此の蔵識の客観的妄執は、其の流転の所以なると共に、又還滅門の所以なり。(「選集」一―四二五～四二六頁)

「蔵識の客観的妄執は、其の流転の所以なると共に、又還滅門の所以なり」と、汚染の意識である我法の妄念を精錬純化し、遂に我法の砿中より、阿頼耶識の純金を得るので、汚染の意識が浄染の意識に転じるのが根本識である。根本識は、意識では全然不可知である、現実の意識の妄念をとおして覚知する以外ない。「迷妄・罪悪の根元なる我法の末流を汲みて其の本源を尋ね、忽然として阿頼耶識に達せり。実我法の滔々たる濁流は清冽なる根本識(仮我法)に背乖せりと雖も、若し根本識の自覚より此の濁流を観ずれば、内(識)・外(境即ち我・法)相対の唯識観は、茲《ここ》に内・外を包含せる絶対的存在となる」(「選集」一―四二三頁)。依りどころとは根底・基底となる意味であり、あらゆる存在、それは常に汚染されたものに他ならないのであるが、それを転ずるのが根本識である。この迷いの存在が解脱としての涅槃となる。根本識は、意識では全然不可知であるので、現実の意識の妄念をとおして覚知する外ない。かかる根本識のはたらきをとおして見分・相分を領解しなければならない。「心意識相品」の始めに曽我は次のように述べている。

吾人が心念を閉づる時、法界唯真如にして一塵をも止めず。然も再び静かに心眼を開く時、塵々《じんじん》宛然《えんねん》羅布《らふ》して未曽有の光彩を放つを見る。これ果して何者ぞや。真如は二空を門戸とせり、一切客観の存在を否定せり。然らば即ち、此の宛然たる塵々は又虚無にすぎざるか。曰く否、これ虚偽に非ずして、万有の実相なり。「然らば即ち、真如証入以前の万有独り虚偽にして、以後の万有のみ実在なりや。彼を否定し得たる真理、何ぞ能《よ》く之を空了する能《あた》はざるや」。真理は之に答ふる能はず、否、答ふるを要せざるなり。万有の有と無とは、之を超絶する真理に何等の影響なければなり。此の問題に答ふるものは根本識なり。彼答へて曰く、迷時の万有は、心外の存在なるが故に之を否定すべく、悟上の万有は、心内の存在なるが故に之を肯定すべし。心は根本識なり。根本識に根底を有し其の中に生存する万有、これを心内の境となし、根本識に根底を有せず其の中に生存せざる万有、これを心外の境となす。前者は実在にして、後者は虚偽なり。然らば即ち万有の肯定は、正《まさ》に根本識の肯定なり。根本識の存在を否定する時、万有は其の存在の理由を失ひて虚偽となる。即ち、吾人が絶対真理に入らざる時根本識を知らず、知らずして而も独断的に万有の実有を執す。これ、真理の正智に否定せらるゝ所以なり。然るに、一度真理の証入を終るや、无始《むし》以来甚深不可知として隠没したる根本識は、微妙なる容貌を出現し来りて、自己面上の万有を顕示す。是れ即ち、差別世界の本質にして、吾人の絶へず無意識的に憧憬しつゝ、ある理想的の世界なり。（同

一―四一四～四一五頁）

この引用文の要は、「万有は、心外の存在なるが故に之を否定すべく、悟上の万有は、心内の存在なるが故に之を肯定すべし。心は根本識なり」である。

龍樹においては、万有は心外の存在ですべてこれを否定し、一切を主観の迷妄として否定せんが為に唯心を説いたのに対し、無著は心外における一切の万有は悉く迷妄なると同時に、悟上の心内の万有は、悉く真実の存在として肯定する。

識が識を観るということが唯識の最初の意味である。我われは外に諸々のものが実際に存在していると思っているが、それは存在しているのではない。心外の一切の万有は、悉く迷妄の存在でしかない。識が外界の存在を実在と見るのであれば、それは虚偽の存在である。心内の境というのは識の内側に識の二面としての見分と相分とを設定して、「見分としての識」が「相分としての識」を観るのである。識が自分の見分の自覚をはっきりさせるため、識が客観化された相分をみることによって見分自身を照らす。こういうことを「識が識を観る」という[1]。

「見相二分の間に、実に能・所縁の関係あるに非ず。一念の心起るや、一分所縁に似たる相分を現じ、一分能縁に似たる見分を現ずるのみ。若し、実の所縁・能縁を許さば、相分は心外の存在となりて、唯識の教義は、其の根底より破壊せざるべからざればなり」（分別瑜伽品四五二頁）と述べている。このことは真諦の教義にもとづく上田義文の考えが参照となる。[2]

物夫《そ》れ自身の根源たる力とは何物ぞや。曰く、これ根本識の功能なり。其れ自体に依て統理せられ、其の主観の対象なり。而して根本識は、独り物質の根源なる力を統理するのみならず、同時に物質それ自身の活現をも対象とし、一切心的活動は、現行としては本識の対象たる能はざれども、力としては又根本識の対象となる。されば心・物、内外一切の現象は、悉く力として本識中に基因す。若し是等心・物の現象にして、単純なる写象にすぎずんば、忽然生滅して必然因果の理法なく、従て常住の真理また無意義ならんのみ。苟《いやし》くも真理あらんか、是等の現象を、写象として以上に、超意識的実在にして力の活現となさざるべからず。而して力は根本識の写象なり。而して根本識の写象は、無意識なるが故に、其の自由は同時に必然なり。これを以て、一切現象の根源として、万有の究竟真因縁として、根本識の呈出は、深遠円満なる唯心論を完成して、無宇宙論・絶対迷妄論の域を脱し、また客観的実在論を離れて、此等の両者を一層高き見地より調和するものなり。之を要するに、根本識は万有の究竟原因なり。（同　一―四一六～四一七頁）

曽我は阿頼耶識を強《し》いて根本識との概念によって説いている。識が識を見ると言う時、それは見らるるものと見るものとなるが故に、全く同一なるものとはいうことはできないが、しかしなお、それが共に識なる限り全く別なるものともいえない。要するにそれは不一不異なるものである。見分と相分とは、あたかも一は他に対して影の如くである。この二は相随伴し、同時同処でなければならぬ。一が生ずれば他もまた生じ、一が滅すれば他もまた滅するが如き、いわば、縁起のものでなければならない。

我われが五感で観ずる五境は、常識的には意識が観ずる写象識であり、真の実在は、五境や意識にあるのではなくて、超意識である根本識の力、すなわちはたらきによるのである。従って意識の外に実在の境が存在すると見るのは虚妄なのである。識が識を観るというのは、自覚のはたらきを表現するので、唯識のみといって見分のみで相分として対象がないことは、逆に識自身のはたらきを表すことが出来ない。能縁すなわち主観、所縁は客観とすると外(心外)へ出てしまう。そうではなくて識の転変である相分が見分自身を照らす。こういうことを「識が識を観る」という。直接なる存在は識の外に何物もない。純粋意識というものの外に何物もない。根本識である阿頼耶識は、かかるはたらきの力の源泉であると共に、またその力の帰するところである。根本識は、全ての存在の真の結果であり、その結果の総括者である。

心の所変としての全ての存在は、悉く真実の存在である。悟上と迷上の二つあるのではない。心外の一切の存在を否定して心の所変としての存在に認識転換するので、転換すれば悟上となる。転換する前は実在で無いといわねばならぬが、転換すれば心内の存在は境の面と相分(客観的側)

の面を設定することにより、見分としての識が相分としての識を見るものである。このことを唯識無境というのである。『摂《しょう》大乗論』で次の様に述べている。

夫れ、認識了知は、宇宙の真理を闡明する唯一の契機なり。而して認識には、能知と所知との両成分を有す。前者を心と云ひ、後者を境と云ふ。而して吾人は、先づ心を措きて専ら境を考究し、而して後、之れと心との関係を明かにせざるべからず。もとより主観・客観は、決して個々別々の存在に非ずと雖も、境は所知なるが故に明了に捕捉することを得、心は即ち能知の主体にして所知に非るが故に、直観自識の観行（自分の心の本性を観照する修行）による外、之れに接するを得ず。既に浅深同じからず、故に吾人は、先づ法相門によりて所知の境を研究し、由て以て観行の基礎を建設するを要す。[3]（同　一―四九三頁）

この文で明らかなように、見分の自覚には相分の反照によらねばならない。この見分相分の考えは、識転変を解釈して『成唯識論』に、「識体転じて二分に似る」とあるが、識体とは自証の作用で識の直接のはたらきであり、それが転似することが変ずることである。識体が変じて他のものに似る。他のものに似るが、しかもそれ自体は、やっぱり識である。転変ということは、どこまでも変化ということではない。識が外境に似て現ずるが、それはやはり内識である。『成唯識論』では、この「変」の一字の外はないので、「変」とは唯「識体」の変であり「二分」に変ずるのである。能変所変と言っても、識るはたらきそのものの中に主観と客観とが総合され一体である。識が転じ変じていく自覚のはたらきを現すのである。[4]

見分・相分の二分となるということが「似る」ということである。この中で「分」とは面ということ、同じことの一面と他の面ということであって一部分という意味ではない。同一刹那《せつな》における識の中での作用なのである。識の転変とは、識は各刹那において「見分」と「相分」との二つの面に分かれることである。能作（の因）が滅する瞬間と同時に、能作（の因）の瞬間とは姿を異にして、所作（の果）たることを得ることが転変である。しかもその転変が同時・同刹那なることである。この転変は、普通に言われる原因と結果ではない。能作と所作は、「はたらき」における能と所であり、そのはたらきの結果が同時に見られ、しかしながら異なった姿において別なものと考えられる所に、転変の根本的な概念がある。

本来は一つである識が見分と相分に二分して、主体の側である見分が対象の側である相分を認識・表象する。識の語は識（しる）という主体的作用を意味しているが、衆生の認識作用においては識る主体とは別の、主体とは分離した対象・客観が実在するように誤謬されてしまう。つまり衆生は何かを認識する際に対象を虚妄分別してしまう。唯識派においては、つまり対象として認識されたものは、対象としては非実在であり無である。唯識とは識が識自身を認識することである。

この見分相分について、例えてみれば、四十八願の国中人天と十方衆生の関係であると言えよう。例えば「国中人天」と「十方衆生」について相分を内と外の関係で考えるならば、国中人天はそのままでは、仏の聖衆としての存在であることは自覚出来ない。国の外に救われていない衆生として否定されてこそ逆に国中人天として自覚的に救われる。その衆生を国中人天として摂取してこそ、仏は仏であり、人天は国中の人天（国中の菩薩）の自覚となる。衆生と国中人天は同じ体であり、相が違う。国中人天は現在に救いを得た念仏行者の名であると解釈すべきものであろう。

「設《たと》ひ我仏を得んに、国中の人天、定聚に住し必ず滅度に至らずば、正覚を取らじ」。我々は国中人天という訳ではないが国中人天でないと一概に言う訳にゆかぬ。我々は十方衆生であって国中人天とすぐ言う訳にゆかぬが、押して行くと矢張り国中人天のなかに入る。一応は国中人天という訳にはゆかぬが、国外人天であるが、我々はこの娑婆世界に生きておるうちは国外人天であってこの命が終ると国中になるのであろうと言うが、しかし一概にそう言う訳にはゆかぬ。国外人天も又国中人天であることを知らねばならぬ。[4]（「講義集」六―一〇九頁）

「国中人天」（内）の間は、仏の自覚にならない。「私の国でない人がいた」「私が覚っても、まだ救われない人がいた」（外）という発見があるから、「十方衆生」が見いだされる。自己の外に「十方衆生」がいるということは、相分が外であることを認識するわけである。それをもう一度内に入れなくてはならない。衆生が救われ浄土に生まれたのが国中人天である。衆生と国中人天は同じ体であり相が違う。不一不異であり、そこに転換がある。外にこそ内はあれ、内にこそ外はある。相分と見分は心内であるが、相分を外に見ると批判になる。故に唯識は「識が識を見る」と言う識の内観の展開である。つまり自覚・自証することであるから、最後には相分を内に見ることになる。相分は心外の存在でないと自覚したとき、心内の存在となるといえるのである。仏の四十八願では、仏が仏たらんとする自覚の展開が衆生を見いだし、それを国中人天と摂取救済するのである。

この見分相分を明らかにするのに曽我は護法の四分説を説いている。[5]

護法の四分説は、

①相分《そうぶん》　客観的側面

②見分《けんぶん》　主観的側面

③自証分《じしょうぶん》　自らが対象を認識していることを自覚する側面

④証自証分《しょうじしょうぶん》　自証分のはたらきを、さらに自覚する側面

例：「花を見る」…①花＝相分、②花を見ている自分＝見分、③花を見ている自分を自覚している自分＝自証分、④自覚している自分をさらに自覚する自分＝証自証分。

識が識を見る自覚の必要性があるから自証分がでてくる。しかも自証分だけでは客観的な証とならないので、証自証分が設けられる。自証と証自証とが互に他を証して、自証の意義を全うする。これは互いに証明しあい無限に展開する。

曽我の「合わせ鏡」の考えは、自証分と証自証分の限りない内観を示している。

二、合わせ鏡

この相対向せる二つの鏡は、相互にある一方の鏡の影が他の一方の鏡に映る、その映った侭《まま》がまたさきの鏡に映る。かやうにこれが限りなく重々無尽に互に映つて来る。今十七、十八の二願は宗教的自覚の二つの位である。一つの位だけで自覚はない、自覚と云ふと必ず合せ鏡と云ふものに対して自分を見て行く、自分を見る侭がこつちに映つて来る。環境へ映つたまゝ、自分と云ふ所へ映つて来る。例へば、私は今金沢に居る、金沢の一地点に於て金沢の

地図を描くとする。もし金沢以外の地点、たとへば京都に居つてこの金沢の地図を描くことは至極簡単なもので、最初の予定方針に随つて成果は決定せられるものでも何でもないことである。所が私が金沢の中に居つて金沢の地図を描くと云ふことになると簡単に行けない。何故かなれば、地図を現に描いて居る自分は現に描かるべき金沢に居る自分である。而もその描かるべき金沢は現にそれを描きつゝある所の自分の居る金沢である。さうすると金沢の地図を現に書いて居る自分と、その自分の居る金沢と云ふものが重々無尽にお互に関係して来る。地図を描く自分と云ふものは第十八願、描かれる側の地図と云ふのが即ち第十七願、その地図に於て映し現はるもので地図を描きつゝある所の自分の姿が第十八願自身である。そこで此金沢の地図を書くと云ふことは詰り自分を描く、現に自分を描きつゝある、自分自身を描くと云ふことは、画いて居る自分は、いつまで画いても画き尽せない自分を見るが故に画く自分は画くと云ふ努力の意識を超えて、限りなく自己を描くことに努力して止まざらしめられるのである。茲《ここ》には自己描写の無限の力は誠に内に自然に湧く所の止むに止まれぬ情意の泉であり、新に描かれたる自己は、描く自己を超え、描く自己をして描かざるを得ざらしむる情意の力それ自体である。かくして描かるゝ自分に於て描く自分の久遠の姿を見出す時、その二つの自分は全く一つなのです。さう云ふ所に、「内観」とか「自覚」とか云ふ意義がある、かう云ふ工合に云へばよくお解りになるだらうと思ひます。先きに申しました合せ鏡を見ますに、何千何万何億だか知らん無数に相互に影が映る。それが前ならず後ならず一念同時に、鏡体は二枚なれども二枚の各の鏡に於て無量無数の鏡影がある。こつちに百万の鏡があればあつちにも百万の鏡がある。（乃至）

こつちに百億の鏡があればあつちにも百億ある。そこの境地を「内観」「自覚」と謂ふ。（乃至）だからして自分を内観すると云ふことは全世界の一々の事物に於て自己の内生活の姿を見せしめられることであつて、眼をつぶらなければ内観出来ないのでない、正見の眼を開いて内観する、「内観」と云ふ意味はかう云ふ風に考へなければならぬ。又かうでなければ内観と云ふことは全然成り立たぬと云ふことを申すのであります。[6]（『選集』一〇―二三七～二三八頁）

合わせ鏡に表現される内観が、唯識の論師護法が自証と証自証とが互に他を証する認識了別の意義を明らかにしている。事実なる自証は真理を証し、理念なる証自証は反《かえ》って事実を証明するというのである。自己を映す鏡は相分であり、鏡を映すは自己であり、見分である。

この自証と証自証について曽我は合わせ鏡の譬喩によって限りない内観の在り方を示し、これは第十八願と第十七願の関係であると考えている。「自証の鏡は即ち信心の鏡であり、証自証の鏡は即ち大行の鏡である。この第十七・第十八の二願はちょうど合わせ鏡である」と自証の鏡は信心の鏡であり、証自証の鏡は大行の鏡である。自証は因位の願心で、まだ開かない蕾《つぼみ》である。証自証は果上の正覚、現に開いた華である。否自証は開かしめられる華の蕾であって、証自証はそれを開かしめる樹の生命である。蕾の中には蕾を知らず、華開いて蕾を知る。そのように証自証は信を体とするところの願心の背後にあって、その主観的自証を純粋ならしめて、限りなく内なる主観に求めて自己を充足せしめる客観の大行である。「云何にして」主観を無限に純粋ならしめるか、客観の行を純粋ならしめることによる。「何故に」客観の行の純粋が主観の信を純粋ならしめるか、それは主観の信の自証による。この合わせ鏡の自証と証自証との考えは、真宗学的な内観としては、如来が如来自身を内観する対象面が、私が私を内観するときの主体面になる。如来の如来自身における自証自覚は、我ら衆生自身における自覚と一つである。いいかえるならば、如来が衆生を救おうという願は、救うべき衆生を鏡にして自己を自覚する。衆生は如来の救おうという願いを鏡として自己自身に目覚める。

曽我は、「如来」と「衆生」との二つの観念は決して独立した二つの実体が存在することを顕わすものではなく、唯一の宗教的表現の因果の二つの位の応現の表象であると考えている。如来は本願の救済の主体であり、衆生は宗教的認識の対象であるとは、本願に救済される客体である。そうして衆生を救う同体大悲とは衆生を外に見いだすのではなくて、如来自身のうちに衆生を見いだすのである。宗教的意志（本願）は『成唯識論』の中に衆生をあまねく摂して自の体とするとあるが、衆生の悩みを我が悩みとする。衆生と同体になって大悲し、衆生を自分の内に摂め取ることである。宗教的認識とは外なる煩悩具足の衆生を如来が自分自身の内に見いだし、衆生としての自己を認識自証することが救済するはたらきを意味するのである。如来とは衆生を見いだし内に摂め取る宗教的意志の面を顕わし、衆生とは招喚を通して如来に摂取される宗教的認識の用を顕わす。

以上の如く識の相分・見分の考えである「迷時の万有は、心外の存在なるが故に之を肯定すべく、悟上の万有は、心内の存在なるが故に之を肯定すべし」にもとづいて第二十願について、内なる二十願と外なる二十願と、二十願に二重の意義を見いだしている。

唯識における阿頼耶識の展開において真宗学の十七願と十八願、十八願と二十願、そして十七願と二十願の相互の関係の詳細は、法蔵菩薩と阿頼耶識の関係が明らかになった最終章で詳しく述べることにする。

三、根本識は原動力

曽我はこの章で根本識が力であり原動力であると述べているが、識が力であるとは、限りない内観のはたらきを示しているのであろう。

曽我は、根本識が力であると種々の文で表現している。例えば「内観主義は心外の万有を否定する点より言わば、消極主義也、而も万徳を悉く自己に具すると自覚する点に於て楽世主義也、最上の積極主義也。自己以外の万有を殺すと共に、自己の裡に於いて平等に無限絶対の力と価値とを万有の上に附与す。是を以て内観主義に於ける万有は一々皆無限の因縁の集合より来り、一切の力を一々の上に集めて、其価値各絶対也」（『選集』一―三七二頁）、「無始先天の潜在力たる自覚の種子は、不思議にも不覚なる蔵識の中に住す。是れ、蔵識改造の萌芽なり」（同　一―四二四頁）、「唯識観とは、積極的に万有を統一する主観力なり」（同　一―四五五頁）等である。纏めた文としては、

吾人は二種の世界を有す。一は意識の世界、即ち其の写象なり。二は意識以上の世界、意識そのものと五境の実体これなり。意識の自体は、不可思議なる力の活現なり。五境の実体もまた、不可思議なる活現なり。（乃至）然らば此の如き、物夫れ自身の根源たる力とは何物ぞや。曰く、これ根本識の功能なり。（乃至）力は根本識の写象なり。而して根本識の写象は、無意識なるが故に、其の自由は同時に必然なり。これを以て、一切現象の根源として、万有の究竟真因縁として、根本識の呈出は、深遠円満なる唯心論を完成して、無宇宙論・絶対迷妄論の域を脱し、また客観的実在論を離れて、此等の両者を一層高き見地より調和する

ものなり。之を要するに、根本識は万有の究竟原因なり。(乃至)根本識は力の源泉なると共に、又力の所帰なり。万有は、力の帰することによりて根本識に帰す。之に於てか根本識は、万有の真結果なり、結果の総括者なり、万有の究竟の目的なり。(乃至) 潜在的自覚力は、強大なる力を以て諸善を統一し整正誘導して、相合して六・七、二識の自覚となる。(「選集」一—四一六〜四二五頁)

我われがあらゆる存在を意識するのは、「意識の自体は、不可思議なる力の活現なり。五境の実体もまた、不可思議なる活現なり」と無意識の根本識の力の現れである。あらゆる現象は根本識の力より生じて、同時に力に帰する。それ故に心・物、内外一切の現象は、悉く力として本識である根本識中に基因する。しかし根本識である阿頼耶識と不離である末那識が根本識の活動を相・見二分の対立する我法の執として虚妄識に変じて顕現する。根本識の力たる所以はこの末那識の誤りをわが責任として自覚するので、潜在的な自覚力は、強大なる力を以て諸善を統一し整正誘導して虚妄識を転ずる。曽我は我法の悪子に対して、親である根本識は子である六・七識を自己の責任と感ずる時、自己を以て罪悪の主体と感ずる、曽我は次の様に、曽我ノートで自己意識の根拠は如来によるのであると論じている。

自己意識の信念は　全く不可思議力の信念の発端である。此に依りて不可思議力を否定するべきものでない。若し不可思議力を否定する時　自我の存在と云ふことも亦全く否定せねばならぬ。而して此不可思議力は　自我をして自我たらしむるの力である。（乃至）我は如来を以て自我の根元とするものである。如来の存在か決して自我の尊厳を害するものでなくして　如来なくんは自我は　真に　自我たる能はさるものである。（乃至）
而して此不可思議力を自我の原動力となす時　我等は此を如来と呼はざるを得ぬ　此を如来と呼ふは　人心の至純の要求である。（「曽我ノート」4）

言うまでもなく、不可思議力が自我の原動力となるとは如来我となることである。我が主観に顕われる如来を信念と言うので、信念は如来の直接的顕現である。「我をして我たらしめる原動力」すなわち自覚的自我の真主観は、「如来を我とする」ことによるのである。「我は我也」の意義に徹底せん為には必ず「如来は我也」の信念に入らねば、我は邪見に陥らねばならない。かく如来と我の関係を次の様にも捉えている。

如来の智慧は深広無涯底であるが、此を動かす自己の力は一層不可思議である。それは随て自己の原動力なる罪悪の力は一層不可思議である。深とは一往は深重の義であるが、実に

は深妙の意である。（「選集」二―一九三頁）

曽我は単に如来に不可思議な力があるのみではない、自己の力も不可思議という。それは我等の心中の闇室は光明より以上の実在である。その我等の闇を光明では無くして無限の闇となって救済摂取し給う。如来は外面より見れば光明にして、内面は闇黒であり、如来の闇黒は誠に如来光明の根本原動力である。自力教と他力教との相違点は単に如来の外的光明を見ると、更に光明の源泉なる大闇黒に接するとの別によるのである。

如来我となるとは法蔵菩薩の降誕なりというのは、如来の原動力が我が根本識の原動力になることである。

真の他力は真実に我の力でなければならない。真実の他力、すなわち直接に経験せられるべき他力は、この罪の自覚に在るのであって、どこまでもこの罪の自覚の大地を離れてはならない。罪の自覚の無底の底に、一切衆生の罪を担う法蔵菩薩の永劫の修行の原動力がある。

かくの如く八識から七・六識と転変する迷いの識が、迷いの識であると自覚することによって、迷いを翻して悟りへ転識得智するのである。根本識が一切の現象界の流転を還滅に転ずる力なのであるが、その原動力は真の我の根本識であり、法蔵菩薩の本願力と曽我は考えているのであろう。

如来所有の力とは何ぞや。是れ則ち一面如来所有の作用に過ぎざれども、更に深く考察するに、是れ誠に如来をして如来たらしむる原動力なり。如来、力あるが故に、如来たり。若し如来より力を取り去らば、如来の如来たる所以何《いず》くにかある。

されば足下よ。「如来の力」とは是を文字通りに観察すれば、如来所有の力也。如来所有の力とは、如来の本体の現出也。されば如来は本也、力は末也。末力は是れ果上の力也。是れ仏力也。救済力也。されど若し一歩を進めて是果上の末力の何たるやを思へ。如来と力との関係は、正に一転して、力は却て如来の本にして、如来は却て力の末に非ずや、是根本の力、是を因力と云ひ、因位の本願力と云ふ。如来をして如来たらしむるは、誠に因位の本願力に依れり。是故に如来に因位の本願と果上の仏力との二力ありと雖も、最も重要にして吾等救済の如来の根原は、唯因位の本願力にありて存す。(『精神界』五—八「久遠の本願、十劫の正覚」明治三十八年八月要旨)

言うまでもなく根本識の原動力と言っても識のはたらき以外の何物でもない。限りない内観、自覚の作用を表現するのである。この根本識の転識得智のはたらきは次章において論述する。

註［1］　護法が「転似見相二分」に重点をおいたことは、唯識思想史上に大きな意味をもたらすものである。たしかに見相二分の語（それについては、後にも触れる）は、世親や安慧には見当らない。三分説、四分説などといわれることからすれば、それは陳那などの新しい学問の進展に沿って、さらに護法が新機軸を開いたものであろう。ただそれが、世親などと全く背反した方向なのか、それとも世親や安慧ではそれほど意識せられず、隠されていた思想が護法によって展開されたのであるかは、議論の岐れる所であろう。しかし見相二分ということは、上にも触れたようにかなり広いはばを以て用いられ、能縁・所縁や能取・所取などと相通じた内容であり、ただ特に識の「分」という意味をもっている。それが識の「分」であるが故に、依他起性として規定した所に、護法特有の思想がうかがわれる。しかし、後に述べるように、そのような考え方は、恐らく安慧にも世親にもあったのであろう。それが護法によって顕わなものとせられた。そこに筆者は唯識思想史上における護法の功績を認めたい。ただしこの方向が護法以後にさらに推し進められることによって、本来の唯識思想から逸脱するようなことになったかも知れない。（長尾雅人『中観と唯識』四六三～四六四頁）

註［2］　自己を対象化することなしに知るためには、識はそれ全体をあげて知られるもの（境）とならなければならない。もし全体が境となるのではなく、識のある面が知るものとして残るならば、この知るものという面は知られないで残るから、この場合は自己の一面だけが知られることになり、自己が如実に知られたとはいえない。この知り方はまさしく対象的な知り方である。一切の対象化の作用を離脱しておれば、識の全体が境になる。そして知られるものとなった識はもはや識とはいえない。識の特性は知るものという点にあるからである。かくして識は非識であることによって初めて如実に自己自身を知ることができる。識は無となってもの（境）となり、見られるものとなる（境として似現する）ことによって、物を対象化することなしに如実に知ることができ、そのことは同時に識が自己自身を対象化しないで如実に知ることである。一切の対象化を離れ、絶対に対象化されることなき主体が、真実性と二而不二な依他起としての識であり、こういう識（主体）の最奥の主体（自己中心的自我の最後の根）が阿頼耶識である。（上田義文『大乗仏教の思想』レグルス文庫、二七七～二七八頁）

註［3］「識転変」なる概念について、能作と所作は、普通に云われる原因と結果ではない。能作と所作とは、「はたらき」に於ける能と所である。（長尾雅人『中観と唯識』「転換の論理」二四一頁）

註［4］本願を見るに、往生の因を誓った願では我々は十方衆生であり他方仏国の衆生であるが、果を誓った本願では国中人天である。迷いは因にあって果にはない。迷いの体は因にある。故に仏は果の願に於いては我々を隔てずに国中人天と喚び、因の願には十方衆生と喚び給うのである。（「講義集」八―一五六頁）

註［5］

・護法の四分説

①相分　客観的側面

②見分　主観的側面

③自証分　自らが対象を認識していることを自覚する側面

④証自証分　自証分のはたらきを、さらに自覚する側面

・心分論

一分説（自体）は―安慧であり、見分相分を立てなくて、心それ自体を見る。直に自己の実性を見るので、心は相分を縁するものではない。相見二分は一見して心の用に似て　実には心の不自然の用に外ならない。自観的な自体分のみを心の実体実用として絶対唯心論を立てる。

二分説は難陀であり、専ら直覚を重んじ、理性を否定す。純理性的なる自体分の如きは全く妄想で、自体分というものは非経験的であり、心が自己を見る力はない。自己に似た相分を見るので、心体とは見分で　見分か起ると自然に相分がある。

三分、四分説の護法は、心の自観とは心の　自体分か見分を縁することである。そして心の他観とは見分の相分を縁することで共に心の自然の作用である。更に自証と証自証と相互に縁するを最上の自観と名け自覚の内観を展開するのである。（「曽我ノート」01―062要旨）

註［6］　これは西田幾多郎博士がロイスの示唆を受けて考えたものであるが、京都にいて広島の地図を書くのと広島で広島の地図を書くというの対比で同じ事を信の自覚の問題・自同について論述している。（武内義範著作集一巻五三頁大意）

第三章　識の転変について

一、八識の関係

次に唯識の八識の関係を具体的に詳論し、識の転変を解明する。識は六識であったり、八識が数えられたりするが、世親の「識転変」という概念は、『成唯識論』の「識体転じて二分に似る」、すなわち見相二分、あるいは主観客観の二者に分かれることを指摘するが、しかしそれでは十分ではない。転変は因転変・果転変の二種に分かたれる。それを種子生現行、現行薫種子、三法展転因果同時と言う。「識転変」は「因転変」と「果転変」との両面によって考えられることに由来する。因転変とは略していえば、転変して因たること、すなわち種子となることであり、果転変は転変して果たること、すなわち現行たることを得ることである。この場合、この一一の転変において、因転変においては、現行が能作であり、種子が所作なるが如き転変であり、果転変においては逆に、種子が能作として現行の所作を得るという転変である。

長尾は、次の様に述べている。

能作（の因）が滅する瞬間と同時に、能作（の因）の瞬間とは姿を異にして、所作（の果）たることを得ることが転変である。

この短い文章に於ける要点は、転変が（1）能作の因より所作の果への転変であること、及び（2）その転変が同時・同刹那なることである。

識の性格は、何らか「対象を分別する」ものとして空間的であり無時間的である。一方また、因より果へ転変するという時は、常に何らか時間的な流れの上に考えられた。然るに今、「同時」ということは、かかる時間の上における生起を否定すると共に、単に時間の抽象せられた空間的であることのみを意味するものでもないであろう。むしろここには、時間と空間との基底となるものとして、同時的な識の転変が考えられ、時間以前の無時間性において考えられる。時間空間の範疇の上にはたらく識ではなく、（所謂前七転識ではなく）、逆に識転変において（すなわち阿頼耶識転変において）存在が時間的空間的限定を受け、すなわち顕わになる。時間空間の根柢にあるものとして識転変が考えられるのである。しかしながら如何にしてそれが基底であり、根柢なのであろうか。

転変が基底として考えられる資格は、恐らくその因と果との転換という点にあるであろう。

ただしここに因と果というものは、能作と所作とであって、普通に云われる原因と結果ではない。能作と所作とは、「はたらき」に於ける能と所であり、或は、「はたらき」とその結果とである。ある「はたらき」に於いて、そのはたらきの結果が同時に見られ、然しながら異った姿に於いて別なものと考えられる所に、転変の根本的な概念規定が成立つ。(『中観と唯識』「転換の論理」二四〇～二四一頁)

転変は何か「他になること」であるから、ここに因への転変、果への転変、すなわち転変して因となり、転変して果となることである。

「識転変」とは、諸識の位置づけを行い、相互の関係を明らかにするという役割を荷っている。すなわち転変は因転変・果転変の二種に分かたれ、それによって三種転変としての八識を確立するのである。これらすべてを通じて、識転変は「縁ずること」知覚し認識すること以外ではない。転変は何か「他になること」であるから、ここに因への転変、果への転変、すなわち転変して因となり、転変して果となることである。

その間には、現行識が習気《じっけ》を残し、残された習気が種子として新たな現行識を生ずるという因果の交替が見られる。その相互に因となり果となるものは、すべて識以外ではありえない。「識ること」「縁ずること」が、潜在的基本的な面では阿頼耶識と呼ばれ、具体的現象的な面では転識とか現行識とかとも名づけられ、さらにある角度からは果的なもの（異熟識）として、また別な角度からは因的なもの（種子識）として把握される。「識ること」が因的な意味を荷い、果的な意味を荷うのである。「識ること」以外に、因や果が別にあるのではない。識転変は識が相互に因となり果となって、依他的・縁起的であると考えられる所以である。

一切種識の是の如く是の如く変ずるに由り、展転する力を以ての故に、彼彼分別生ず

（『唯識三十頌』第十八頌）

曽我は、「唯識論では「変」の一字の外はないのであります。「変」とは唯「識体」の変であり「二分」に変ずるのである。能変所変と言うことは最も直接なる意識の自証に求めるのであります。唯是自証と言うことが重大であります」と、「両眼人」（一三五頁）で述べている。二分が変と言うのは、一つの識の二面性を言うのである。転変は因転変・果転変の二種に分かたれ、それによって三種転変としての八識を確立する意味を荷っている。

仮に由て我法と説く。種々の相転ずること有り。彼は識の所変に依る。此が能変は唯三つのみなり。謂わく異熟と思量と、及び了別境との識ぞ。初めは阿頼耶識なり、異熟なり一切

種なり。（『唯識三十頌』の第一頌第二頌）

その三種とは異熟は「阿頼耶識」、思量は「末那識」、及び了別識は「前六識」である。それは三段階の識の転変と考えられる[1]。

第一能変といわれるのは、阿頼耶識にはあらゆる種子を内蔵している。唯識では、我われのあらゆる行為、すなわち、行動に起こしたことは勿論、口に出したことや心で思ったことまでも（心《しん》・口《く》・意《い》の三業《ごう》）、すべての行為の業果が種子として、阿頼耶識に蓄積されると考えている。このため、阿頼耶識のことを、「一切種子識」あるいは「蔵識」とも呼ぶのである。

こうして蓄積された行為の業果は、何らかの縁によって再び異熟を起こし、新たな認識となって現行するのである。このサイクルが、あたかも植物から採れた種が芽生える過程に似ていることから、業の結果を種子と名づけたのであろう。

なお、種子のことを、行為から生ずる残気という意味で、習気とも言う。頌で「一切種子なり」と説いたのは、こうした意味である。

第二能変は、種子が飛び出して、末那識・意識に作用するのであるが、末那識は、阿頼耶識を対象として、思考作用を本質とする、意《マナス》という名の識が起きる。我の思量を自性とするものである。マナスは常に、有覆《うぶく》・無記《むき》の四つの煩悩、我見・我癡・我慢・我愛にある。マナスは生まれたときから身に属する特有の煩悩と相応する。そして他の触等の心所とも一緒にある。曽我は次のように述べている。

第七識と第八識とは、已《すで》に一体にあらずとせば、第七識の縁ずる所の境界は、其実自己所変の相分にして、第八識の見分其物にあらず。是れ彼が迷妄の第二の点なりとす。（「選集」一―三六九頁）

第三能変は了別と言われ、六種の対象を知覚し識知・識別する。六識は善・不善・非二［無記］のいずれもあり得るのである。この六識は、遍行と別境[2]と善の心所と相応し、同様に煩悩と随煩悩とも相応するのである。この種子は前五識から意識・末那識を通過して、阿頼耶識に飛び込んで、阿頼耶識に種子として薫習される。これが思考であり、外界認識であるとされる。

このように阿頼耶識には余習として、それが種子として阿頼耶識のなかに蓄積され、それが成熟して、「識の転変」を経て、再び諸識が生じ、再び行為が起るのである。

この展開を詳しく「選集」一巻の末尾の諸論文に述べている。各所に重複しているので「解深密経論」のみでなく、散在する文をまとめてその要旨を記する。長文の引用文になるが、八識の関係を曽我は単に論理的に論述するのではなくて、主体的に体験的な感識で叙述している。

まず我われが直接に感覚・知覚する第三能変の「了別境識」、前五識と第六意識から考えていく。

二、了別境識

吾人の常識は先づ五感を認容し、是を五識と名け、是に依りて色声香味触の五境を感覚し、更に第六意識ありて、此を総合して外界を投写し、色声香味触を以て一実体の五箇の属性となす。眼識は色を見る、而も唯色の当相を縁慮するのみにして、色其物の客観的存在なることを思はず。耳鼻舌身の四識が次第に声香味触に対する態度亦同様にして、声香味触の客観性に就て何等の決定する所なし。則ち五感に対する五境は、別々に観ずるに決して客観的存在の理由あらざる也。吾人は前五識に依りて五境に対して五箇の実体を要求せず、又此五境を以て一実体の五属性と思惟せざる也。然るに第六意識が是等五識に随伴して起るや、忽然此五境の感覚を総合して是に客観的基礎を要求し、賦与し、此を一実体の属性となす。是に於て初て外界存在の観念生ず。然らば則ち外的実体の観念は五境の総合より生ず。若し五境にして個々別々に根底を有し、一実体の属性に非ずとせば、吾人は決して客観的存在の観念を生ずべからざる也。然るに前五識は各自別々に縁ずる所の五境の各々に就て、何等積極的決定をなさざるが為に、計度分別を有する第六識は、其自由として、五境を総合して一実体

の観念を構成す。[3]（『選集』一―三七六〜三七七頁）

前五識と第六識（眼・耳・鼻・舌・身・意の六識）は第一転変の阿頼耶識と第二能変の末那識の作用の上にはたらく識であり、「眼に依って色を了別するなり」といわれるように、それぞれの識が対象を明瞭に認識する働きである。

五識と六識の関係は、六識はよく自覚的という意味で「意識する」ということであるが、前五識が感覚知であるのに対し、分別判断の働き、それは仏教では心所、すなわち個別の心作用であり、その心のはたらきであり、前五識が明瞭にはたらくのは、それらに意識が同時にはたらいているからである。前五識が現在の事象のみを対象とするのに対し、意識は過去・未来・現在の三世を対象とする。さらに前五識はいわば無分別のあり方で対象を認識するのに対し、意識には、過去を再構成したり推理したりするはたらきがあり、この意識のはたらきによって、一人ひとりが同じ対象に対して異なる感想や印象を持つのである。意識は五識とは別の対象を把握する意識である。この意識があるからこそ「心ここにあらざれば見れども見えず」ということがある。意識はさまざまなはたらきを持ち、五識に比べて自由であるが、自由であればこそ誤ったはたらきをする危険がある。意識は意識自身でそれを統御することはできない。唯識では一切を悉く主観的迷妄として否定するのである。ここに唯識は「万有は自己の写象なり」という。

従って実体の観念は、意識にあっては理由のない妄想であり、その対象は実に意識の相分にすぎないのである。「六識は心外本質の観念あると共に、又此外象を主管し使令する実我の観念あり。是を名づけて外的迷夢となす」のである。

則ち第六識は抑《そもそ》も何等の標準に依りて外的実体の思念を極成し、是を真実となす乎《か》。是にして何等の確固なる標準なくして、徒《いたずら》に想像計度を逞くするに過ぎずとせば、是れ一箇主観的空想のみ。則ち前五識に対する五境が其客観的根拠曖昧なるが如く、是を総合する体の観念も、亦五境に比して一層主観的空想ならざるべからず。是に於てか真と云ひ偽と云ひ、有と云ひ無と云ひ、醒覚と云ひ夢境と云ふも、平等に主観的空想のみ。其客観的に就て根拠なきこと全く同等なりと云はざるべからず。則ち知るべし、一切万有の念は一切妄想也。宇宙は無也、世界は唯空想あるのみ。是に於てか前には五境を総合して外的実在を断定せし第六識は更に此断定の何等根拠なきを顧慮するが為に、一切を悉く主観的迷妄として否定し去らんとす。（同　一—三七七頁）

現象的な世界は、第六識・意識によって代表せられる。それは現象的な六識、現象的にはたらいている識、すなわち転識と呼ばれ、現象的な事物のすべてがこれをもって被われている。意識によらなければ、我われは決して客観的存在の観念を生じない。前五識は各自別々に縁ずる所の五境の各々について意識することがないので、第六識の意識が認識分別して、対象である五境を総合して一実体の観念を構成するのである。

しかし唯識ではこの実体の念の正邪真偽は第六識が自己の力をもってこれを決定できないとするのであって、また前五識は、この意識に対して何等関与しなくて、従って第六識の意識は何等の確固とした標準なく、この外的実体の思念が真実であるかどうかを決定できない。何等の確固なる標準なくて、徒に想像認識をするので、これは主観的空想なのであって、すなわち前五識を総合する実体の観念は主観的空想でしかない。真の主観であることはできない。現実の諸現象は、悉く六識・意識の相分であるが、転変・断続する六識が相分のはたらきの根源ではない。真と言い偽と言い、有と言い無と言い、醒覚と言い夢境と言うも、六識が判断するのではない。

曽我はその六識のあり方を「第六識は到底自己主観の産物なる写象に満足する能はざる也。第六識には自己以外の本質あり。本質は光明の世界也。彼は則ち生涯此本質の世界を憧憬し、是に依って自己を批判し、依りて以て唯心的信念を確立せんと勉む。されど本質は、已に彼自ら思惟する如く自己以外の存在也」と、この意識上の世界に対して真実の本質を求めて阿頼耶識を憧憬する。常に相互に因となり果となるとせられる。意識的、現象的な世界が因となって経験の結果を意識下的な阿頼耶識の中にしまいこませ、同時に後者阿頼耶識が新たに原動力となって、前者現象的な世界が結果として生みだされる。阿頼耶識はこのような因果の交替の場を与え、依り所となるものである。それでは如何に意識下のはたらきを感ずるのであろうか。

第六識以上に第七末那識の存在不明也。されど吾人は前六識を一切閉鎖し、過去現在未来の外境に就て一切の思量を止めたりとせよ。斯くの如き場合は吾人の極睡眠極悶絶の場合及び吾人の一種の修養或は方法に依りて仮死の状態を顕現する時、吾人は明に前六識を閉鎖して、一切外境と絶縁し、一切外的妄想を停止したりと雖ども、而も是れ唯意識動作の停止にして、吾人の無意識的動作は一切絶滅せしに非ざる也。此時吾人は外に対する執は止めりと雖ども、主義に対する執着は依然として持続せり。是を以て吾人が極睡眠より醒め、極悶絶より起ち、仮死の状態より復帰する後、吾人は此六識の中止に依りて其前後の自己の連続あるを疑はざる也。此根本的無識的我執、是を名けて第七末那識と名く。自己は無意識にして而も六識の所依となり、吾人の生涯を貫通して、同一自己の自覚あらしむ。念々に変化して留まらざる六識は、到底同一自己の自覚を生ずべからず。(同　一―三八三～三八四頁)

三、思慮・末那識について

末那識については、我という妄執を帯びて活動する最も根本的のもので、阿頼耶識の主観作用をもって自己そのものとするのである。末那識については、「唯識宗と末那識観」「仏教唯心論の基礎としての阿頼耶識の証明・実体の観念は客観的証明の基礎、主観の観念は主観的証明の根拠」(「選集」一)に詳しく論じている。

根本的無識的我執、是を名けて第七末那識と名く。自己は無意識にして而も六識の所依となり、吾人の生涯を貫通して、同一自己の自覚あらしむ。念々に変化して留まらざる六識は、到底同一自己の自覚を生ずべからず。勿論、吾人は周囲現象の激変に依りて二重人格に陥ることあり。而も是れ二重人格の裡に貫通する一条の流れは能く此の両人格を結合融和して全く絶縁せしめず。早晩一重人格の正態に復せしむるに非ずや。則ち吾人の人格の統一は無意識なる第七末那識を認容せずしては是を説明する能はざる也。(「選集」一―三八四頁)

第六識は心の外に実在すると考えるので、曽我はそれを外的迷夢と言い、外的迷夢は内的迷夢より来る。第六識が種々分別を起こして、自他内外対立して執着するが、その根底は常にこの末那の思量によるもので、直に末那をもって意識以外に実在するのである。

吾人の生涯を貫通して、同一自己の自覚あらしめるのは、念々に変化して留まらざる六識では、到底同一自己の自覚を生ずることは出来ない。

而して内的迷夢とは何ぞや。曰く客観世界に対する迷に非ず、自己主観に対する迷也。即ち他我に対する迷に非ずして、自我に対する迷也。外我、客我、我所に対する迷に非ずして、主我、内我に対する迷也。是れ則後天的に経験に依りて生ずる迷に非ずして、先天的に其本性より生ずる迷也。是則ち最も微細に、終始一貫変化なく断絶なき迷也。客我外我なる身体財産等は変化断絶極りなし、随て是を縁ずる我執亦変化極りなし。然るに真主観の作用は始終一類相続して永劫に断ぜず、是を以て此最上主観に対する内迷は、此主観と共に亦恒久不変不断ならざるべからず。吾人の我執は執の上に執を加へて層々無限也。即ち吾人は我執の上に我執を起す。是故に吾人の我執は所依あり理由あり、即ち分別的也。而して斯くの如き我執は是れ第六識の作用也。唯夫論理の最始の大前提たる我執は何等の我執をも所依とすることなく、則ち何等の理由と条件となく、忽然として生じ来るもの也。是を名けて忽然念起名為無明と為す。是れ則ち論理的最始の前提たるのみならず、実際の時間に於ても、無始より一類にして、一切の分別と思惟とを離れて、吾人の最上主観に附随する物也。此原始的無条件的我執は是れ第七末那識の所産也。(同一八三頁)

第六識が種々分別を起こして、自他内外対立して執着するが、その根底は常にこの末那の思量によるもので、直に末那をもって意識以外に実在するのである。

我われの生涯を貫通して、同一自己の自覚あらしめるのは、根本的我執の主体が無意識の末那識である。念々に変化して留まらない六識では、到底同一自己の自覚を生ずることは出来ない。この末那識をもって長恒不断の我執となし、常に我痴我見等の四煩悩と相応するものとしてある。それは深い内観によらなければ不可能のことである。

曽我が二重人格というように、一方では根本主観である阿頼耶識を主我と執し、第六識の意識の我執の所依として意識を迷いならしめる。しかも第七識は第八識の主観作用を縁じてこれを自の主我とする。凡人はこれをただ一歩の差もないというが、信仰の眼より見ればこの一歩は実に幾万里の隔たりがある。このゆえに最上主観に対する主我の思念は、根本的な無明である。この一念の無明は永久に生死の苦海に沈淪せしめるもので、この第七識の内的迷夢の自我こそが迷いの根源である。

しかもこの二識は能執蔵・所執蔵の別はあるが、畢竟自我なる一人格の二面に過ぎない。この二識は相互に不離にして生死と罪業とは永久に相続して絶えることはない。客観の世界の苦痛の解脱し難いのは、末那識の罪業の深きを証明するであろう。心外の世界と心外の迫害とは、これを否定すること必ずしも難くはない。唯心中の世界と心中の罪悪とは、われのほとんど云何ともすることを得ざる所のものである。万法唯心は心外の苦悩世界を否定すると共に、心の内において至深の自我の罪悪に到達するものである。すなわち唯、識観は唯現実の自己を内観して煩悩成就の凡夫と深知する罪悪自我観である。罪悪を深く自己の奥底に求め、自己を最も重く全責任の主体として観ずる。この識を転じて、真実の智恵を得るのが瑜伽行の唯識行者である。そのことについて、次に、阿頼耶識について論ずる。

四、阿頼耶識について

是故に吾人は第七識の主我の思念を誤謬としつゝ、而も此迷妄が明に第八識主観を憧憬するものとなさゞるを得ざる也。主我の念を以て仮令何等根拠なき妄想となすも、其無根拠とは其実質的方面より真相を得ざるの謂にして、此真相を得ざるが為に、真主観の存在を否認すべからざるのみならず、第八識は自己を顕はさんが為に、第七識に命じて主我の観念となさしめたるものに非ずや。第八識の主観は勿論不可知也、客観も不可知也。是故に彼は其客観の方面より自己を顕示せしめんが為に、第六識に外的実体の観念を与へたり。吾人は此誤謬の基づく所を尋ねて、遂に客観的方面より、是本質実体を写象とする第八識に到達したり。されど客観的実体の観念より第八識を尋ぬることは甚だ間接なる方法也。吾人は更に真主観なる第八識に直接せんことを求む。而して吾人の第七識は主我の観念を以て第八識主観を把持せんとしつゝあるに非ずや。主観は客観たる能はず。況んや不可知の主観は、到底第七識の主我の念を以て把持する能はざる也。然らば則ち主観としての第八識は到底自己を顕現する能はざる也。不可知は彼の性なれば也。第六識が本質を憧憬しつゝ本質に直接する能はざるが如く、第七識は第八識の主観作用を憧憬しつゝ、彼は到底彼自身の影像の上に第八識主観の霊相を写象する能はざる也。夫れ写象せざらん乎、彼の主観の認識作用は不可知と云ふに非ずや。若し此を第七識の主観の上に写象せん乎、則ち第八識主観と雲泥の差ある主我の観念となるに非ずや。然りと雖ども、吾人は第七識の主我の念に依りて永久生死に輪廻すると同時に、此誤れる観念の媒介に依りて、忽然として第八識最上主観の霊相を想ひ浮ぶるに非ずや。（「選集」一―三八五～三八七頁）

曽我は、阿頼耶識を無意識的に主我と捉える第七識も、意識的に諸現象を虚像として捉える第六識も、阿頼耶識が自己の存在を直接にも間接にも自己を顕現できないから、自己を顕現せしめるために、第七識・第六識の写象を借りてその存在を表現せんとしたのであり、阿頼耶識はそれを自己の欠陥として、その責任は阿頼耶識にあるという。その阿頼耶識は、第八識最上主観は能く一切万有の本質を其写象とし、其写象は悉く真、悉く正、是に至りて第八識の上には自己の写象の上に何等欠乏なく一切唯心の故に特に破邪顕正の必要なし。則ち唯心は唯物に対せず、主観は客観に対せず。されば特に唯物論と客観主義を破するの必要なし。是れ自明の理也。是を以て第八識の上には心外心内の観念なし、能生所生の念なし。本来物あり、本来心あり、物と心との間に前後本来の念なし。是れ真に第八識が広博無辺にして、能く一切を包含し、三界唯心の主体たる所以也。第八識が斯く包容無限なる所以は、是れ却て第七識をして自由に主我の妄執を生ぜしめ、第六識をして心外実体の妄想を生ぜしむ。是れ恰《あたか》も吾人が夜間に於て一提灯を借るの恩恵を感じつゝ、而も生涯太陽の光輝の鴻恩に対して却て冷淡なると同じ。吾人は現に心外の外物を見るが為に、而もそが最上主観の内存たるを否定するは、是れ恰も吾人が太陽の大恩を感ぜざるが為に、太陽の光輝を否定すると同じ。愚も亦憐むべきに非ずや。（同　一―三八六〜三八七頁）

阿頼耶識は根本無明の末那識と意識の第六識に自由に振る舞われ、これらの外境の命ずるままに、苦楽の迷界に輪転せしめられる。もし阿頼耶識に一定の主義があり、一切のはたらきを把握し、自覚をしていれば、外なる無明妄識はどうすることも出来ない。かかる関係を阿頼耶識は如何にするのであろうか。

実体の観念は是れ第六識に属すと雖ども、其実第八識の絶叫也。誰か阿頼耶識を声なりと云ふや。彼は自ら直接に意識の上に顕現せずと雖ども、而も彼自己は第六意識の計度想像にして選択自由の意思ある機会とし、此識に依りて自己を間接に顕示するに非ずや。吾人は直接に第六識の声を聞くと雖ども、而も其声の内容は決して第六識自身の力に非ずして、阿頼耶識の声也。宛《あたか》も使者の言は使者に依りて発表せらるゝも、其実主人の言なるが如し。是故に吾人は阿頼耶識の主観の不可知なるが為に、決して是を否定すべきに非ざる也。吾人は第六識に依りて、現に第八識の音響に接しつゝあるに非ずや。（同　一―三八二頁）

六識は外的実体の観念を意識する。しかしこの実体の観念は誤謬であり、その本質実体は第八識の阿頼耶識であるとする。逆に六識は無意識の阿頼耶識を直接に求めることはできない。また第八識は自己を顕現することはできない。阿頼耶識は意識的には不可知である。第六識は阿頼耶識を直接することは出来ない。

曽我は、主人が阿頼耶識であり、主人の使者として間接的にしか主人である阿頼耶識の本質を伝えることはできない。そして第七識もまた阿頼耶識に直接的であるけれども、彼自身の影像の上に第八識主観の霊相を写象することはできない。末那識の主我を否定することによってしか阿頼耶識を顕現する事はできない。阿頼耶識は自己を直接に証明出来ないので、間違って自己を伝えられても、それを許容し、第七・第六識の妄執・妄想を通して、自己の真主観、最上主観であることを証明しようとするのである。

阿頼耶識を自我の意識で誤謬するのが、第七の末那識であり、第六の意識であるのだが、単にそれを否定するのではなくて、自己を直接に顕現出来ない阿頼耶識は、実在と誤謬する認識を通して、それを自覚反省することによって自己のはたらきを示すのである。

阿頼耶識を無意識的に虚偽に捉える第七識も、意識的に諸現象を虚像として捉える第六識も、阿頼耶識が自己の存在を直接にも間接にも自己を顕現できないから、自己を顕現せしめるために第七識・第六識の写象を借りて、その存在を表現せんとしたのであり、その責任は阿頼耶識にあり、子に対して責任があるが如く、我法の悪子に対して、阿頼耶識は責任を負わねばならないというのである。そして第八識が無記で、あらゆる観念を包含する広大無辺なのは太陽の如きものであり、第七識がその恩恵を夜間の道を導く提灯の存在のごとくしか感じていなくても、第八識の阿頼耶識はかかる第七・第六の誤謬の罪を自己の罪とし「罪障功徳の体となる、氷と水の如くにて、氷多きに水多し、障り多きに徳多し」と、感得するのである。

この末那識の誤謬をわが誤謬として、無記なる阿頼耶識が責任を取るという曽我の表現に、法蔵菩薩が衆生の罪を荷負する考えを生み出す阿頼耶識のとらえ方があるのであろう。

識が単に因となり、果となって転変するだけでは意味が無い。阿頼耶識が自覚内観の主体であり、流転の所以が還滅門の所以と転ずる。識のはたらきは、一方において末那（manas すなわち思）を通じて、抜き難き我意識を産み出すと共に、他方転識得智において仏性たるものである。この識を転じて悟りの智たらしめるのが法蔵菩薩は阿頼耶識であるという考えなのである。

五、転識得智

惟《おも》ふに、善悪の中性なる蔵識は、平等に善・悪二力を先天に有するを得べし。又此の両者を、平等に感受するを得べし。されど、本来朦昧（有漏）にして、自覚無き蔵識は、如何にして自己の本性と絶対的に反対せる自覚に到達するを得べきか。善悪には中間無記性あり、而も覚と不覚とには中間性無し。何となれば、善は相対的存在なれども、自覚は絶対性なればなり。自覚は、階級なく頓達なり。不覚を治せざれば、覚は顕れざるなり。而も、覚なくんば、不覚を治する能はず。然るに、幸ひに無始先天の潜在力たる自覚の種子は、不思議にも不覚なる蔵識の中に住す。是れ、蔵識改造の萌芽なり。斯《かか》る無漏種子の実在は、是れ説明する能はざる、唯識教の独断なり。法爾道理なり、即ち唯識の超理的信仰なり。此の信仰は、滔々たる流転の大暴流《ぼる》をして根底より断滅せしむ。哲学としての唯識教は、唯此の一点の信念によりて忽然として宗教となれり。善と悪と不覚たるに於て同一なりと雖も、善は常に之と共鳴する自覚の種子あり。即ち、不覚の中にありても、自然に覚に順ずる種子なり。少くとも善をなす一念は無我の自覚を有せざるも、而も亦明瞭に我を主張せざるに非ずや。積極的に無我に達せざるも、消極的に無我を否定せざるなり。されば善は、不覚の中にありて、覚と隣接せりと云はざるべからず。然らば即ち、善は、潜在的自覚力を長養し、又潜在的自覚力は、強大なる力を以て諸善を統一し整正誘導して、相合して六・七、二識の自覚となる。茲《ここ》に、悪は、到底無漏善に征服せらるべき運命を決定せらる。名けて見道の不退と云ふ。(「選集」一―四二四〜四二五頁)

根本識である蔵識は、善悪に対して無記で中性である。故に、動機の善悪を簡《えら》ばず、また苦楽の結果に対しても中性なるがために、結果の如何を簡ばず。既に善悪はない。しかしかかる盲目的活動である蔵識の内部では、善悪雑多の力が次第に増加し、相互に矛盾軋轢を生じ、力の増加に従って、その争いは益々激しさが加わる。しかも蔵識は、この両者に対して厳密に中立の態度を取って、その自由競争に任すがために、到底善悪の両者はどちらかが勝者になるということはできない。すなわち善・悪二力の一方に強烈なる力を加えなければ、輪廻を脱することはできない。曽我が「無始先天の潜在力たる自覚の種子は、不思議にも不覚なる蔵識の中に住す」との現象として無漏の種子が薫習というはたらきとして転換させるものである。

善悪雑多の力が、相互に矛盾軋轢を生じ、力の増加に従って、その争いは益々激しさを加え流転の様相を展開する。阿頼耶識は限りなく流転する。しかしこの流転生死を感ずる原理は同時に悟りの自覚の原理、道程となる。不覚なる蔵識の中に無漏種子があって、その無漏の種子が一切万有の有漏の種子を改造する。聞薫習の無漏の種子により、この流転生死を感ずる原理は、同時にまたこの迷いをひるがえして悟りに到る道理になる。阿頼耶識の体験によって迷うことを感識することができるので、阿頼耶識がなければ本当に迷うことはできない道理である。阿頼耶識によって迷うという現実が成立すると共に、その迷う所の阿頼耶識の道程を我われが本当に知るということ、それがつまり悟りの道程である。悟りというのは迷いそれ自体を本当に無限に内観するをその道程としている。迷うということをのけて何が悟りであるか、真実に迷うことを知る、真実に迷いきたった所の道を逆に尋ねて悟りに帰り行く。末那識が自己否定するところに阿頼耶識が感得できる。われら衆生が自己を否定する、この自己を否定するということが、仏・法蔵菩薩が顕現する道である。仏の顕現する唯一の道がそこにある。つまり自覚存在が阿頼耶識である。それは末那識が自己否定するところに感得するのである。末那識の自己否定が阿順耶識を証明するのである。そこに阿頼耶識の恒転如暴流の絵巻物が感識せられる。この識そのものを静かに逆に内に辿ってそこにわれわれの還滅の道程が影現してくるのである。だからして迷いというも悟りというも、要するに阿頼耶の一切の自覚を総合する根本的自覚識、そういう所に一番根拠がある。すなわち阿頼耶は迷いの方法原理も悟りの方法原理も、あらゆる万法を総合する自覚の全体系を包む意識の蔵である。

蔵識に、執ありや否やは、後世、安慧・護法二師の諍論なり。若し、執を以て意識的範囲に制限せば、護法の説は実に可なり。若し夫れ、無意識的欲望を推求せば、蔵識また有執と云ふべけん。其の不可知的欲望は、六・七、二識を刺激して可知的欲望を生じ、其の無意識的苦悶は、六・七、二識に顕れて、意識的苦悶となる。蔵識既に外に求むるが故に、蔵識内に根底を有する七転識は、又蔵識の感化によりて頻りに実我・実法の客観的妄像を構成して、又其の痕跡を蔵識中に印象し、斯くて、所薫・能薫の二者対峙して三法展転し、外は現象界益々複雑となり、内は蔵識の種子益々豊富となる。されば、意識的無明は末那識を根本とすれども、無意識的無明は正に蔵識にあり。蔵識が、無意識的に外の薫習を求むるは、明かに客観的執心なり。されば根本識は、其の見分の上に、自我と執せらるべき理由を有するに止らず、其の見分は既に、客観的妄執の根本に非ずや。されど、此の蔵識の客観的妄執は、其の流転の所以なると共に、又還滅門の所以なり。蓋し、種子・現行・所薫の関係は、相互に其の発展を促し、而も此の発展は、吾人が予期する所に反し、益々諸識をして意識的又は無意識的煩悶の分量を増加す、此の予想の背反より生ずる感情的苦悶は、更に善悪の観念の発展により、一層その意義を深刻にし、更に不可思議なる無漏種子の信念によりて、染浄の観念の加はるに従て、其の内容転た複雑を加へ、茲に資糧・加行の力によりて、苦悶の根底の実に客観主義に存するを知りて、第六識は廓然として万法唯心の自覚に達し、従て末那識も、これが感応によりて、同時に一切平等の心眼を開く。茲に於てか意識苦悶全く滅し、歓喜の絶頂に達す。[4]（同　一―四二五～四二六頁）

「幸ひに無始先天の潜在力たる自覚の種子は、不思議にも不覚なる蔵識の中に住す」と。不覚なる蔵識の中に無漏種子があって、その無漏の種子が一切万有の有漏の種子を蔵する阿頼耶識を改造する。

「資糧・加行の力によりて、苦悶の根底の実に客観主義に存するを知りて、第六識は廓然として万法唯心の自覚に達し、従て末那識も、これが感応によりて、同時に一切平等の心眼を開く。茲に於てか意識苦悶全く滅し、歓喜の絶頂に達す」と、菩薩修道の、十地の初地の見道に達する以前の、資糧道および加行道においては、つねに汚れをもつ有漏心のみが生じ、有漏の種子しか薫習しない。したがってもしも種子が新しく薫じつけられる新薫種子だけであれば、われわれは決して無漏心すなわち無漏の智慧を起こして真如を見ることができない。しかし正法を聞いて薫習される有漏の種子を増上縁として、本来的にある無漏種子が増長・展転・増勝して、最後に見道においてその種子から無漏心が生じるのである。

長尾雅人は、『摂大乗論』において聞薫習について述べ、清浄な法界における無漏種子が教法の聴聞により煩悩の根底に薫習し、煩悩は実体としてあるものでないことを明らかに知らしめることによって、それを無漏清浄なる法界の徳に転じると記している。転識得智、煩悩の氷解けて功徳の水と成る、転悪成徳の正智としての転換転依が、見道に入る瞬間において行われる。正しく菩薩道において初歓喜地の見道に達するのである。初地不退を得るときに、第六識を転じて妙観察智を得る、第七識を転じて平等性智を得るのである。

浄土教の立場では仏智不思議の回向により信の一念に歓喜地の位に至るのである。浄土真宗の教えに転じてみれば真実信心を獲るときに、平等性智と妙観察智というものを得る真実信心は、聖道門の菩薩の位でいえば、初歓喜地の位に匹敵するものである。

すでに前章で述べた様に阿頼耶の根本識が七識六識と妄識を悟りの智へと転ずるはたらきを示すのである。象界の流転を還滅に転ずる力なのである。

この蔵識を暴流鏡面で図式しているので註［4］を参照されたし。また勝義諦相品では大乗空論に中心をおいて語られていたが、心意識相品においてハッキリと唯識の道理が論じられた。曽我はその両品の関係も図式化している。[5]

註［1］

①阿頼耶識を異熟と呼ぶのは、阿頼耶識の機能との関係からである。すなわち唯識では、心・口・意の三業（我々のすべての行為）の業果が、阿頼耶識に蓄積されるとともに、その蓄積された業果が、縁を得て、新たな認識を生むと考えている。この場合、蓄積された因と生起する果（認識）は、次のように異なったものとなることがあることから、「異熟」と言われているのである。

・因が変化して、因とは異なった果を生じる。（変異而熟）
・時間を経て、新しい果を生じる。（異時而熟）
・性類《しょうるい》を異にして、果を生じる。（異類而熟）

ここで「性類を異にする」とは、仏教的価値観である、善・悪・無記（善でも悪でもない）が、因と果で異なることを言う。

②思量は、「考える」を意味するサンスクリット語のマナス（manas）の訳語である。八つの識の中で、「考える」機能を持っているのは、第六意識と末那識であるが、末那識は、第六意識に比べ「常に考える」「審《つまび》らかに深く考える」の二つの特徴があり、同じ考えるでも、その深度が深いので、末那識を思量としたのである。すなわち末那識は、深層で常時、しかも執拗に、「自分自分と考える」

働きをしている心作用である。

③了別境（前五識・第六意識）とは、それぞれ別の対象（境）を認識する前五識、及び前五識とともに働いて認識活動をする第六意識のことである。前五識とは、眼識は色境、耳識は声境、鼻識は香境、舌識は味境、身識は触境と、それぞれ別の対象を認識する心作用である。

註［2］遍行の心所は八識のどれが起こっても必ずそれに相応して生ずる心の作用を言う。別境とは特別の対象とすること。

註［3］第六識の意識を通さなければ、識を転じて智を得なければ蔵識・根本識を自証することは出来ない。曽我は「曽我ノート4」で次の様に述べている。

実際と理論

唯識は理論的に蔵識を根本識とする　蔵識の建立に依りて　万法唯識を完成したのであるけれども蔵識は　実際的に云何なる意義を有するや。　その行相不可知也　自証の力なし　依然として第六識の空想に過ぎざるに非すや。　第八識の存在と云ふことは　一箇の論理と　及ひ迷界の要求に外ならず。　現量の証拠なし　直覚自観の力なきに非すや　無識の第八識に自観の力ありとするは空想也則ち蔵識には能観の力なし。即ち実際　唯識の主観は第六識の外はあらす　識の自証は亦一箇の空想のみ。見分は唯相分を縁す　相分心は心の実用なし。　故に我の自観覚証と云ふことは　果して云何なる意義を有するや。我の存在は迷界に在りては実証

也　而も果して実証なりや　迷妄に非ずや。第六識は自我の全体也　七八二識は否定するも意識は否定するを得す　意識の力は疑ふべからず。

則ち現前の活動なる意識は　則ち自我の全体也、蔵識を遠きに求むること勿れ　意識は則ち根本識に非すや。理論的に云はは　意識上の蔵識は蔵識の影に過ぎず　而も実際的には　その影像その物に全力を集むるに非すや　（曽我ノート4）

註

［4］（朱註）

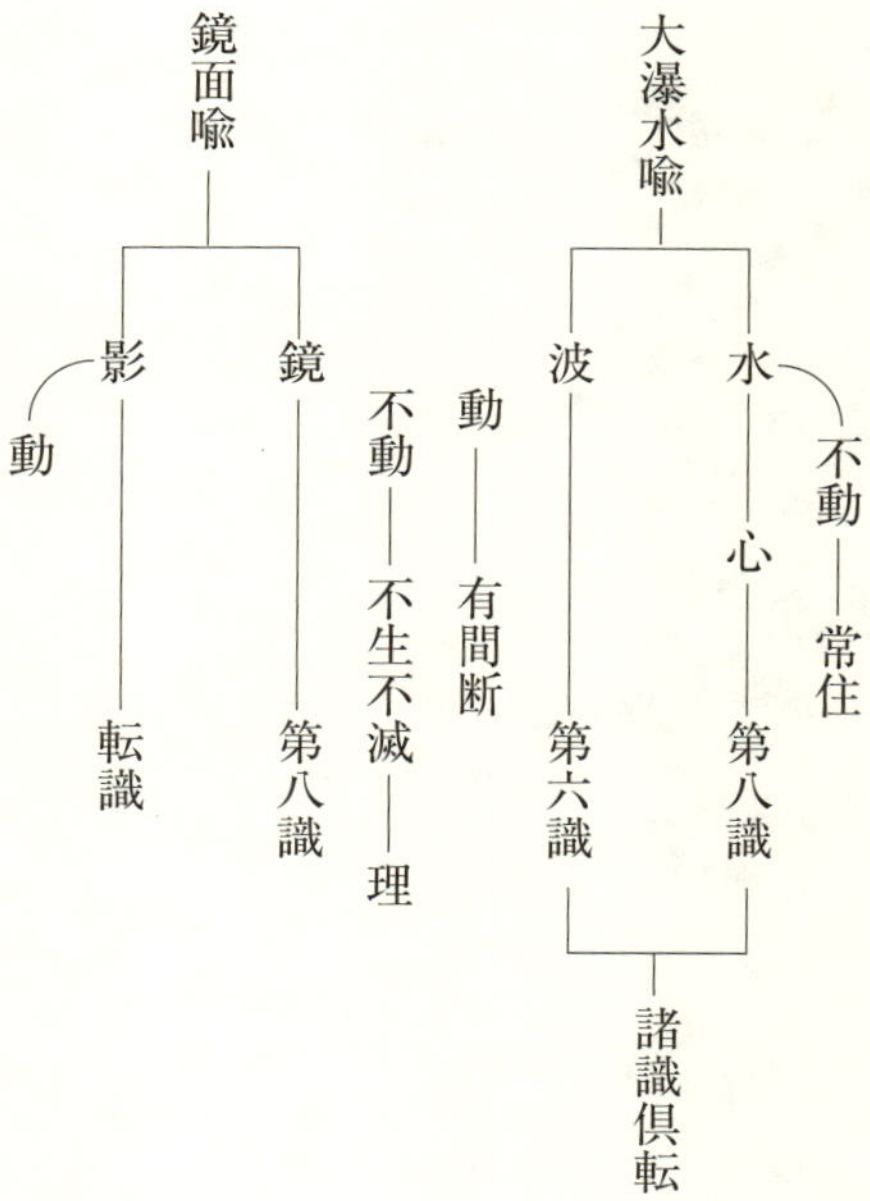

『深密経』は、蔵識を瀑流と鏡面とに比し、前六識を瀑流上の波浪と鏡面上の映像とに比して、一面に之を六識の所依として、又他面には其の存在によりて八識倶転を説明して、精神現象の微妙をあらはさんとす。（『選集』一—四二八頁）

註［5］　勝義諦相品ト心意識相品トノ関係

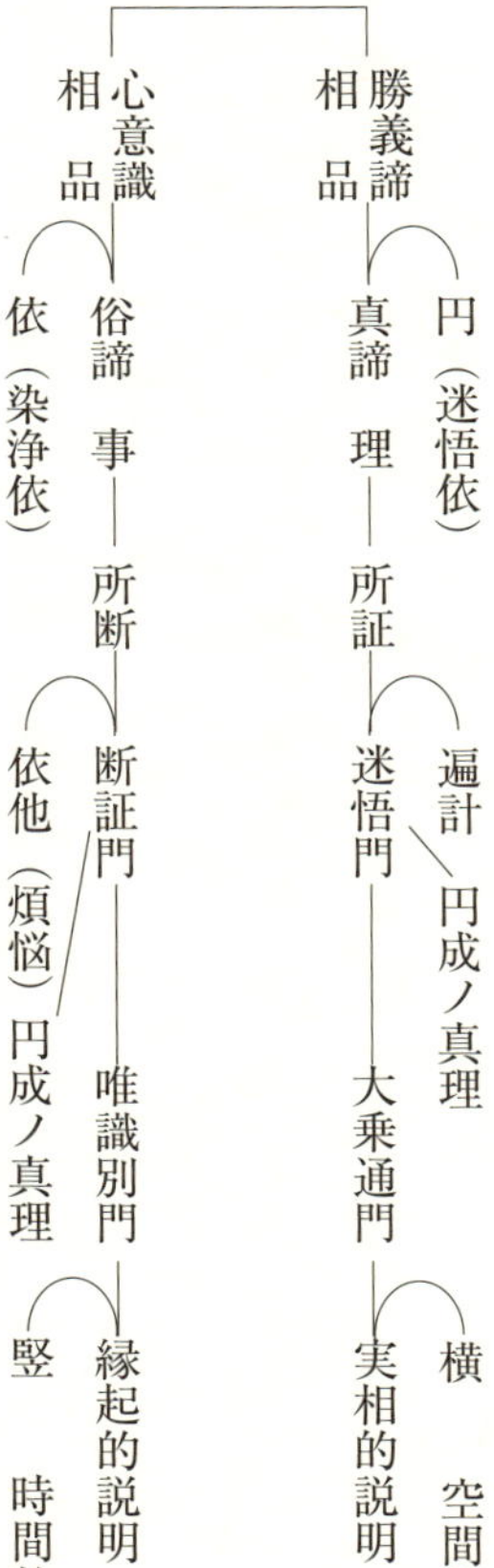

第三章　識の転変について

第四章　三性説

一、三性について

以上で識の転変について論述してきたが、唯識思想の転換の論理を明らかにするには三性説《さんしょう》を究めねばならない。三性説は、遍計所執性《へんげしょしゅうしょう》・依他起性《えたき》・円成実性《えんじょうじつ》によって、迷いから悟りへの転換、そして仏凡一体の世界を説明するものである。龍樹の無自性空《くう》の思想を、無著・世親によって深化展開されたのである。

曽我は『解深密経論』の第四、万有実相論・真俗二諦の調和（一切法相品）において、小乗と大乗空観のあり方について詳細に論じている。その両者の足らない点を調和するのが唯識であり、その原理が三性説なのである。その要旨を究めることにする。

ここで注意しなければならないのは、『摂大乗論』などで一般の三性と言われることが『解深密経』では三相と呼ばれている。従って本章で三相と説かれているのは、三性のことである。

勝義諦相品は、迷悟の所依、即ち真妄の標準たる真理を提起して、我法の相を以て非理の迷となし、直ちに遍計・円成を相対し、心意識相品は、此の遍・円二性の中間に依他を入れて、此の関係を間接ならしむ。

専ら迷悟門に依る遍・円二性の一乗教は、其の迷悟の裁断による一刀両断の痛快を感ぜしむるに拘らず、而も之に依て、罪悪は非理・無体として存在の理由を失ひ、妄法無体論となりて、痛切なる罪悪観と断惑の行と、其の意義を失ふに至る。されば迷悟門は、大乗の通門にして、なほ理を尽さゞるの説なり。茲《ここ》に於て、唯識は、更に断証門を開きて、遍計の根底を全く依他法に求め、妄法・無体論は有体論となり、罪悪責任論となり、断惑の修行となる。夫れ、迷悟門は真諦的安心門なり、断証門は俗諦的修行門なり。然るに世人、唯識の断証門を見て、権教と貶《けな》す。而も唯識が、彼等と同じく迷悟門を許すを知らず。迷悟門は、絶対なるが故に妄法なし、何ぞ断証あるや。断証門は、相対なるが故に妄法あり、茲に断証の問題起る。真諦の智・俗諦の行、相俟ちて知行合一の自覚となれり。真諦の空・俗諦の有、相俟ちて中道を成す。

されば、迷悟門は真理の一元論なり。断証門は、妄情の呈出に依て、合して二元となる。此の二元は、一切万有の超絶的区分なると共に、又其の相互の不離の関係は、個々事物の内

包的の性質となる。真理は円成実相なり、妄識は依他起相なり。妄法は遍計所執相なり。[1]（「選集」一―四三一～四三二頁）

勝義品においては、大乗の通門である中観派の龍樹の迷悟門を中心に論述しているが、真如の世界は絶対界で悟りの世界であり、真実であり、相対世界は迷いの世界で妄であるという迷悟門である。煩悩即菩提、生死即涅槃の一元論である。従って遍計所執性の迷いより円成実性の悟りに転じるので、迷悟一如を直観的に感知する。真如を唯一実在とし、罪悪を以て全く突然に起こってくる客塵の妄法とするのであり、罪悪は体が無いと観ずる。凡夫が見る客観的実在の観念は遍計所執性にすぎず、聖者が証する円成実性のみが正見であるとする。

それに対して唯識は、妄法の有を認め、遍計が実有と執するのを無であると知ることによって煩悩は断滅せられ、煩悩断ぜられてはじめて真理を証する断証門である。すなわち遍計所執性の根底を全く依他の法に求めて、妄法は体がないのではない。仮有としてその存在を認める。迷悟門は真諦に立って直観的であるのに対して、断証門は俗諦すなわち現象界に立って、迷悟門を否定するのではなくて、真諦に立つ迷悟門が、当然に妄法を否定するのは肯定するが、俗諦に立つ相対的な立場であり妄法を肯定する。それは煩悩を客塵として無ではなくて、自己に具足するもので、従って罪悪を肯定する責任論である。八識は六識、五識の悪見に対して、親が子に対して責任をもつが如く、我法の悪子に対して、識の責任を負い、自己を以て罪悪の主体と感ずる。迷悟門は真諦の立場の直観の体験を重視する安心門であり、断証門は俗諦的で迷から悟への体験を内観する修行門である。真諦の智と俗諦の行、真諦の空と俗諦の有、相まって中道が成就する。この遍計から円成への転換の媒介をするのが依他起である。曽我は『解深密経論』と『摂大乗論』において次の様に述べている。

妄識の活動は、一面に不覚の真理を予想し、他面に妄法の現起を説明す。無我の真理は、絶対的存在なるが故に真有なり。妄識は、相対的存在なるが故に仮有なり。遍計は、転倒の妄像なるが故に妄法なり。真・仮・妄の分別は、三相をして同時に有ならしむ。茲に於て、三相同時に成立し、真俗・有無を包括して、悉く唯識観の境となる。即ち、遍計は所知なり、無を無と知らるればなり。依他は所断なり、有漏の煩悩なればなり。円成は所証なり、人生活動の理想なればなり。然るに、遍計の実有を無と知る事に依て煩悩は断滅せられ、煩悩断ぜられて真理を悟るべし。

然るに、三相は、所知・所断・所証なりと云ふ。従て、之に対する能知・能断・能証なかるべからず。是れ即ち、一個の智なり。智は事なるが故に、常無常分別には依他に属すれども、漏無漏分別には、所断に非るが故に又円成に摂せらる。これ、遍・依・円三相を、次第に無相・雑染相・清浄相に配当して、先づ、有無相対して遍計の無を知るを唯識観の初門とし、後に、染浄相対して万法を真理に帰するを以て唯識観の終局とする所以なり。所観・所証には真理観なれども、能観・能証には依然として唯識観たるを失はざるなり。(同一—四三二〜四三三頁)

三相の関係を観察せんに、依他起相は遍・円二相の媒介者にして、下遍計妄相の、其の体理無にして而も如何にして顕現せるかを説明し、又上円成の真理の、情無にして如何にして成立するかを証明す。世に若し依他なくんば、円成の真理は、遍計の否定と共に真理亦自滅せん。然るに我が摂論は、爰《ここ》に此の二相を調和せんがために、依他を提出し、其の虚妄分別の力によりて、無を観じて有となす。これ即ち依他によりて遍計妄相の顕現する所以なり。又、其の妄情分別の主体の存在は、即ち絶対真理の有なる所以なりとす。即ち依他起相は、他の二相を調和するを以て其の任務とするが故に、遍計所執相に対しては専ら寛容の態度を取り、之を否認するを以て全く円成実相に譲るものなり。(同一—五〇四頁)

この如く依他起相は遍・円二相の媒介者であり、依他は染浄二分(二面)、すなわち染と浄との二分が合して依他を形成するというのではなく、依他起的なあり方を基底として、それを転じて染としての遍計が浄としての円成となる。円成と遍計とは分であり、依他は全である。編計・円成の二は義であり、依他起は体一である。雑染分に遍計を立て、清浄分にて円成を立つ。前者は妄識の所取であり、後者は浄識の所取である。依他をもってその中心とするのある。依他起において転識得智という解脱が成り立ち、迷いの世界に対する悟りからの救いの手が可能であるような、場所としての基底なのである。この依他起の転換において煩悩のままに真実であり、生死がすなわち涅槃であるといわれ得る。

遍・依・円をもって所知・所断・所証とするのは、まず我われの迷謬の現象である我法の遍計を観じて、かかる妄識は断ぜねばならないとし、その断滅によって初めて真理が顕われる。それ故に依他の縁起的なあり方が、凡夫にとっては常に迷情所執の対象となり、聖者にとってはそのままが悟界の風光となる。三性は実は全一なるものの三つのあり方なのであって、別異なる三つの存在なのではない。故に迷いから悟りへの転換が行われる場所といっても、実は依他が挙体転換して迷いともなり、また悟りともなると言うのである。

依他起によって一方では転換して凡情の前に「妄想された」迷界として現われ、他方では同じ世界が聖者にとっては「完全に成就された」悟りの風光を展開する。依他起は、転換の行なわれる基底なのであり、それによって迷から悟りへの媒介体となるものである。

長尾は『仏教的主体性について』の文中にある「顕現者」という概念を次の様に記している。[2]

仏教に於いては宗教的主体もまた、あくまで縁起的なものとして考えられ、縁起的であることによってのみ、主体に於いて解脱が成立つということである。瑜伽行唯識学派は迷いから悟りへ輪廻する主体から仏の大我へ、転換する転換点としての「顕現者」の概念を見出す事が出来る。

山口益博士等の手によって明らかにせられた世親の梵文『三性論』[2]に依他起性（縁起的にあること）が、「顕現するもの」（顕現の主語）として規定せられ、「顕現者」とも呼ばれる。これに対して遍計所執性は、「顕現するさま」であり、「顕現せられた様相」であり、顕現の結果である。而して円成実性は、例の如くここでもまた、前者（依他起）が、後者（遍計所執）を絶対に常に遠離せるあり方である。

ここに最も注意せらるべきは、「顕現者」の概念に外ならない。また最も中心となり根本となるものもまたそれである。まずその顕現とは、既に山口博士の指摘する如く、「知る」はたらきであり、唯識といはるる「識」である。而して「顕現者」は、行為的な主体性、「識る」主体者に外ならぬであろう。その場合、「識る」はたらきは、唯識学に於いてあらゆる行為を綜合し、代表するものなるが故に、「顕現者」とは、あらゆる行為に於ける主体性というべきである。然るにそれは、もと依他起性に名づけられたのであった。即ち「顕現者」は依他起的に縁起的に存在することなのである。世界は縁起であるといわれる時、世界は行為的には「顕現者」として凝結し、そこから行為の世界が展開せられるのである。

三性説の立場に於いては、世界は依他起性を中心とし根抵として転換する。雑染遍計の輪廻に過ぎない世界が、清浄円成なる涅槃に転回する転換の場面は、ただ依他起的にあること以外にはない。然るに今や実にその依他起性が、ここには主体的な存在として、「顕現者」として提示せられたのである。

「顕現」も「言説」も一の「識」にほかならないが、而してその「識者」が依他起性として「唯識性」と称せられるあり方にほかならないが、その識のはらきは、一方に於いて末那（即ち思）を通じて、抜き難き我意識を産み出すと共に、他方転識得智に於いて仏性たるものである。

かくして縁起的依他起的となった主体性が、却って円成への転換点となる。「識」も「顕現者」も、かくのごときものとしてある。依他起なる「顕現者」は、かく両端と区別せられながらも、遍計と円成との媒介的根柢としては、両者と直ちにつながるものがあり、両者を自己の中に保つ意味がある。即ち一方末那による「我愛」「執蔵」を通じて自ら輪廻する「顕現者」である限り、あらゆる罪は己れに出づる。依他起とは、畢竟、決して円成とは混同せられてならぬ所の、有為的な存在にほかならない。然し他方、一挙にして仏性が開覚せられることによって、却って自ら有為雑染なる「顕現者」であったことを知る時、それは円成の光に導

かれた依他というべきである。(『中観と唯識』三三四〜三三九頁取意)

三性説の立場においては、世界は依他起性を中心とし根柢として転換する。雑染遍計の輪廻に過ぎない世界が、清浄円成なる涅槃に転回する転換の場面は、ただ依他起的にあること以外にはない。しかるに今や実にその依他起性が、ここには主体的な存在として、「顕現者」として提示せられたのである。依他起性を顕現者と主体的人格的に表現している。また長尾は、

この菩薩の不住涅槃なる思想こそは、まさしく三性説、殊にその依他起性より進展すべき性質のものというべきである。不住涅槃とは涅槃にも住せず生死にも住せざるの義で、大悲の故に生死を捨せず、大智の故に生死に住せざること、不住涅槃の謂にほかならぬ。然るにかかる不住涅槃のあるべき場所としては、まさしく依他起性の世界のほかにはなり得ない。不住涅槃の根抵に横たわるものは、生死即涅槃の事実である。而して遍計は生死の世界であり、円成が涅槃であり、この両者の統一者としての依他起牲の世界なることを考え合せるならば、おのずからこれが不住涅槃の理論的根拠たることに気づかざるを得ない。遍計たると共に円成なるが如き性格の依他に於いて、しかも三性の非一非異が考えらるる時、初めて、生死にも住せず、涅槃にも住せざる菩薩行が生れるのである。(同　二〇〇頁)

このように考えるとき、曽我が、法蔵菩薩が「タスケテでありタスケラレテ」であると言うのに機を一にすると言えるのではないであろうか。これが法蔵菩薩を阿頼耶識に該当することを生み出すことになった一因と思うのはいきすぎた推論であろうか。長尾は依他起性の媒介的はたらきの役割について、向上向下の両面で考えている。

依他が三性の根柢であるならば、そこには向下も向上も二つながらその方向を有する。即ち依他から遍計への転換に於いて凡夫の世界が成立するとの向下が、また円成から依他への復帰（例えば『三十頌』に於ける「円成を見ざれば依他を見ず」の偈を見よ）に於いて仏から菩薩への向下が見られる。而して遍計から円成への転依こそはこの場合の向上門であり、その場所として依他があるのである。（同　五一〇頁）

阿弥陀仏が従果向因の法蔵菩薩となる。遍計は生死の世界であり、円成が涅槃であり、この両者の統一者が依他起性の世界であり、これが不住涅槃の理論的根拠なのである。遍計たると共に円成なるが如き性格の依他において、しかも三性の非一非異が考えられる時、初めて、生死にも涅槃にも住せない菩薩行が生まれるのである。まさに菩薩行の興起したことは、三性説の根拠に依るものと言わねばならない。ここに転換の論理が、菩薩行における宗教的実践として、菩提への回向が衆生への回向を内に包みつつ、衆生への回向として具体的積極的に展開していくのである。

遍計所執の原語は、考える・思うなどの意味をもつ。十分に・全くなどの意味をもつ接頭辞を付して作られたものである。「実に有ると思う迷いの心によって心の外にあると執らえられたもの」が遍計所執性である。わたしという自己、わたしの肉体、わたしの家財、さらにはわたしをとりまく山河・大海などの自然、それらをわたしは実在すると考える。この遍計所執性の世界が、清浄な状態すなわち円成実性の世界へと転換する。その転換が可能となる原理が依他起性という世界の縁起的構造に求められるので、今まで自分がその上に立って確固なものと信ぜられていた地盤が、実は汚染に他ならなかったこと、基盤的に罪とか根本悪とかよばれるものであったことが自覚せられ、この自覚を通して今までの基盤が転換し浄化される。その浄化された世界が円成実性である。円は満、成は成就、実は真実、円成実性について性は真如という理である。一切法の真如といわれるように、真如とは千差万別の現象的存在を貫く一味平等の理である。

妄想された遍計所執性の世界も、完全に成就された円成実性の世界も、基底的な実存としての「他に依る」世界を離れて別にあるのではない。「他に依る」世界が、常に凡夫によって「妄想されだ」迷界に変転されているのと同様に、悟界はまたその迷界の払拭においてのみ成り立つのであって、「完全に成就された」世界が何処か別に理想的な真実の世界としてすでに成り立っている如きものではない。すなわち依他起が地盤となって、一方では「妄想された」迷いの世界が起り、他方ではその払拭によって真実の世界が現成する。依他起は迷いと悟りとを媒介的に結びつけるような基盤であり、したがって転依を可能にする地盤である。

ここで大事なことは三自性は三無自性であるということである。三性説についての各否定的側面としての三無性が説かれる。それは三性あるいは「三自性」というとき、その自性なる文字は、誤った実在の概念として空観派によって攻撃され否定せられるからである。

龍樹の空は「無自性なるが故に空」なのである。しかし、龍樹の空観を踏まえながらも、その自性の文字がこの学派において復活され用いられている。それは龍樹によって否定されたような自性ではあり得ず、何らかそれとは異なった「他に依る」如き自性でなければならない。

二、三無自性について

前回において三性説が唯識の迷いから悟りへ、識を転じて智を獲得する転換の道理について詳細に論究した。さらに三自性説に対して三無自性について、さらに三性を通して真諦である真如の世界、すなわち悟りの世界と俗諦の現象界の世界、迷いの世界との相互的媒介関係を略述する。[3]

曽我は『解深密経論』の「無自性品」において次の様に述べている。

まず三自性に対して三無自性について『解深密経論』の無自性論が説かれ、「三相各中道にして、非有の一面を有す。此の一面を開展して、三無自性を立つ」(四四四頁)と、述べるが如く、三性を今一度空の立場から見なおすのが三無自性である。

「遍計所執相は、心外実有を以て当情現の相と観ず。従て、心中現前の相に非ずと観ず。遍計所執を法相とし、所観の境とするは、唯これ、仮名に依って相を安立するものにして、自相に由て相を安立するものに非ず。自相安立の相に非ざるが故に、其の相亦空無自性にすぎず。これ、相無性と名《なづ》くる所以なり」。それぞれの心の状態を無の側面から見直すとき、三性の遍計所執性は相が無性である。心の外に実体があると分別によって執着されている対象の形相は、空華のごとく存在しないという性質を意味する。

「依他起相は、微妙に顕現せる仮有の万有を因縁生と観じ、自然生に非ずと観ず。自然生に非ざるが故に、生ずと雖も亦空に過ぎず。これ、生無自性と名くる所以なり」(同)と。生無自性とは、諸条件によって生起しているものは、幻のごとくそれ自体としては存在しないことを意味する。

「次に又、依他起相は、相対的存在にして、第一義の絶対義に非ず。故に、之を勝義無自性となす」(同)と。

勝義無自性とは、分別によって執着されている対象の形相が、完全に無くなっていることを意味する。衆生が依他起性・円成実性の上に、虚妄分別した実在しない本性が有るものと誤謬するが故に、その誤謬を除くために三無性を説くのである。実在は本来は円成実性、つまり勝義無自性であり、それが依他起性つまり生無自性として顕われているが、衆生はそれに自らが思い描いた概念を付着させ、概念・思いに対応するものが実在すると誤謬して執着・好悪を生じて苦悩するが故に、その執着を破るために三無性を明らかにすると説く。

つまり三無性説は、虚妄分別に基づく誤謬・執着・苦悩の汚染された世界が否定されて、清浄なる真実の世界を証得する瑜伽行の実践と結び付けられている教説である。

一切の存在は縁起であるという場合、さまざまな縁が集まってそこに何かが有るのだという文脈が形成される。だが、「空性とは縁起である」という場合には、「諸条件によって構成されたものは、恒常的なそれ自体としては〝無い〟という否定的側面に力点が置かれる。縁起には構成されて何かが〝有る〟という肯定的側面と、実体としては何も〝無い〟という否定的側面とがある。空性という場合には、この否定的側面が前面に押し出される。

依他起性は作用としては有なのである。唯識派はこのように依他起性という作用の「有」を説くが故に、前述したとおり空教ではなく実教であるとの誤った解釈を受けるのであるが、依他起性はその本性を有して存在するのではない。存在すると誤認されたものは遍計所執性である。そのような作用を為す意識の自性・実体の有を説くものではなく、依他起性は無自性なのである。

現実の対象もそれ自体としては無い。そのようにして「あれ」も「これ」も、それ自体としては無いということが明らかに悟られるとき、初めて空が完全に成就し、涅槃が達成される。

三無性とは、遍計所執性が言葉による概念規定・思いに対応するような本性を持たないことを「相無自性」と名づけ、依他起性が生じているような本性を持たないことを「生無自性」、円成実性が最高の真実としての無自性であることを「勝義無自性」と呼ぶのである。衆生が三性を、それぞれ別の存在形態を持つものと考えるが故に三無性を説くのではなく、衆生が依他起性・円成実性の上に、虚妄分別した実在しない本性が有るものと誤謬するが故に、その誤謬を除くために三無性を説くのである。

つまり三無性説は、虚妄分別に基づく誤謬・執着・苦悩の汚染された世界が否定されて、清浄なる真実、唯識思想においては、三性説「遍計所執性・依他起性・円成実性」と三無性説「相無自性・生無自性・勝義無自性」において空の理解を調えて、遍計所執性・依他起性・円成実性におけることでの実体化を避けて、空の論理補完がなされたのである。

三、空論の一重の二諦と唯識の四重の二諦について

ここで補足的に述べておくが、曽我は、空論の一重の二諦と唯識の四重の二諦について詳しく

論述しているが、結論的に遍計所執性と円成実性の転換のはたらきである依他起性の性質を次の様に述べている。

中道教には迷悟に階段あり。従て、迷中に悟あり・悟中に迷あり、理中に事あり・事中に理あり、俗中に真あり・真中に俗あり。されば、真にも、真・仮相対の真あり、真・妄相対の真あり。前者は唯一実真如にして、後者は広く三科と四諦因果と二空とに通ず。従て、俗にも、仮俗あり、妄俗あり。仮俗は即ち真仮相対の仮真にして、妄俗は真妄相対の俗諦なり。妄俗は唯俗なり、真仮相対の仮にして真妄相対の真は亦真亦俗なり、真仮相対の真は唯真なり。されば、俗諦の妄情は、実我法の妄情を本領として、理想的に向上して三科となり、四諦の道理となり、二空真理に進むこと得。真諦の正智は、一実真如の根本智を本領として、向下して二空となり、四諦となり、三科となる。[4]（「選集」一―四三八～四三九頁）

空教は一重の二諦を立てる。真諦と俗諦である。真諦は勝義諦或いは第一義諦ともいい、絶対の真理、根本究極の真理である。俗諦は現象界で差別、分別、言説などの相対界についていう。真諦と俗諦は悟りと迷いであり、両者の間に絶対の断絶がある。すなわち円成実性と遍計所執性とが直ちに相対する。常識の対象である我法を直ちに迷妄となし、一括して皆空となし、万有の実相は、この差別相を超絶した絶対平等・不可思議の真理にありとする。迷と悟の迷悟門は真理の一元論である。

それに対して唯識派は四重の二諦を立てる。すなわち真諦に真だけでなく真と俗を立て、俗諦にもまた真と俗を立てる。すなわち唯識派は真諦の円成実性と俗諦の遍計所執性の間に依他起性を立て両者を間接的相互関係にする。

空教は、唯一重の真俗を立てて、真理の世界は理であり、絶対平等とし、現象界である事の世界は差別界で、前者を唯悟知の境とし、後者を以て唯情の境とする。

迷いと悟り、情と智は絶対相反にして事・理の二境は絶対矛盾にして、これを調和する中庸の原理なく、従ってその対象たるこれを調和する第三者なしとする。一切の事法を否定するが故に、真理は唯空理そのものにして、何等積極的意義はない。

唯識教は、真諦に重ねて真俗を立てる。真理に対して俗である現象界が、単に迷いの世界として否定するのではなくて、真理の実有に対して仮有として肯定する。それは仏智が俗なる世界に和光同塵するはたらきを顕わしている。俗諦においては真有に対して仮有であるが、事の世界の虚妄である、すなわち妄有に対しては依他起性で真有なのである。

ここに今ひとつ俗諦に重ねて真と俗とを立てるのである。正智の境である真理の実有に対しては、俗は仮有であるが、凡情の境である俗中の遍計所執性の妄情に対しては真であり真妄相対である。すなわち真諦に対しては仮有・俗有であっても事法の世界では俗有なると共にまた真有なのである。依他起性の妄識の活動が、一面に不覚の真理を予想し、他面に妄法の現起を説明し、真理は、絶対的存在なるが故に真有であり、妄識は相対的存在なるが故に仮有で、遍計は、転倒の妄像なるが故に妄法なのである。真・仮・妄の分別は、三相をして同時に有ならしめるのである。

唯識は空論のごとく真諦俗諦を分離せずに、真の中に真と俗をわける。それは真諦の真理の世界と現象界の俗諦の関係を断続せしめずに、転換的に真諦に転入せしめる道理を明らかにしようとするものである。

本来空は、有をしりぞけるために主張されるところの、相対的な否定の原理の如きものではない。龍樹にとって、空は、有が本来もっている空性が如実の相であり、この有のおのずからなる如実の相である空性を肯定することこそ、かれの空論の目的であった。空が、有を否定する空でなく、有の如実相であるならば、有は否定的に肯定せられ、非有非無という意味をもってくる。

以上の曽我の論述を考えてみるに、四重にわたって真諦と俗諦の関係を説くのは、瑜伽行の実践的体験、すなわち内観の過程において見いだされる微細な心の作用を、そしてその微細な心の作用を転ずる依他起性のはたらきを明らかにして、衆生を迷情の世界から一実真如の世界に証入せしめんとする仏〔菩薩〕の善巧方便のはたらきに依らねばならないことを示しているのでなかろうか。限りない内観である識の自覚の展転過程の道理が述べられているが、我われ凡愚にとっては、円成実性の真理、真如の世界からの仏〔菩薩〕のはたらきの方便施設《せせつ》の展転段階を示す道理であり、その仏〔菩薩〕によってわれわれは転識得智回心せしめられるのであろう。

四、万法唯心の実際的証明（分別瑜伽品）・瑜伽行について

万法唯心の実際的証明（分別瑜伽品）において曽我は実践面である瑜伽行の止観について論じている。前章までは唯識の理論的面を論じてきたが本章では専ら実践の瑜伽行について論じている。言うまでも無く唯識の思想は瑜伽行の修行から生まれた理論である。

此の「瑜伽品」の説く所は、専ら奢摩他《シャマタ》と毘鉢舎那《ビバシャナ》との行瑜伽なり。止の体は定にして所観の境に於いて、意を専注して散ぜざらしむるを性とし、智が所依たるを業とす。観の体は、定を所依とする慧にして、所観の境に於いて、簡択するを性とし、疑を断ずるを其の業とす。従て、止は無分別なるを要し、観は有分別の影像を要す。

先づ、此の止観を求むる方法如何。経法の文義に於て、独り空閑に処して沈思冥想し、其の所思惟の経法より能思惟の心に転じて、直に自己の能観の心を思惟す。茲に於て、一切の差別を忘れて、身心の軽安《きょうあん》を得。麁重《そじゅう》を遠離して、身心調暢《ちょうちょう》なり。之れを奢摩他道と名《なづ》く。

次に、此の止に依れる身心の軽安を所依として、三摩地《さんまぢ》所行の影像の意義を、明瞭に思択・観察す。之れを毘鉢舎那道と名く。（「選集」一―四四九頁）

ここで注意しなければならないのは、一向止観道の中観も一向観道の小乗も識の存在を否定して一切皆空といい、あるいは心外の実法を執するのは偏見である。一向観道は、有分別の影像を思惟して、この影像の実体を知らない。また、一向止道は、唯影像を縁ずる相続の心を思惟して、無念無想に止って心の活動を知らない。止観和合倶転道の唯識にあっては定心が縁ずる相分の、心の相分に過ぎざる如く、一切定心所行の影像は、等しく万法唯識と観ずる。

無分別……平等……止┐
有分別……差別……観┘

止ニ偏スルハ一乗教――主観┐
観ニ偏スルハ有教――客観┘

止ハ見分ヲ縁ズ――無間心ヲ思惟ス――平等――無分別
　　　　　　　　能縁ノ見分
観ハ心相ヲ思惟ス――差別――有分別
　相分

止観合一――方法唯心――平等／差別　合一――有／無　分別合一
　正シク心一境相ヲ思惟ス
　相分
　見分
　観ノ対象
　止ノ対象

「一念の心起るや、一分所縁に似たる相分を現じ、一分能縁に似たる見分を現ずるのみ。若し、実の所縁・能縁を許さば、相分は心外の存在となりて、唯識の教義は、其の根底より破壊せざるべからざればなり」（「選集」一―四五二頁）、主観の止観力によって、無限の法楽を享受し、万法唯心の自覚は所縁の心は主観の影像であるのみで無く、万法一として識の所縁でないものはない。しかるに、一向止道・一向観道の人は、この内外心境の関係を知らずして、一に、心を内とし境

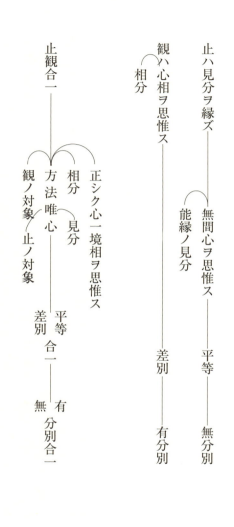

を外とす。これ万法唯心の自覚に達せざる所以であると批判している。
その詳細は紹介出来ないが、止観の行法を修める行者がととのえるべき五種の条件を記している。

総法（真如）を縁ずるに、止観実現の相状を述べて曰く、五縁に依るが故に当知得と名く。一には、思惟の時に於て刹那刹那に一切麁重の所依を融銷《ゆうしょう》し、二には、種々の想を離れて楽法楽を得、三には、十方無差別の相、無量の法光を解了す、四には、所作成満相応の浄分無分別の相恒に現在前し、五には、法身をして成満を得しめんが為の故に、後後の転勝妙因を摂受す。

『摂大乗論』（無性釈論巻上）に曰く、此の諸地を修すること、如何が見るべき。謂く、諸の菩薩、地々の中に於て奢摩他・毘鉢舎那を修することは、五相の修に由る。謂く、集総修・無相修・無功用《むくゆう》修・熾盛《しじょう》修・無喜足修。是の如きの五修は、諸の菩薩をして五果を成弁せしむ、と。無性の釈に曰く、「集総修」とは、謂く、一切を集めて総じて一聚となし、簡要して修習す。余の骨鎖等の事境界の観も亦一切を集めて総じて一聚となし、要略して修習す。彼れに簡《えら》ばんが為の故に、「無相修」を説く。諸相を離れたる真法界の中に於て、事の差別を遣りて修習するが故に。無相修には或は功用ありと雖も、此の修には功力を藉《か》らず、任運にして転ずることを顕はさんが為の故に、次にまた「無功用修」を説く。功用を作すことを離れて、任運に転ずるが故に。無功用にして任運に修すと雖も、或は勝、或は劣の二種不定なるが故に、また第四に「熾盛修」を説く。熾盛と云ふは、即ちこれ増勝なり。熾盛修なりと雖も、或は少しく得る所あれば便ち喜足を生じ、且《しば》らく此れを修すれば余は何ぞ為すを用ひんと云ふ。故に最後に「無喜足修」を説く、と。（同　一―四五六～四五七頁）

見道において法もなく対象物もなく、主観も客観もない空に通暁することであり、それは無分別智の内容である。しかるに次の修道は、この見道で得られた内容をさらにくり返し修習して行くことである。それは、修道の段階でもなお残存している障害（煩悩障、所知障）を右の無分別智によって瞬次除いて清浄にするのである。そして最後の究竟道においては、微細な障害までものあらゆる障害が究極的に除かれ、清浄となり、仏陀の智を得るのである。

その修習には五相があり、その五相に五種の結果があるとせられる。ここに菩薩は、一々の階位において止観の修習を行うのであるが、その場合、その修習は五相によるのである。その五は何々かといえば、①総括的に修習すること、②無相にして修習すること、③特別の努力なくして修習すること、④火の燃え盛る如くに修習すること、⑤飽くことなく修習することである。

これらの五相を以て修習が行われるとき、菩薩は五種の結果を得る。すなわち、①〔障害としての〕あらゆる粗悪の依り所であるものを、各刹那刹那に熔解消滅せしめる。②種々の想念を離れ、法界の楽しみを得る。③智慧をもって経を記憶し、自由にふかくその経教を知ることであり、④分別する事無く作為をはなれたこと。⑤仏地において法身を満たし完全に成就するために、上よりさらに上なるさとりへの因をわが身につけるのである。（『摂大乗論』和訳と註解・下ｖ４要旨）

この修道においての障碍について、曽我は次の様に述べている。

止観の障碍を述べて曰く、身と財とを顧恋するは、是れ奢摩他の障なり。諸の聖教に於て欲するに随ふことを得ざるは、是れ毘鉢舎那の障なり。相ひ雑住すること楽むと少に於て喜足するとは、当《まさ》に知るべし、倶の障なり。第一に由るが故に、造修すること能はず。第二に由るが故に、所修の加行、究竟に到らず、と。

次に、五蓋に就て、止観の障碍を述べて曰く、掉挙《じょうこ》と悪作《おさ》とは、是れ奢摩他の障なり。惛《こん》沈《ちん》と睡眠と疑とは、是れ毘鉢舎那の障なり。貪欲《とんよく》と瞋恚《しんに》とは、当に知るべし、倶の障なり、と。

従て惛沈と睡眠との除遣は、奢摩他の円満清浄にして、掉挙と悪作との遣去、これ毘鉢舎那の円満清浄の面目なり。(「選集」一—四五九頁)

五蓋とは貪欲、瞋恚、惛沈と睡眠、掉挙・悪作、疑の五つの煩悩である。この五蓋が取り除かれることで、その人には歓喜・喜悦、身体の軽安・安楽・三昧が生じる禅定に入るのである。更に曽我は、『経』に曰く「善男子、十種の相有り」と、この修道によって十種の空、内空・下空・内外空・空空・大空・第一義空・有為空・無為空・畢竟空・無始空について触れているが、識によって空観が本当に成就していく、そして成就された空観というものを以て唯識実性が明らかにされていくことを示すのである。

註

［1］　三相について、一乗教と唯識教との別を示せば、次の図の如し。（「選集」一—五一一頁）

一乗教（真妄共空）　因果差別

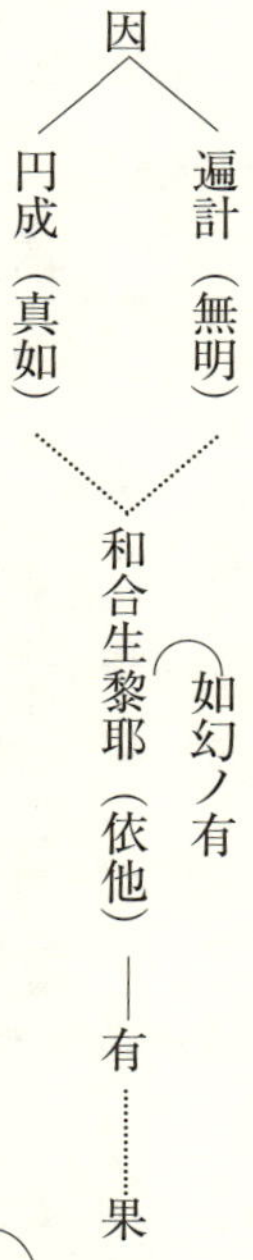

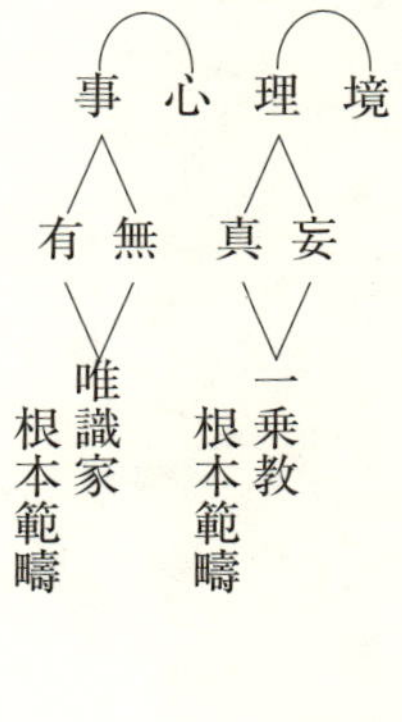

唯識家（真妄俱有）　一体義別

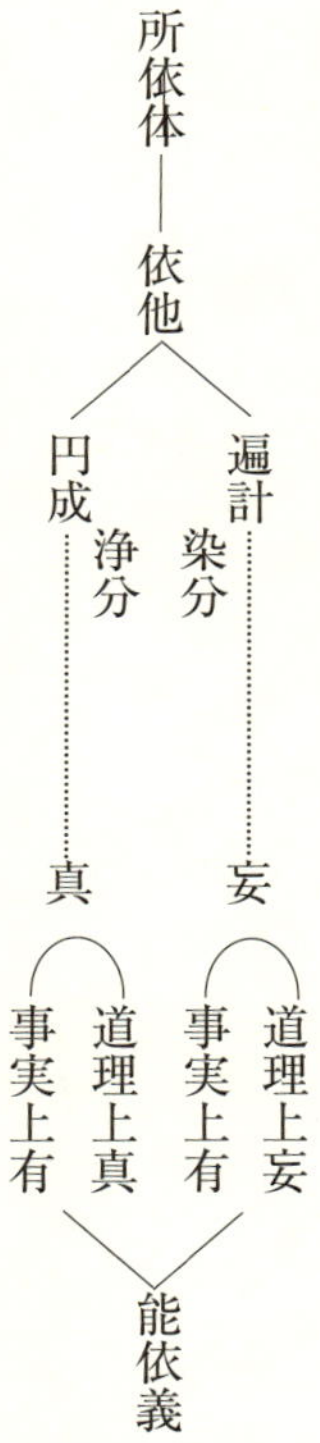

三性の関係

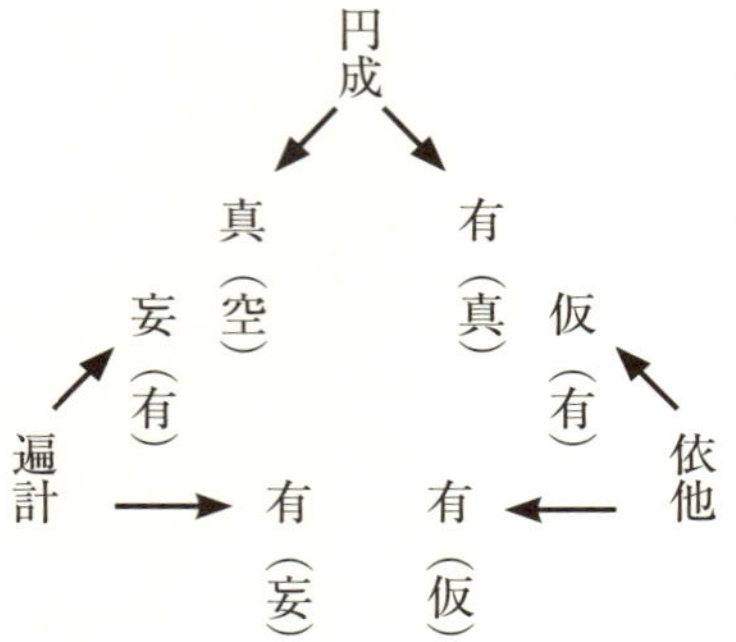

遍計
- 対依他……妄ニシテ而モ有
- 対円成……有ニ似テ而モ妄

依他
- 対遍計……仮ニシテ而モ有
- 対円成……（実）有ニ似テ而モ仮（有）

円成
- 対遍計……（真）有ニシテ而モ真（空）
- 対依他……真（空）ニシテ而モ（妙）有

三相の関係を観察せんに、依他起相は遍・円二相の媒介者にして、下遍計妄相の、其の体理無にして而も如何にして顕現せるかを説明し、円成の真理の、情無にして如何にして成立するかを証明す。世に若し依他なくんば、円成の真理は、遍計の否定と共に真理亦自滅せん。然るに摂論は、爰に此の二相を調和せんがために、依他を提出し、其の虚妄分別の力によりて、無を観じて有となす。これ即ち依他によりて遍計妄相の顕現する所以なり。又、其の妄情分別の主体の存在は、即ち絶対真理の有なる所以なりとす。即ち依他起相は、他の二相を調和するを以て其の任務とするが故に、

遍計所執相にしては専ら寛容の態度を取り之を否認するを以て全く円成実相に譲るものなり。（「選集」一―五〇四頁）

註［2］　要旨は、山口益『哲学的思索の印度的展開』第二論文。

註［3］　『摂大乗論』では三無性の説には触れられていない。相無性・生無性・勝義無性という三無性は、「解深密経」にまず説かれ、「顕揚論」や「三十頌」に踏襲されている。しかし三無性ということは、三性の構造や性格から考えて容易に導き出しうるからであろうか、「荘厳」や「中辺」にも関説せず、本論にも、また世親の「三性論」にも触れられない（長尾雅人『摂大乗論』和訳と註解・上第二章二八頁）と述べている。

註［4］

空教の一重二諦
- 真―実―真―理―平等―空―悟―知―絶対真智境
- 俗―仮―妄―事―差別―有―迷―情―絶対迷妄境

唯識の両重二諦（四重二諦）

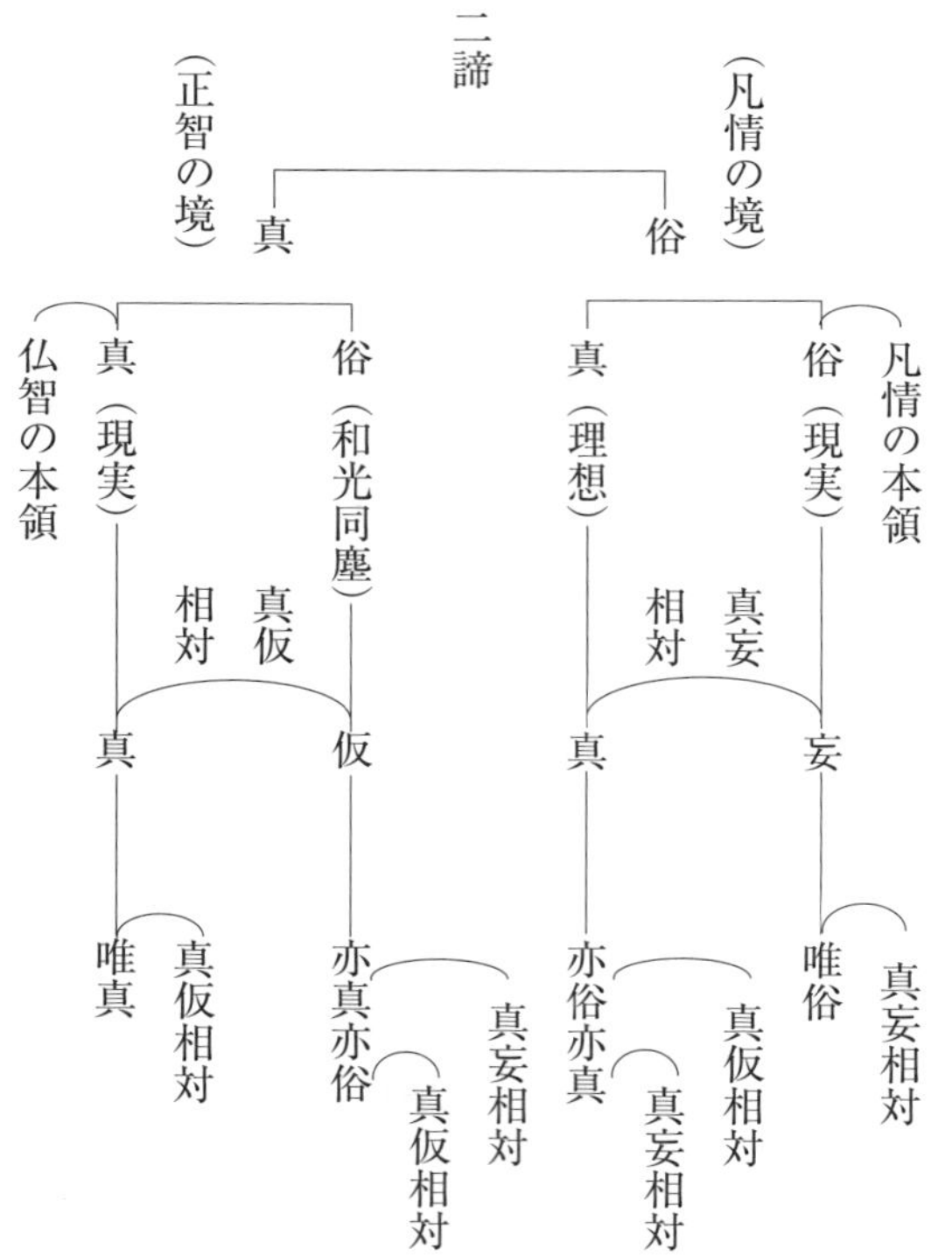

空教は、唯一重の真俗を立てて、理・事を以て真・俗に配当し、理を以て絶対平等とし、事を以て絶対差別とし、前者を唯悟知の境とし、後者を以て唯迷情の境とす。中道教には迷悟に階段あり。

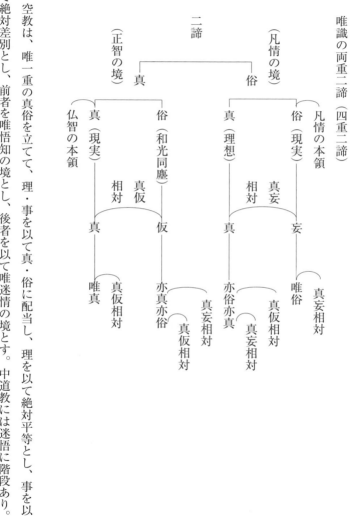

従て、迷中に悟あり・悟中に迷あり、理中に事あり・事中に理あり、俗中に真あり・真中に俗あり。されば、真にも、真・仮相対の真あり、真・妄相対の真あり。俗にも、仮俗あり、妄俗あり。仮俗は即ち真仮相対の仮真にして、妄俗は真妄相対の俗諦なり。妄俗は唯俗なり、真仮相対の仮にして真妄相対の真は亦真亦俗なり、真仮相対の真は唯真なり。（『選集』一―四三八〜四三九頁取意）

第五章　十地の修道

一、種々の経論の十地観

十地については、『華厳経』「十地品《じゅうじほん》」（十地経）に詳論されている。十地はいわゆる菩薩の修行地である。地前においても住・行・向の三十心があるが、それは地位に入る前方便であって、その行法もこの地法によって施設《せせつ》せられたものである。この品は早くより『十地経』として別行せられている。

また龍樹によって『十住毘婆娑論《びばしゃ》』が、世親によって『十地経論』が註解せられ、そのほか般若系統においても、唯識系統においても、菩薩道を説く場合には、その典型として常に十地の地法においてせられていることは、『大智度論』『成唯識論』等に明らかなるところである。この品に説く十地法こそ、仏教における菩薩道進展の過程、または自覚深化の情況を現象面より段階づけた唯一の書といい得るであろう。

そして金子大栄は「広潤なる華厳経もその要は十地品に帰趣する」と述べ、つづいて「経典史学よりみれば或は十地経先づありて而して後ち全華厳経は構成されたものというべきであらうか。……十地品の論理を徹底すれば全華厳経とならねばならぬものがある」と言っている。華厳経三十四品は各品それぞれが相照して大菩薩道を説くものにちがいないが、この十地品はその中にあって特に菩薩道の始終を精細に顕示して、菩薩道に現象面より整然たる経緯を与えている。十地の階位については、経論釈によってその解釈は種々である。

まず『十地経』では、特に十地の一々に対して詳しく具体的に論述しているが、それは省略してその要旨をまとめる（『十地経』の原文の忠実な和訳は中公文庫『大乗仏典』を参照されたい）。まず十地とは、歓喜地・離垢地・発光地・慧地・難勝地・現前地・遠行地・不動地・善慧地・法雲地の十である。[1] 曽我はこの十地について華厳の立場と唯識の立場の違いを述べている。

> 斉《ひと》しく信行の関係を論ずるにあたりても、唯識宗は、信を以て霊的生活の端緒とし、向上の路として十地を立つるに反し、華厳は、初発心の一念を以て心霊生活の絶頂とし、十地を以て果上向下の別徳に過ぎずとなす。一見甚だ奇なるが如しと雖も、こは事々無碍《じじむげ》の教理より当然の帰結にして、而も其の事々無碍の法門は、徒《いたず》らに空虚なる談理に非ず、一念の信の中に、無限の力の存在の自覚に過ぎず。唯、事実は、信が霊的生活の発端なること、、行が

信の必然的等流なることを呈供するなり。之れを、向上とするか向下とするかは、各自の説明の便宜に委《まか》せんのみ。（「選集」一―四六二頁）

華厳の十地は明らかに向下である。「華厳」の二字は、因の万行をもって果の万徳を厳《かざ》ると解せられ、因の万行とは普賢行すなわち大菩薩の道である。この大菩薩道の因の万行は大方広なる仏を背景として、また仏の用《はたら》きとして出生するものであり、この因の万行によって成就する果の万徳は、そのまま大方広仏を荘厳する。大方広なる法を「体」とする仏は、この「用」として限りなく菩薩道を出生する。すなわち毘盧遮那仏の仏果を所信の境とする行徳が初地以後の九地である。初地以後はその信徳に内包される行徳である。

『華厳経』に「歓喜し心に信じて疑いなければ、速やかに無上道を成じ、諸々の如来と等しからん」と言い、又「初発心の時に便ち正覚を成ず」と言い、また『教行信証』には「大願清浄の報土には品位階次を云はず、一念須臾の頃、速に疾く無上正真道を超証す、故に横超と曰ふ也」とあるが、菩薩は因位の万行をもって、仏の果徳を荘厳する因位の立場である。だから信が行をおこしてくるところの信の行徳について、菩薩の行位というものを施設、設定したもので、初地の見道の境地修習を行ずる内容を具体的に説くので円融無碍である。かかる意味で仏徳を讃仰する普賢の行徳は毘盧遮那仏を開顕し衆生を開化するのが華厳の十地品である。

龍樹の『十住毘婆娑論』は『十地経』の注釈であるといわれるが、その「序品」に十地が略説されながら、『論』はなぜ第二地離垢地までの注釈にとどまっているのであろうか。この問題について、法蔵の記述による仏陀耶舎が、第三地以降の訳を中止したということをもってその理由としている。

それに対して、平川彰博士は、法蔵の記述とは別の観点から、つまり『十住毘婆娑論』の思想内容を検討した結果、『論』は『十地経』第二地までの経文をかりることによって、在家、出家の所行を説く目的を十分に達成していると、単に十地論の註釈書ではないという説を提出された。龍樹の研究者として最も優れた瓜生津隆真も、『十住毘婆娑論』で種々の十地についての経論を集めたものであると考えている。『十住毘婆娑論』の十地について瓜生津の文からその特徴を抽出すると、「善法の味を得」(初地)、「十善道を行じ」「信の一念と云うも、行の一念と云う、畢竟此具体的全体活動の一念を二箇の概念に分析したるに過ぎず」(二地)、「衆の為めに法を説き能く照明を作す」(三地)、「布施・持戒・多聞が転た増して」(四地)、「功徳力は盛んにして」(五地)、「諸もろの菩薩道の法は、皆な現在前する故」(六地)、「三界を去ること遠く法王の位に近づく」(七地)と、かく階位の特質を挙げているが、全て菩薩の行徳を主として掲げて十地を見ている。

曽我の龍樹の十地に対しての考えは、「龍樹大士の教義」(『選集』一巻)の要点を略述するならば、『大智度論』は絶対智を開くものであり、絶対智は信に依ってのみ成立する。『大智度論』一部は「仏法大海以信為能入」と言う様に、龍樹の仏智不思議の信心の光景である。能顕能証の妙智に依って広く所顕所証の如来の相を讃仰するものである。十地といえども仏々平等の絶対門に依って専ら如来の果力を明らかにする。『大智度論』は信の門によって広く不思議の仏智を開くものである。

それに対して『十住毘婆娑論』の「序品」の初めに、何の因縁を以て、甚深なる菩薩十地の大道を時代の凡人の為に説くかの疑問を提出し、広遠な菩薩道の初地不退は、亦易行不退であるとすることを示すためであった。『大智度論』に示す所の仏智不思議の信心は、彼が観智の至極なる意義においては難行不退である。その龍樹の観智の絶頂に証入した所の初地不退の光景が、全く当代の民衆の称名易行の信念と同一なることに驚いたのである。彼は智者の難行不退が正しく仏の智慧を証見し、凡人の易行不退が正しく仏の大慈悲を憶念することの異はあれども、仏の無量力功徳を念ずることにおいて、全く同一の価値であることを証したのである。

龍樹の難行の到着点であった初地不退が、計らずも称名易行の事実の証明であったことを示すものであった。仏智不思議の信心を以て智慧の終局とすると共に、智を極めて愚に返り、凡俗を救済する仏の大悲を信知したのである。

空観の無分別智に立つ龍樹にとっては、見道歓喜地に入道する信一念において如来の家に入ると、仏力を信じる境地を示しているが、「信の一念と云ふも、行の一念と云ふも、畢竟この具体的全体活動の一念を二箇の概念に分析したるに過ぎず（ノート15—058）」と。行信一如に基づく龍樹にとっては、二地のみで留めても、仏道の成就が決定されていることが明らかであるからであろう。

では唯識思想においては十地の菩薩行は如何に考えられているのであろうか。長尾が次の様に述べている。

初地において法界に悟入し得たならば、それはあらゆる法界が顕わとなったことを意味するはずで、何故に第二地以下を立てる必要があるか、との難問である。これには二つの意味がそこに見られるので、一つは全一絶対なるべき法界を十相を以て十種に分かつことが許されるかということ。一つは、したがって十地という段階づけに、如何なる意味があるか、ということである。法界に十種の法界があるのではないことは、当然のことで、初地において真如を見るならば、それですべては尽きるともいう。それにもかかわらず、第二地、第三地等において、改めて法界のさとりがくり返されることはある階位において得られた境地が新たな立場となって、次々と地が立てられる。

いったんのさとりだけで満足し安住することなく、そのさとりにおいて種々が別々に現れることが、諸地の立てられる所以であるというようである。すなわち、いったんの無分別智に止まることなく、後得智の面において法界の種々のあり方が明らかにされるのが諸地の区別である、と理解することができるであろう。菩薩の修行を「通別二行」に分かち、通行でさとった法界を、別行でさらにさとるというものの如くである。根本的な覚を、あらためてさとるのであり、それがくり返される故に、諸地が立てられるのである。

かくすることによって悟りが愈々《いよいよ》深められ磨きがかけられるとなすものである。（『摂大乗論』和訳と註解・下　趣旨）

十地の修行は、畢竟、六波羅蜜の修習なり、唯識観の錬磨なり。即ち単純なる主観的自覚よりして、主観客観円満の自覚に入らんがための過程なり。理想的成仏より、現実的成仏に入らんがための努力なり。我等は信仰を以て人生生活の発端とするを要す。何となれば、これを人生の終極とするが故に、唯虚妄なる肉的人生に就いて論じ、これを人生の端緒とするは、真実なる霊的人生に就いて論ずればなり。信の一念に、分段生死永く敗れて、変易生死新たに起こる。十地は即ち霊的なる変易生死の生活なり。（「選集」一―四八二頁）

菩薩の十地の一々の意味は、根本無分別智と後得智とによって、真如のさとりが追体験され、常に見道の内容が反覆せられ、内も外も、見るものも見られるものも「遍く」空であるとのさとりが深められる。すなわち法界を後得智をもって内観するのである。この修道が積み重ねて究竟道にいたり、見道のさとりが、ついに仏果にまで引き上げられるのである。

龍樹の『中論』の教学は法についての「識」の否定であつたが、無着、世親の『唯識』の教学は此否定に立つて、法それ自体の中に自証する「識」を見出した。かくして法についての「識」をも成立する根拠を与へ、菩薩道の建設に依つて小乗仏教に更に新生命を復活せしめた。所謂小乗仏教学は要するに世間実用の常識を用ゐて純正なる法の識を可能ならしめやうとするものである。されば大乗仏教に於ける一貫の問題は、仏道に於ける信解と、菩薩道に於ける行証との二者を、云何にして立体的に具足せしめ得べきやにある。（同　一一九七～一一九八頁）

大乗仏教における一貫した問題は、仏道における信解と、菩薩道における行証とを、如何にして立体的に具足できるかが大切である。唯識においては、その純粋なる宗教的信解を円満具足する菩薩の行証に裏づけられてのことである。

二、曽我の十地について

曽我は『解深密経論』で次の様に十地について述べている。経文の原文とは相違するが、曽我の意を汲む意味で論の通り列記する。

第一、極喜地は、真如の自覚によりて分別二障を断じ、悪趣を超脱して極喜を得。既に此の喜あり、衆と共にするに如かず。之れ初地が布施を以て万行の中心とする所以なり。

第二、離垢地は、真理の自覚に対して極喜に住し、利他を先としたる彼は、内、自ら先天の罪障によれる頻々たる過犯を見、実行の甚だ至難なるを感じ、従て布施中心の行は、転じて持戒となる。

第三、発光地は、既に、外、浄界の威儀を表すと雖も、内心貪欲頻りに動揺し、定慧を障碍して智光を生ぜしめず。茲に、其の中心の行は忍辱に転ず。

第四、焔慧地は、忍辱に由て澄浄の智光を得たりと雖も、微細なる我見等の煩悩は、時に起りて此の智光を汚さんとす。吾人は須らく消極的忍辱より積極的精進の態度に入り、炎炎熱烈の智火を以て、煩悩の薪を焼かざるべからず。

第五、極難勝地は、精進は一向涅槃に猛進して生死を棄捨せんとの努力なり。其の一見勇猛を極むる故に、既に二乗の自利に堕する危地に在り。茲に於て吾人は、外観の精進を転じて静慮の内観に入り、極難勝なる真俗二諦を調和し、大乗の面目たる中道に安住せんと欲す。

第六、現前地は、既に禅定によりて二諦を調和すと雖も、眼を開いて万有を平等に空了する無分別智の現前せざるために、其の調和は姑息的なり。今や、無分別智現前して、事理始めて根本的融和を得たり。

第七、遠行地は、智慧は向上の極なり。而も向上の極なる所以は、向上的活動を停止せしむる所以なり。是れ明かに、流転還滅の細想の熱を脱せざるがためなり。茲に於て方便波羅蜜を修し、入出自在の境に入り、遠く無欠無間の妙無相道に到達す。

第八、不動地は、前の方便波羅蜜、また有功用の調和にして、到底沈空を免れず。即ち、此の地に至りて、菩薩の大願の自覚に由て、寂然不動にして上求菩提・下化衆生の大行を成就す。

第九、善慧地は、既に大願ありて功用を離ると雖も、利益有情の実力無きがために之れに向て勤行せんと欲せず。今や四無碍智の大力を得て、始めて化他の大行を成ず。

第十、法雲地は、法は大法にして真如なり。雲は智雲にして大智なり。既に大力ありと雖も大智なきがために、諸法に於て自在を得ず。今や法雲を得るに由て、大自在を得。

第十一、仏地は、一切法に於ける極細の所知障と、倶生の煩悩の種子とを、永断するを以て、最勝の果を得。[2]（『選集』一―四六三～四六六頁）

曽我は、唯識における十地が、第二地以下においてさらに修習がくり返されるのであるが、十地の各々に十種の障があり、それを対治することを述べている。菩薩道を歩むものが真剣であればあるほど、自己のうちに見えてくるものは菩提の道の障りであり、それが超えられなければ真の自己となることはできない。

障りが見えてくることは、それを超えるべき自己が照らされ、それだからこそその障りを対治し、すなわち回心によって初めて法に接した初地の慶喜心と、やがてはこの法に照されて自己の煩悩性を見せしめられる機への沈潜、かくして法が自己において純粋化し深化し具体化して行く。『解深密経論』では、十地について略論した後に『偈』によって潜在的束縛である麁重や惛眠や愚痴を対治し、その束縛から離れることが十地の修道であると説いている。

唯識では束縛には相縛と麁重縛との二つがある。前者は表層心の束縛、後者は深層意識の束縛で、麁重とは自と他とを分別する思い、煩悩などを生じる種子をいい、深層の阿頼耶識はそのような汚れた種子で束縛されているというのが麁重縛の意味である。

このように表層的にも深層的にも縛られた状態から脱却するには、まず表層において、対象に成りきり、行為に成りきって相の束縛から脱却し、その表層のありようが縁起の理によって深層の束縛である障碍を徐々になくしていくことになり、最後には表層的にも深層的にも心が浄化されて、自由自在な状態になる。

信仰の一念の痛絶なるは、知行不調和の極を自覚するが為ならずや。則ち是至強の歓喜は、亦至烈の苦悶の理由也。信念の涙は最大歓喜の表明なると共に、又最深苦痛の発現也。行の最劣に対して知の大飛躍を狂喜せし吾等は、忽ち知の至上に比して行の大堕落を狂苦せざるべからず。親鸞聖人が「抑悲喜之涙」と述べ給へる『教行信証』が、始終感謝と懺悔との表白なるを見る毎に、自己の徒に信仰の一念を誇持し、実行に対せる慚愧の念を忘れて、無慚無愧の天魔に堕在せるを痛耻せざるを得ず。

吾人は今にして思う、信仰の一念は是小自覚なるを。然るに信仰の一念は絶対不覚に対し、煩悩具足の実行に対して、最始の異観なるが為に、吾人の意識には絶大の活現となる。吾人は念々に是小自覚を愛養し、是に依りて是大歓喜の同伴者として新に得たる知行不調和の苦痛を解決し、知行円満の大自覚に向て進まざるべからず。(『大仏小仏論』「精神界」6—2)

『大仏小仏論』において知行不一致から知行一致への修道の過程を十地について悉《ふつく》に記してい

るが、『解深密経論』やその「大仏・小仏」の論説の特徴をまとめると、

初地の信の問題は行の問題となり、如来に照らされて布施の行が仏のように真に自利利他できるかどうかの反省として罪悪の反省となる。

第二の離垢地。微細な煩悩に目覚めていくことが利他になるので、利他の為には自己の戒を保って行く。

第三の発光地。自分の内側から智慧の光が現れるも、忍耐し煩悩に迷惑する心の反省が成されている。

第四地の精進波羅蜜は微細な我見等の煩悩は、時に起ってこの智光を汚さんとする。その有念有想散乱麁動に流れがちな心を滅せんとして精進せしめ修道する。

第五の難勝地については、ここにおいて、外観の精進を転じて静慮の内観に入って清浄な心で反省、専ら内心の充実に勉む。

第六地、現前地には、般若（智慧）、妨げの無い究極の智慧が現前するのである。特に重要なのが第六地現前地である。無分別智現前して、事理始めて根本的融和を得る。

以上の如く、行徳よりも内省内観の菩薩修行の繰り返しが特徴として取り上げられる。「見道の信の一念は仏の悟りと合するが、その行は具縛の凡夫である」「自ら其の修道実行を観察せば、是れ信後相続進趣の修道の対象が、主として万有の差別・自己罪悪の対治に向う」と、十地の修

習の内観の行を強烈な言葉で表現しているのである。

三、方便波羅蜜から智波羅蜜へ

いうまでもなく十地の修道の行は六波羅蜜である。七地から十地といえども六波羅蜜の行であることは当然である。大乗仏教で六地から十地に展開されたのは自利利他の菩薩道を成就せんためである。それ故に七地から十地の展開が重要である。

第六地現前地、般若（智慧）、妨げのない究極の智慧が現前するのである。菩薩道の目的は、仏智を求めつつ実践行を修めるのであるが、そのためには、般若の智慧を得ることが必須とされる。十地の歩みの中で特に重要なのが、第六地現前地である。曽我は『解深密経論』では、禅定によって二諦を調和するが、万有を平等に空了する無分別智が現前しなかったが、今や、無分別智現前して、事理始めて根本的融和を得ると述べている。

第七地は、遠くまで行く境地という意味で、これまで菩薩が努力して修行を積む長い行程がこの第七地に至って頂点に達す。

第七地以前では、修行といっても相を分別することを伴っており、その行が第七地で頂点に達したとき、相を絶した無相の行となる。また三界の迷いの世界を去ること、遠く離れた無迷無悟の境地を示す語である。迷悟の見地より無迷無悟に達して求むべき理想界も教化救済すべき衆生がないという有空論に落ち込む。ここに菩薩道の危機がある。

この虚無とも言うべき沈空とも言うべき境地を脱却するには、十種の方便慧[3]を修して殊勝の道を起こすことである。菩薩は方便の智慧によって十の妙なる行いを現ずる。究極の向上の行とともに、向下の行である方便智によって衆生を救う慈悲の行を限りなく続けていかねばならないから遠行なのである。第七地の菩薩のすがたを通して、真実の智慧が決して独善的な超越へ赴かせるのではなく、逆に、限りない慈悲の手立てを生み出し、どこまでも現実の世界へかかわっていくもので、第七地に至って初めて利他に生きる真の菩薩の誕生となる。

どこまでも作心・意図・計らいをもって修行・精進するが故に、勇猛精進して多くの自力の功徳を身に積んで来ても、上菩提を求め下衆生の度すべき向上・向下の志願全く止み、無余涅槃に堕してしまうとあるように、大菩提心は無相の識見中に没却せられる危険な階位であるとしているが、真宗に説くように沈空という概念は説かれていない。[4]ただ、『十地経』に次のように説かれている。

仏子よ、譬えば二世界有り、一処は雑染にして、一処は純浄なるに、是の二つの中間は得て過ぐべきこと難きが如し、唯だ菩薩の大方便・神通・願力の有るを除く。(乃至)

始め初地より七地に至るまでは、波羅蜜の乗に乗じて世間に遊行し、諸もろの世間の煩悩の過患を知るも、正道に乗ずるを以っての故に、煩悩の過失の為に染せられざるも、然も未だ名づけて超煩悩行と為さず、若し一切の有功用の行を捨て、第七地より第八地に入り、菩薩の清浄の乗に乗じて世間に遊行し、煩悩の過失を知りて染せられず、爾《しか》らば乃《すなわ》ち名づけて超煩悩行と為す。一切尽く超過するを得るを以っての故なり。（第五巻菩薩道行第七）

七地の問題は自力の法門においても、七地を抜け出して八地已上《いじょう》に上がるためには、「大願力に摂せられ、如来力に加せられ、自らの善力に持せられ、常に如来の力、無所畏、不共の仏法を念じ」、と諸仏は加備力・十方諸仏の神力加勧で、自己の大悲本願力が計らうことなく無功用に修道が達成されるので、随って自然に第九善慧地に進んで、求めなくても大活動をなし、更に第十法雲地に到って智慧のはたらきが自在に、万有の上に広略の大自在を得て、自らの願力をもって大悲の雲を起こし、知行、主観客観合一の大自覚に達するのである。菩薩の大願の自覚によって、寂然不動にして上求菩提・下化衆生の菩薩道が成就すると説かれる。

曽我は八地已上に上がるためには、他力をたのむことが必須であることを次の様に述べている。

絶対空見に至りては、最早自力を以て云何ともする能はず。空観は一切の言議を空了して一物を留めざれば也。空は自力を以て達するを得れども、自力を以て出づべからず。是れ自力の極なれば也。如来大悲の喚言を要する、是時より切なるものあらんや。有執は積極的意識的なる苦痛あるが故に、痛切に如来を求めたり。今や空見は消極的無識的苦痛なるが故に、毫も如来の救済を求めざる也。忝き哉《かたじけな》、如来の招喚は是時自然《じねん》に顕現して、彼は求めず願はずして廓然として空観より覚めたり。(『大仏小仏論』)

曽我は、如来の招喚は是時自然に顕現して、如来の願力は自然に彼が上に顕現して、彼は任運無功用に利他の大願を起こし、彼が沈空の見地より覚めたるは全く自然なるが故に、彼の活動は全く如来の活動であり、如来のなさしめ給う所で、如来の願力による以外にないと捉えている。

この十地においても「大覚と云ひ、大仏と云ふ。知行の間に寸毫の不合一あり、主観客観の上に毫厘の不調あらん乎、吾人の心霊の中心は依然として永劫の不覚迷悶に在りて、到底円満なる自覚に達する能《あた》はず」(同)と、ほんのわずかな不調があり、吾人の心霊の中心は依然として永劫の不覚迷悶にあって、到底円満なる自覚に達することはできないと破天荒なことを述べている。

既に潜在的な煩悩の麁重《そじゅう》にふれたが、『大乗起信論』によると根本不覚に続いて、「三細」と「六麁重」からなる枝末不覚が起こってくると言う。六麁の「麁」は粗大という意味であり、われわれの日常生活の中でも自覚されうる粗大な心を言う。一方、三細の「細」は微細という意味であり、粗大な心のさらに内側にある深層レベルで、ほとんどの場合、自覚されないままに存在している微細な心を言う。「六麁」を表層意識とするならば、「三細」は深層意識と言える。十地は表面的な意識的障りより漸次に無意識的な微細な障りへと深く内観していく。かかる限りない内観の深化が菩薩の修道なのである。

しかして『解深密経』では、十地に対して十一地を付加し、第十一地が仏地であり、

第十一、仏地は、一切法に於ける極細の所知障と、倶生の煩悩の種子とを、永断するを以て、最勝の果を得。（「選集」一―四六六頁）

一切の煩悩が永断された、執着もなく障碍のない完全な悟りの境地が仏地であり、菩薩の究極の境地の十地の法雲地と別立している。

すなわちここで『解深密経』では、菩薩の究極地である十地の法雲地に対して、仏地である十一地を別立していることに注意をしたい。しかも曽我は、たとい法雲地といえども微細な倶生の煩悩、所知障があり、それに対して仏地は完全に煩悩の滅尽した覚りの境地であることを説いている。何故仏地と菩薩の悟りの境地である法雲地と区別しているのであろうか。

「この十地においてそれが究竟して最終的な法身が証得されるのは成仏直前の金剛喩定において

である」と説かれる。金剛喩定は、金剛心といって等覚の菩薩の最後心で、その最後心を一つ越せばすなわち妙覚果満の仏の位である。弥勒菩薩を等覚の位というが、弥勒菩薩がいよいよ仏になる、いよいよ今仏にならんとする、最後の一念を金剛心という。

十地の最後の法雲地で得られる金剛喩定とは仏地である妙覚との間とは一歩であるが、近いようであるが大きな隔たりがある。

「等正覚」というのは旧訳《くやく》では成仏すること、仏のさとりを開くことを「等正覚」というのであり、妙覚と等しい仏の覚りを意味するが、玄奘以後の新訳では、等正覚とは仏より一段下の覚りのことを言うのである。だから「高僧和讃」や「浄土和讃」では、信心決定して等正覚になるというようなことはありません。ところが「正像末和讃」にくると、真実信心を獲るというと等正覚になると言われるのである。(同　一二一―二五三頁)

等正覚といふのは、旧訳では仏の位であるが、新訳では、仏より一段下った因位の菩薩最高の位で、弥勒の位がそれにあたる。では、この等正覚と無上涅槃とは、どう違ふかといふと、法相唯識では阿頼耶識のうえから、はつきりと区別がある。つまり、異熟識がある間は、仏ではない。等正覚の位には、まだこの異熟識があって、これが転滅してしまはねば仏になるわけにはゆかぬ。だから、この世では、仏になれない、仏は未来浄土に於ける悟りである、といふことになる。親鸞聖人は、この分限分際を、はつきりと区別された。然るに聖道門の一乗教ではどうも、この点を明らかにし得ない。（「講義集」一―一三七～一三八頁）

では、何故に旧訳で仏の覚りの妙覚を等正覚とか等覚と言い、新訳では一歩下がった位を等正覚とか等覚と言うのであろうか。曽我は次の様に述べている。

仏が退一歩する、そこに無上覚の仏が退一歩する。仏より一段下の所、一段下るといふことは何だ。仏が菩薩になつて内観した、内観したのを下がるといふ。一段下つた時に設我得仏といふ。設我得仏といふのは無上仏が一段下、若し我れ仏になることを得たらんにといふのは、これはもう自分の已《や》むに已まれない所の願ひを設我得仏と表して、どうでも斯《こ》うでも仏を求めずに居られない、其心持を設我得仏といつた。だからしてこれは仏が一段下がつて内観した仏の内観の形を法蔵菩薩といふ。だから本願そのものは仏だけれども、本願は形がない。其本願を具体化するために一段下つた、一段下つたといふことは既に本願を具体化した第一歩であります。（「選集」一〇―三九〇頁取意）

曽我の考えを示唆する含蓄ある文を幡谷明が記している。

第十地において究極を獲得した段階は、もろもろの仏陀の法身である。自他を利益する段階とは仏陀の受用身である。なすべきことを完遂する段階とは、変化身である。梶山雄一氏はこれによって、法身を一つの軸として、その前と後とに菩薩の慈悲行の往還が語られていることを指摘し、「それは法身がそれ自身を脱却することであり、向下のさとり、慈悲のさとりというべきものである」。（幡谷明著『曇鸞教学の研究』「註」の要旨・一二三頁）

輪廻の存在が十地の修行を通して菩薩となり、転依して仏の覚りに至るという、下から上へ向かう相の背後に仏自身の向下のはたらきがある。

長尾もまた「法界や自性身が他の受用身や変化身の根拠となることはこれらの仏身に対してであり、法が説法として流れ出るような意味においてであって、自性身が他の二身の根拠となるということも、八識の構造に対応するものと理解することができるであろう。仏身論において自性身が根拠となるといわれることは、阿頼耶識等の識の構造、あるいは依他起性的なあり方が、人間存在の根拠となっているということの、逆の対応にほかならない。逆の対応というのは、後者の識の構造のあり方が、前者の仏界の理解の中にもちこまれ反映されていると思われるからである」と述べている。

この向上門向下門、やがて往相還相の問題、そして仏道と菩薩道さらには阿弥陀仏と法蔵菩薩の相互関連へ深化される端緒を示していると言えるのであろう。この問題は法蔵菩薩の本質に関する問題であり後に詳論する。[5]

註

［1］　大乗仏典⑧『十地経』荒巻典俊訳における各章の和訳

序章

第一「歓喜にあふれる」菩薩の地

第二「垢れをはなれた」菩薩の地

第三「光明であかるい」菩薩の地

第四「光明に輝く」菩薩の地

第五「ほんとうに勝利しがたい」菩薩の地

第六「真理の知が現前する」菩薩の地

第七「はるか遠くにいたる」菩薩の地

第八　「まったく不動なる」菩薩の地
第九　「いつどこにおいても正しい知恵のある」菩薩の地
第十　「かぎりない法の雲のような」菩薩の地
終章　この経の委嘱

註［2］　世親の『十地経論』の十障は、凡夫たること、すなわち我見・我執のあること、を初めとし、第十に自在性を得ないことに至るまでであるが、その内容は略する。『解深密経』が十地によって対治せらるべきものとして説いている二十二種愚痴（すなわち無明）を引用し、それとこの十障とを合して詳しく注釈している。二十二種とは、仏地を加えて十一地の各々に二種の愚痴があるからである。『成唯識論』においては、それ以上に詳細である。『成論』は、「二種の転依（菩提と涅槃）を証得するために、十地の中において、十の勝行を修し、十の重障を断じ、十の真如を証する」（巻九、一二頁）というものであるが、十の勝行は十波羅蜜、十の重障は今いう十障のこと、また十の真如は本節で述べられた法界の十相であり、特に十の重障について最も多くの頁を割いて詳細に解説している。（長尾雅人『摂大乗論』和訳と註解下一六二頁要旨）

註［3］　十種の方便慧とは次の通り。
一、よく空・無相・無願の三昧を修すといえども、しかも慈悲をもって衆生を捨てない。前の第六地で得た空・無相・無願の三種の瞑想の実践をよく修めながら、しかも慈悲の心をもって衆生の中にある。

二、諸仏の平等の法を得るといえども、しかも楽《ねが》ってつねに仏を供養する。

三、観空の智門に入るといえども、しかも勤めて福徳を集める。常に空の智慧を深めながら、しかも広く衆生を幸せにする力を学び取っていく。

四、三界を厭離するといえども、しかも三界を荘厳する。迷いの世界から離れながら、しかも迷いの世界を荘厳する。

五、畢竟してもろもろの煩悩の炎を寂滅すといえども、しかもよく一切衆生のために貪・瞋・痴の焔を起滅する。諸々の煩悩を完全に滅しつつ、しかも衆生のために貪・瞋・痴の煩悩を起こす。

六、諸方は幻のごとく、夢のごとく、響のごとく、焔のごとく、化のごとく、水中の月のごとく、鏡中の像のごとく、自性の無二なることを知るといえども、しかも心の作業にしたがって無量に分別する。

七、あらゆる国土はあたかも虚空のごとしと知るといえども、しかもよく清浄の妙行をもって仏土を荘厳する。諸仏の世界は虚空のように形相を離れていると知りつつ、しかも国土を浄める行いを起こす。

八、諸仏の法身は本性の無身なることを知るといえども、しかも相好をもってその身を荘厳する。諸仏の法身は無身であると知りつつ、しかも色身三十二相八十種好を起こして自ら荘厳する。

九、諸仏の音声は性空・寂滅であって、言説することができないと知るといえども、しかもよく一切衆生にしたがって種々差別の清浄の音声を出だす。諸仏の説法の音声は不可説であって静まりかえっていることを知りつつ、しかもそれに従って仏の音声を荘厳する。

十、諸仏に随順して三世はただこれ一念であることを承知すといえども、しかも衆生の意解・分別にしたがって種々の相・種々の時・種々の劫数をもって所業を修める。諸仏は一念中において三世に通達していると知りつつ、しかも様々な相・時・劫を知り、悟りを得て衆生の信解にしたがう。

註［4］　第七地において、「たくみな方便と般若の知恵との知をはたらかせて十種のこれまでとはちがった、あらたなる菩薩道の実践を、一つ一つ実現していくのであるが、第六地までの菩薩行にくらべて、第七地の「たくみな方便と般若の知恵の菩薩行」を媒介とすることによって、第八地以後の菩薩行が、無量無辺であり、無擬自在であり、不可思議であることが、くり返し説かれている。第七地においては、突如として、これまでと文体をかえて、解脱月菩薩と金剛蔵菩薩との問答体によって説明し、第八地においても、まことにたくみな比喩によって説明している。（『大乗仏典』⑧十地経・荒巻典俊訳・三九八頁）

註［5］　信行の関係を論ずるにあたりても、唯識宗は、信を以て霊的生活の端緒とし、向上の路として十地を立つるに反し、華厳は、初発心の一念を以て心霊生活の絶頂とし、十地を以て果上向下の別徳に過ぎずとなす。華厳は事々無碍の教理より当然の帰結にして、而も其の事々無碍の法門は、徒らに空虚なる談理に非ず、一念の信の中に、無限の力の存在の自覚に過ぎず。唯、事実は、信が霊的生活の発端なること、、行が信の必然的等流なることを呈供するなり。之れを、向上とするか向下とするかは、各自の説明の便宜にゆだねる。（「選集」一―四六二頁要旨）

（朱註）

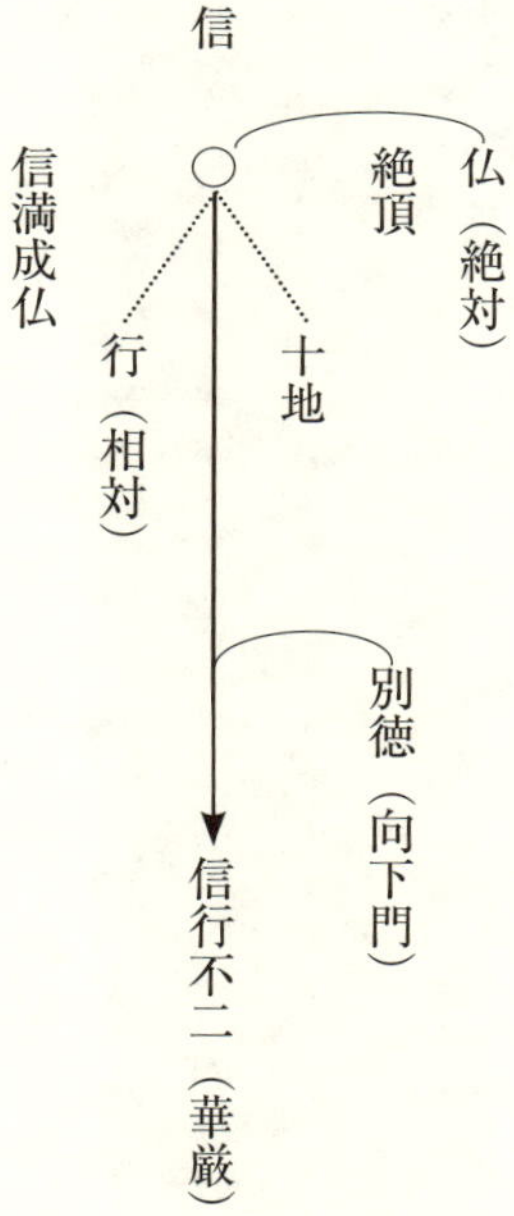

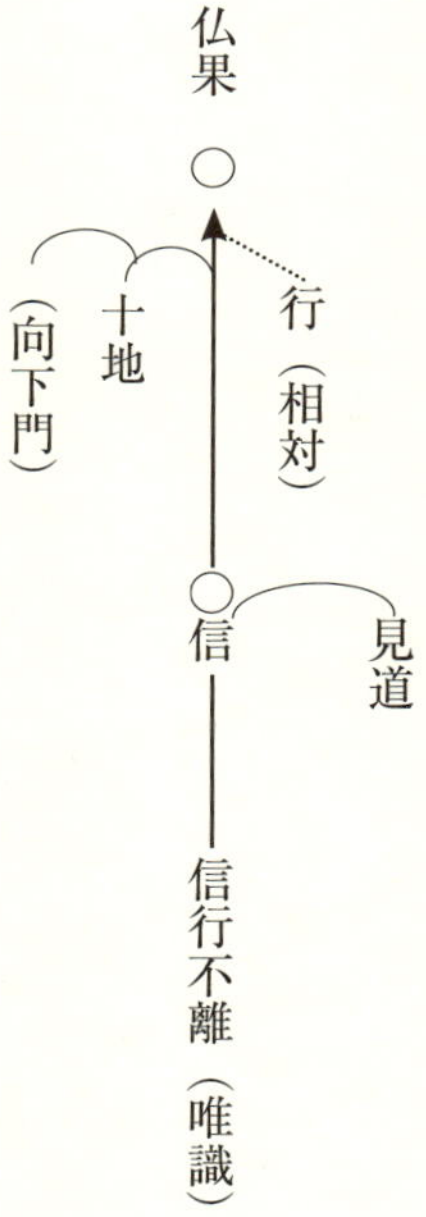

第六章　仏身論について

一、四智より仏身へ

以上のごとく、唯識の菩薩修道の十地について考究してきたが、自己の内観の道である唯識の菩薩修道の完成である智慧が、仏身として捉えられるのは何故であろうか。曽我は、第八、本経の仏身論（如来成作事品）で仏身について論じている。

本経の仏身観は、二身説なり。曰く、法身・化身これなり。前者は実身にして、後は化現なり。従て仏身の何たるかは、其の法身論によらざるべからざるは論を俟たず。然らば即ち一乗教に対する唯識教の面目は、正に此の法身観の異同にありと云ふこと得べし。夫れ一乗教は、真理万能の基礎に立つを以て、消極的には一切の有力を拒否して空理に帰し、積極的には此の空理を絶対とすることに由て無力を唯一の力とす。これ即ち、真如縁起論・法界縁起論の面目にあらずや。されば一乗教の説く所、無碍・縦横、応接に暇あらずと雖も、其の淵源と帰趣とは、空の一理に存するは疑ふべからず。要するに一乗教の法身は、真如法性なり。智身の如きは、此の法身の方便化現にして、実には化身にすぎず。

然るに本経は、法身を解して、諸地の波羅蜜に於て、善く出離を修し、転依成満す。是れを如来法身の相と名く、と云ふ。転依とは、涅槃と菩提との妙果なり。所転捨に、煩悩・所知の二障あり。従て所転得に、涅槃と菩提との二果あり。彼の一乗教を見るに、煩悩・菩提の一体、生死・涅槃の不二を説く。蓋し煩悩菩提は、因に於ける迷悟の即一なり。生死・涅槃は、果に於ける迷悟の即一なり。彼れは、迷悟の一体によりて巧みに小乗教の転依と区別せんと欲すと雖も、而も其の求むる所は煩悩に即する菩提に非ずして、生死に即する涅槃に存するは明かなり。是れ涅槃を以て唯一転依の果とする小乗教と、旨趣を一にするに非ずや。唯識教は、理・事の相互に因果たらざることを否定するが故に、如来の法身は、独り法性真如に非ずして、能証の菩提と所証の涅槃との合一なり。四智は法性の化現に非ずして、識を転じて得る所なり。（「選集」一—四六七～四六八頁）

『解深密経』では法身と化身の二身論である。真如縁起を説く一乗教の龍樹の上では、仏身論は、法身と生身、真身と化身の二身説での立場である。しかし一乗教の二身論とは違うのである。

龍樹の『大智度論』においては、仏身は二身として次のように述べている。「仏有二種身、一者法性身、二者父母生身」また「生身、法身」さらに「常身、無常身」、「法性身、生死身」と釈迦仏の法身性と色身（父母生身）の問題、生滅と永遠性の問題、これはあくまで釈迦仏を中心としての事柄である。真理の法である法身が色身として具体的な姿で人々を救い導くために働く姿で「化身」、また「応化身」ともいわれる。その二身説では、思惟と行為を超越した法身と歴史的な仏陀である色身とを媒介するものがないために、現世における仏陀の教化を充分に説明できない。

『解深密経』ではまだ二身であるが、二身論から三身論に展開する過程と考えられるので、龍樹の二身論とは同じではない。「四智は法性の化現に非ずして、識を転じて得るところなり」、と言う如く、識から智への転依である。転識得智の転依の結果、鏡の如き智である大円鏡智《だいえんきょうち》、そして平等性智《びょうどうしょう》、妙観察智《みょうかんざつ》、成所作智《じょうしょさ》の四智が現成する。そして大乗的な菩薩道の修道の結果として、仏智という究極の無上菩提の完成に力点がおかれてきたので、依りどころである阿頼耶識が根元的に転換（転依）する転識得智の完全な智慧を仏身というのである。すなわち法身とは識の転じた智・仏智のことである。この『解深密経』の二身が『摂大乗論』の三身に展開する。

『摂大乗論』は、本経の二身を開いて三身となす。曰く、自性《じしょう》・受用《じゅゆう》・変化《へんげ》なり。『唯識論』

は、更に、受用の中に自受用・他受用を分ちて四身とし、以て本経の仏身論を大成せり。今、四身を以て此の二身に比するに、自性と自受用とは法身にして、他受用と変化とは化身なり。即ち自性身は理法身なり、自受用身は四智円満周遍法界の智法身なり、他受用と変化とは、自受用所摂の平等・成所作二智顕現の利他の化身に過ぎず。然らば、自受用智法身の建立は本経の特色にして、有・空二教の未だ嘗て談ぜざる所なり。

小乗教は、無余涅槃を以て如来の面目とし、実相論は、実相真如を以て如来の実身とす。従て其の有為有相の色身は、如来自利の実身にあらずして、化他の方便なり。衆生の雑染に対して、其の心想の中に影現したまふ他受用身にすぎず。即ち、他受用を以て如来の面目とし、之れを以て即ち如来の面目たる自受用身とするは一乗教にして、両者の間に本来・真仮を論ずるは本宗の特色なり。これ、彼れが無自性空を以て其の原理とするに対して、我が宗は万法唯識の積極的真理を有するがためなり。[1]（同　一四六八〜四六七頁）

『摂大乗論』の第十章の果智分で長尾は「結果としての智は、仏の三身のことである」と言う。

仏身についてであるが、「三身」といっても、それは仏陀の身であるから、普通考えられるわれわれの肉体の如きを指すものではあり得ない。「身」には、身体という以外に、種々の意味が考えられている。無著はこれを集積の義とし、真諦は依止（依り所）と実（体）の二義をあげている。『仏地経論』（大正二十六、三二五頁）の説によれば、前者集積は〝徳の集り〟、後者の依止はあらゆる〝徳の根拠・依り所〟、また実（体）は、不可壊の体であり、仮に非ず実なることを示す、という。仏身というとき、その仏とは覚・智の意味であるから、その智が破壊すべからざる実体として、あらゆる徳の集積であり、あらゆる徳の依り所となることが、〝仏身〟の意味である。したがって、仏陀において、智が如何なる姿を以て如何様にはたらくかということが、三身を分つ所以といってよいであろう。三身は古い漢訳では法身、報身、応身と訳されたり、法身、応身、化身といわれたりするが、恐らくこの学派における三身論の理論的な整備と完成の結果、本節に述べられる「自性身、受用身、変化身」の語を以て、三身を示すようになったと思われる。[1]（長尾『摂大乗論』下・三一六頁）

第一の「自性身」は、法界とか法性とかを内容とする仏智そのものである。それはあらゆるダルマ（法）に対して自在であることの基礎として「法身」といわれるのに等しい。この自性身を依り所として、次の受用身と変化身とがある。

「受用身」の受用とは享受の意味で、国土の清浄なるを享受し、大乗の法楽を享受する仏身である。これらの意味から、受用身は仏陀の説法の会座に於いて見られる仏身と言われたり、極楽浄土における仏身と言われたりするようである。この受用身に相応する仏身として報身の文字があり、菩薩の願と行に報いた仏身と解せられているが、この報身の文字は本論には現れない。

第三の「変化身」は、変化して人間仏陀の形を取った仏身で、釈迦牟尼仏陀がその例である。しかしながらこれらの三身は相互に相離れたものではなく、自性身を依り所として他の二身が成立つのであり、変化身という時にも、自性身や受用身の意味が同時に含まれるというように、三身即一的に考えられるべきなのであろう。

また自性身は我々の思議や論理を超えたもので、不可思議であり不可視的である。これに対して、変化身は人間仏陀として可視的であり、人々が親しく会うことのできた仏身である。これら両者の中間にあって受用身は、不可視的ではあるが我々の思議の上にも現れ得る仏身であり、人間として、特に声聞たちにとって不可視的であるが、菩薩にとっては可視的であるような仏身である。そのような意味で、自性身は絶対不動であるが、他の二身には動きがあると考えてよいであろう。（同　三二六～三一七頁取意）

長尾が言うように仏身は智のはたらきに他ならない。唯識学派では自性・受用・変化の三身と言われる。

『摂大乗論』の受用身は、かたちのない法身仏のままでは意識とかけ離れすぎていて、修行者・菩薩たちには修行の手がかりも得られない。受用身（報身）はこれを自受用・他受用の二種に分けられ、自受用身は大円鏡智に属して、仏が自らに法楽、利益を受用する。他受用は自ら受用する法楽、利益を他に受用せしめるはたらきを言う。これは平等性智によって示現する浄身である。しかして妙観察智は受用身と変化身に常に機能して説法の力用を起こし、とくに衆生に神通力を発揮して神変を現して説法し、さらに成所作智によって変化身（化身）として機類に応じて種々に姿を現すのである。真如法性の自性身の世間的実用の世界への顕現、阿頼耶識の転依態として瑜伽唯識では説かれる。

転識得智として、その根拠の転換によって、仏のさとりの智慧を獲得することであった。仏のさとりはすべての雑染分が転捨され、清浄分が転得された円成実性の内容に他ならない。遍計は生死の世界であり、円成が涅槃であり、この両者の統一者としての依他起性が転依のはたらきをするので、報身（受用身）が法性法身の自受用と、化身の他受用の媒介者となって大悲の故に生死を捨てず、大智の故に生死に住せざる不住涅槃の世界に顕現するのである。

『成唯識論』を見ますと、報身ということについて書かれている。法身、報身、応身を仏の三身というが、この三身の中では方便化土の仏も応身でなく報身である。真実報土の仏、阿弥陀如来も報身である。共に報身である。それではどう違うかといいますというと、報身について自受用身、他受用身ということが云われる。報身について自受用報身と他受用報身とがある。それで『観経』の九品往生の仏身は他受用身である。他受用身の浄土は他受用土である。仏は他受用身であり、土は他受用の土である。他受用というのは、菩薩でいうならば初地以上の菩薩が生れることができるところである。だからして初地以上の菩薩が他受用を得るわけでありります。従って大般涅槃をさとるということがない、成仏はできない——いづれは最後には成仏するということはありましょうけれども、最後に成仏するときは、他受用ではなく自受用に転ずるのであろうと思います。詳しく言うならば、単なる自受用でなくして、自受用であって而も他受用を共に兼ね具えたのが阿弥陀仏の真実報土である。自受用・他受用不二の土であると、こういう風に古来から先輩諸師達は教えられてあるようでありま す。大体は真実報土は自受用であり、方便化土は他受用の報土であって、共に報土である。(『親鸞教学』第24号「信の開く世界」二)

曽我は、他受用は成仏することは出来ないという。衆生を救うために永遠に菩薩としてはたらき続けねばならない。この他受用をかねて仏が仏として悟りに住する。他受用を具しながら自受用の仏であるというのは、阿弥陀仏と法蔵菩薩の表裏一如の相互関係を念頭に置いているのであろう。その法身と色身のギャップをつないで仏が衆生を救うはたらきが明らかになるのである。また、普通には、仏身論が自性身すなわち法性法身を基盤として論じられるのに対して、曽我は次の様に述べている。

仏身論としての三身論は今は却て報身を中心として見るの傾向あるも、実際上応身を主とせざるべからず。弥陀中心の信仰は釈尊を離れては到底空想なり。吾人は信ず、釈尊の行為釈尊の説法は応身なり。釈尊の内に潜み而も其活動の根底たる品性は報身なり。此所謂現実の品性及活動可能性の方面より見れば法身なり。要するに歴史的釈迦は応身に傾き、教理的釈迦は法報二身に偏せるが如し。(乃至)

吾人は釈尊の中に弥陀を認識せざるべからず。釈迦弥陀二尊の一致即ち此を融合したる釈尊又弥陀を以て信仰の中心とし、此を我等の救主と信ずるに非ざれば信仰は非合理的なり。迷信なり。吾人は浄土教に於る諸先哲の信仰が此妙境に存するを信じ、而して是等諸先哲の聖教を読まん者に向て聖教の言語以上に存する幽義を看破せんことを希ふこと切なり。(『選集』一―二六七頁)

曽我は仏身論が法身中心に語られる傾向があるのに対して、歴史的人物としての釈尊の自内証を基礎に考えている。釈尊の自内証としての弥陀・報身の面を見忘れてはいけないのである。

惟《おも》ふに宗教の真理はその円満具現の人格たる釈尊の自内証の本質であつて、真理自体の普遍的価値から云へば事実上の釈尊の自証を超越するものと思惟し得るであらうが、しかし仏教の無窮にそれ自身の内に具体的象徴化を求めて止まざる宗教的真理は真実に教主世尊の自証の内面に向つて限りなく自己を展開して行くであらう。[2]（同　一―一八六～一八七頁）

真実の法が釈尊を超越する方向から仏身を見るか、或いは肉親を持った身が転依して仏智を得る方向を中心に仏身を考えるか、この二方向の問題を如何に解決するか。そこに宗教的真理の二方向がある。それが菩薩と仏・仏道と菩薩道の相互の関係を明らかにする重要な課題である。

二、仏・菩薩の法性生身について

以上述べたように、仏身論が二身論から三身論として展開し、理論的・体系的に整備せられたのは、喩伽行唯識思想においてである。一方、般若経の釈論である智度論を通して種々の名目で示された二身説が、法身の名目によって統一され、しかも法身における報身の性格が明確化されたのは、鳩摩羅什による。

長尾先生はよく、曇鸞が法性法身と方便法身という今までにない概念を創設したことは、大きな意義があると述べられていた。この方便法身の性格を示す基礎を与えるのは、『大智度論』に説かれる種々の仏・菩薩の法身を鳩摩羅什が『大乗大義章』において法身を統一して仏菩薩の二種身に明快な解明をしたことである。それが曇鸞の法性法身・方便法身の独自の二種法身を導き出すのに与えた影響は、仏教思想史全体の上から甚だ大きい意義があると言えるであろう。特に法身において法性法身より法性生身に比重がおかれていることが大切である。

仏に二種の身あり、一には法性生身、二には随世間身なり。(『大智度論』巻三三)

法性生身仏は事として済せざるなく、願として満ぜざるなし。所以は何ぞ、無量阿僧祇劫《あそうぎこう》に於いて一切の善本功徳を積集し、一切の智慧無礙にして具足し、衆聖の王たり。諸天及び大菩薩も能く見る者希《ま》れなり。其の生を説かば則ち本の法性なり、故に法性生身と云う。(同　三四)

菩薩に二種あり。一には生死肉身。二には法性生身。無生忍の法を得、諸の煩悩を断じ、

この身を捨て後に法性生身を得。（同　七四）

無生法忍法性生身を得て七住地に在り、五神通に住し、身を変ずること仏の如くにして衆生を教化す。（同　二九）

羅什は『大乗大義章』の慧遠との問答でその見解を論じているが、横超慧日は『鳩摩羅什の法身説』で法性生身の仏と菩薩の特質を述べている。

一、菩薩の法身とは修行によつて色身から法性に生じたのである。平易に云うならば心に得られたさとりであり、身体などではない。

二、然しそうした法身は普遍的なものであるが、そこから真実の法を聞き出すことのできるものは十住の菩薩のみである。

三、菩薩は無生法忍を得た時、生死身を捨てて法性から生じた身を得る。もはや肉身の生死は問題でなくなって、真理への智慧が向上的生活の原動力なる。

四、そうした法身は法性より生じた真理に裏付けられた智慧の身となるのであるが、完成された仏智を得てはいない。完成された仏智への憧れを以って存続し、そういう意味で甚深なる仏法に対する愛が菩薩の結即ち煩悩である。
五、法身には仏の法身と菩薩の法身とがある。菩薩の法身は、空無生平等を体得した者は身心に差別の相はない。また仏の法身について云えば，衆生を教化するために、種々の名や種々の身を示すのであるから、仏の身相には一定の形がある筈がない。

以上が羅什の法身説の根幹をなす考え方である。『大智度論』は、仏においても菩薩においても法身と色身とがあって、仏の法性法身は法性より生じた無相の身であり、色身は父母より生じた有相の身であって、仏の色身は法身が世間に随順して教化する身である。菩薩の色身は煩悩業によって起こるもので、法性生身は、無生法忍を得て肉身を捨てた後に受ける身であり、肉身が転じて法身になり、衆生を教化する。

仏と菩薩の法性生身の同じ面と違う面を明らかにしているのであるが、特に注目すべきことは、菩薩の結（煩悩）は仏法に対する限りない憧れ、愛着であり、この愛着が、衆生教化のはたらきとなる。菩薩の微細な煩悩が衆生教化のはたらきとなるということである。幡谷明もまた端的に、そのことについて記している。

法身における報身の性格が明確化されたのは、鳩摩羅什による。『大乗大義章』には、「法身に二種あり。一には法性常住にて虚空の如し。有為無為等の戯論あること無し。二には菩薩は六神通を得て又未だ作仏せず。中間所有の形なり。名づくるに後法身となす」とあり、法性法身と法性生身の二身について示している。その法性生身は、「妙行法性生身者、真法身なり」とされ、そこに妙行によって法性をさとり、法性から生じたものという、報身の性格が表わされている。そして、その法性生身には仏身と菩薩身の二身が考えられることについては、「仏の法身、菩薩の法身、名は同じにして実は異る、菩薩の法身は微結あると雖も仏の法身はしからず。但し本願業行因縁を以って、自然に仏事を施作す」と述べて、両者の相違が明確に指摘せられている。

曇鸞の法身説は、この『大乗大義章』に示された鳩摩羅什の法身観によるところが多大であると考えられる。そのことは、『論註』において、阿弥陀を妙行法性生身の真法身とする意味が、ことに上巻の性功徳釈の上で説かれており、その阿弥陀の本願住持力によって法性をさとる法性生身の菩薩については、下巻の不虚作住持功徳釈の上で明示されていることによって知ることができる。『論註』における法性法身・方便法身という二身説は、鳩摩羅什の法身説に導かれながら、更にそれを曇鸞独自の概念でもって明らかにしたものとみるべきであろう。（幡谷明『曇鸞教学の研究』一六九頁）

また幡谷は、鳩摩羅什によると、法性生身ということは、次の様な意味をもっていると述べている。

（一）無生法忍を得た菩薩が、肉身を捨てた後に成仏するまでの間に受ける身を指し、妙行法性生身とも表わされるように、修行によって無漏法性のさとりから生じた意味で法性生身といわれる。そして更に、（二）法性生身の菩薩は、すでに煩悩を断じ、煩悩の果としての肉身に対する執われもない。しかし、衆生教化という本願の愛着があり、これのみが、この菩薩における唯一の煩悩というべきものであるとされている。（乃至）

一切の作心を離れて、任運無功用に衆生を教化する三昧であり、それは仏願力に乗托し、仏願をもって我が命とする宗教的実存としての菩薩にして初めて行われるものであることはいうまでもない。（同一九五～一九六頁）

重複する説明になったが、菩薩の法性生身は、羅什が言うごとく煩悩を断じて肉身の分段生死を超えて法身へ、色身が法身に転じることによって、すなわち下から上への方向で法身を得て、向下して、そして衆生教化をめざす。菩薩は仏のごとく完成された仏智に到達できない。その残存する微細な倶生の煩悩を自覚することにより、その煩悩を同化して利他教化の菩薩道を目ざそうとするのである。それに対して仏の法性生身は既に煩悩を断じているので、仏の法性生身より応身、そして肉身（分段身）へと向下的に展開する違いがある。

かかるように、『大乗大義章』で鳩摩羅什がまとめた二身論の法性生身という語には、法性身的な面と色身的な面である生身の二面が論述されている。

第一義諦の法性法身は理智不二の法身であり、それを体として菩薩法身の相、菩薩行の主体としての用である法性生身を完全に具備しているのが、曇鸞の方便法身であると言えよう。便法身は世俗諦への用である相好荘厳の誓願を顕わすのである。曇鸞はこの仏と菩薩の特質を総合して、法性法身と相互関係で不一不異にして具体的に善巧方便して利他教化する方便法身の概念を生み出したのであろう。

曇鸞が法性生身から独自の法性・方便の法身を導き出した意図には、仏そのものと成ることよりも、むしろ浄心・上地の菩薩の徳を成就することにあった。衆生が浄土に往生して利他教化の菩薩としての徳を成就することに深い直接的関心があったと言えよう。

既に述べたように、羅什が衆生教化の愛着があり、それのみが、この菩薩における唯一の煩悩というべきで、粗い煩悩や習気は断じているが、この他にまだ滅していない微細な煩悩がある。この煩悩は仏道修行の妨げになるものではない。煩悩を除き法に対する愛すら無くなり、残気も無い菩薩は、どうやって衆生を教化出来ようか。微細な煩悩の愛執を、衆生化他の慈悲に転じる所に菩薩の法性生身の意義がある。

『成唯識論』においても「故留煩悩」と、衆生化益のためには、菩薩道のさまたげである煩悩も転じ菩薩道のたすけとなると述べている。それはわざと自らの意志で進んで苦悩の存在に生を享けることである。自らの意志で故意に煩悩を保留して迷いの世界へ顕現することである。衆生に対する慈悲の意味の煩悩である。[3]

三、衆生教化の煩悩

では、微細な煩悩が残存していればこそ、衆生化他の慈悲に転じるとは如何にして行じられるのであろうか。それには無染の煩悩について論述せねばならない。曽我は煩悩に染まらない煩悩、無染の煩悩について『解深密経論』で次のように述べている。

修道の煩悩は無染のものなり。何となれば、彼は、初地に於て一切諸法の法界に通達す。此の因縁に由て、彼は、必ず知りて方《まさ》に煩悩を起す、知らずして起すに非ず。従て此の煩悩は、自身中に於て苦を生ずること能はず。彼は、是の如き煩悩の生起によりて有情界の苦の因を断ぜしむ。(「選集」一―四六六頁)

修道の十地は清浄意欲で貫かれるが、注目すべきことは、煩悩が無くなるのでない。無染無著、煩悩に染まらず、生死に執着せず、悪に染まらず、善に執着せない。煩悩に汚染されない無染の煩悩がある。煩悩を知らずして起こすのでなくて、必ず知って煩悩を主《おこ》す。従ってこの煩悩は、自身中において苦を生ずることはない。無論苦を生ずることがないと言っても、自己に対する苦がないので、諸苦毒中忍従不悔と三悪道の苦しみを受けても後悔しない、一歩も退かないという。衆生の苦しみを苦しみとするという不退転の誓いの表白である。この煩悩の生起によりて有情界の苦の因を転ぜしめ、衆生を救済するのである。倶生の微細な煩悩は残存している。微細にして限りなき先天的実際的内発的迷妄は、到底一朝一夕に頓断するものではない。

われらの煩悩に対する道は、断滅か転成かということである。断滅は、煩悩を起こらないようにすることである。それはあたかも、火を消す水は火とともに消失するが如く、一切は無となってしまう。これに反して転成は煩悩を起こさないようにする。あたかも火を消さずしてこれを善用するが如く、煩悩をそのままにして智慧でこれを導くのである。それはあたかも氷を解いて水とするが如く、智慧の光に煩悩はとけて菩提となるのである。しかしその転成ということも、そう容易に行われることではない。煩悩を菩提たらしめるには、長時の修練を要するのである。煩悩も識に相応せしめれば流転となり、智慧に相応せしめれば菩提となるのである。

微細な無分別の我執がある。けれども無分別と言うてもやっぱり何かの程度で分別があるに違いない、だから愛とか慢というのがありますからね。これは無分別の愛、無分別の慢、無分別の見だと、こう言いまするけれども、やっぱり迷うのですから、迷いは迷いとしてのやっぱり微細の分別があるに違いないと思うのであります。けれども、粗い分別と微細の分別というので、微細の分別を無分別とこういうふうに言うのであろうと思います。つまり、外に向かってはたらく分別と、内に向かって分別するのと、方向が、第六意識は外に向こうてはたらく、第七識は内に向こうてはたらく。こういうので、内に向こうてはたらくのは無分別、外に向こうてはたらくのは有分別と。こういうふうに微細なのと粗々しいのと、そういうので無分別、有分別と、こう言うのでありましょう。(『親鸞との対話』二二九〜二三〇頁)

微細な煩悩とは無意識の無分別の煩悩であり、その煩悩は深く内観されていくことによって、煩悩を自覚しながら煩悩を起こすという意味であり、かかる煩悩に染まらない無染の煩悩は、衆生の煩悩となって衆生の煩悩を気づかせしめる。その微細な無意識の煩悩を三細、意識的な煩悩を六麁と『大乗起信論』で説いている。

『起信論』の説く「三細」と「六麁」は、六麁の「麁」は粗大という意味であり、われわれの日常生活の中でも自覚されうる粗大な煩悩を言う。一方､三細の「細」は微細という意味であり、粗大な心のさらに内側にある深層レベルで、ほとんどの場合、自覚されないままに存在している微細な心を言う。「六麁」を表層意識とするならば、「三細」は深層意識と言える。[4]

三細とは、無明業相・能見相・境界相で、曽我は、「業相・転相・現相というのが阿頼耶識の三つの相である。これが阿頼耶識の見分・相分・自証分というものになる。阿頼耶識の自体を業相といいます。業相は善悪に分かれない。だから無記の相です。善悪でなしに善悪未分です。善悪未分それが業相です。業相は内にある。内にあるものが外に相をあらわす。それを業相・転相・現相という。それをまた業識・転識・現識という言葉であらわします。『成唯識論』では、阿頼耶識は業果識だといいます。それを異熟識、と。識は自覚でありますから、異熟の自覚という意味でしょう。主体的に自覚識として動いています。だから一つの責任感を持つのでしょう。善悪の業について責任を自覚する」（「講義録」下――一九〇頁）と記している。

『成唯識論』の中に「摂為自体共同安危」とある。すなわち衆生をあまねく摂して自の体とする。法蔵菩薩は一切衆生を自己におさめて自の体とするのである。安危は生死であり、苦楽である。死ぬも生きるも衆生と共にする。自分一人悟りを開こうとするのでなく、衆生と共に悟りを開こうというのが、これが法蔵魂である。助ける仏の代表者は救いを求める我等衆生の代表者でなければならない。

以上の如く、法蔵菩薩が阿頼耶識であると言う曽我の主張は、煩悩そのものになりきってそれに染まることなく煩悩を超える。それが法蔵菩薩の本願力の救済のはたらきの依処（場）である。無染の煩悩が、衆生の煩悩を転じて菩提とする衆生教化のはたらきになる。一切衆生を救うという、そんな上の方から人を見下したような心が法蔵菩薩の心ではない。法蔵菩薩は一切衆生の中に自分の身を投げ込んで、仏が現実の衆生として自覚する。つまり衆生の上に自分を見いだすのである。如来の内面は菩薩であり、菩薩の外相が如来である。阿弥陀如来は因位にさがる法蔵菩薩を内に包んで、阿弥陀如来の果は成就する。阿弥陀如来というのは二重構造になっている。

かかるように、曽我は唯識に立って法蔵菩薩を理解しているが、では唯識思想と対立的と考えられる如来蔵思想における仏身論について、如何に考えているのであろうか。

四、如来蔵思想と唯識思想の仏身論

如来蔵思想について長尾雅人は、次の様に述べている。

如来蔵思想とは、悉有仏性の思想である。そこでは、人間の心は本質的に如来に等しく、法界に等しく、法身と同等であることが強く主張せられる。人間の心は本質的には透明に光り輝くものであり、ただそれが外部的な夾雑物によって覆いかくされ、その光を失っているに過ぎない。この夾雑物がとり除かれて、真の心、すなわち仏性が顕わとなって来ることが、いわゆる転依である。衆生もまた、真如とか空性とかいわれる、絶対の世界の外にあるのではなく、衆生が法界から外へ脱れ出ることはできない。恰《あた》かも虚空を鳥が飛びまわるように、人間は仏性の中にあり、如来をその中に懐胎し、それを育生し産み出す母胎というのがその原義である。衆生が如来蔵であるということは、仏の種性を有することであり、彼は本来的に仏の家系に属し、生れながらにして仏の本質、すなわち仏性を有するのである。

瑜伽行学派は、あくまで輪廻の中にあり輪廻的な地盤の存在の全体が、転換して仏身を実現するというものである。その転換の構造はあくまで如来蔵思想とは逆に、下からの方向において仏身が理解されたのであり、如来蔵思想の宗教的・直観的であるに対して、哲学的理論的にその構造を理解せんとするのである。（『中観と唯識』二八一頁取意）

如来蔵思想と瑜伽唯識思想とは、全く別の立場の様に考えられてきたが、高崎直道の大書『如来蔵思想の形成』において如来蔵と唯識を融和する研究がなされてきた。『宝性論』では、心について①心の自相、②心の雑染相、③心の清浄相が観察され、この三つは依他起相、遍計所執相、円成実相という唯識の三相に対比して説かれているといえるのでなかろうか、と問題提起をしている。曽我が、『摂大乗論』第二編、本論第一・現象界の本源に引用している『大乗阿毘達磨経』の偈は、如来蔵にも唯識の阿頼耶識にもその根拠とされている。

無始時来界　一切法等依　由此有諸趣　及涅槃証得

「無始時来」の存在であること、界が一切法の依止であること、この界に依止して、心と世界とが展開していること、さらにこの界があるから、一切の趣、すなわち輪廻の生存が成立すること、さらにこの界があるから、涅槃の証得があること、以上の四点が示されている。

この中、「この界があるから、一切の趣、輪廻が成立する」という点に、この界が輪廻の主体である阿頼耶識と同一視される理由がある。さらに「この界があるから、涅槃の証得がある」と説く点に、この界が如来蔵と同一視される理由があるのである。

曽我は『大乗起信論』の阿梨耶識（阿頼耶識）と唯識の阿頼耶識について次の様に述べている。

馬鳴の『大乗起信論』は『華厳』『楞伽』等にある絶対唯心の旨を闡明するもので、『唯識論』は『深密』等の相対唯心の義を完成せんと企てたものである。しかし共に阿梨耶識（若くは阿頼耶識）なる純粋自観、純粋創造の根本主観を立てる菩薩の大誓願の現実的人格力を力説せるものである。同一の阿梨耶識でも、絶対門の真如から向下に相対門の生滅へと説き進めた『起信論』と、相対的なる相唯識から絶対門の性唯識へと説き進めた『唯識論』と、そこには時代の背景やら、著者の人格やら、種々の内外の事情から、その阿梨耶識観に於ても、自然に『起信論』の如く楽観的であるのと、『唯識論』の如く悲観的なるとの差異があるのは当然であろう。則ち一つは法の光明を高調し、一つは人の闇黒を痛泣して居る。[5]（「選集」三―三〇七頁取意）

曽我は絶対唯心の旨を明らかにする『起信論』と、相対唯心の義を説く『唯識論』相対唯心が、共に阿梨耶識（若くは阿頼耶識）なる純粋自観、純粋の根本主観において同一視している。「元より唯識教と雖ども、第一義諦の平等無差別なる馬鳴の心真如門と同じ。唯其異なる所は俗諦上の所論にあり」、というごとく如来蔵は覚りの立場、仏の眼から見ての如来蔵・仏性であって、凡夫の立場から見た立場ではない。

『大乗起信論』の如来蔵思想は、衆生の悟れる可能性、いかにして勝義諦へと至らしめるかという過程において如来の側から説かれるものである。阿頼耶識縁起と如来蔵縁起との違いは、前者は智慧への転化として転識得智して煩悩の断滅を目指すが、後者は本来自性清浄である如来蔵に、無明以来の煩悩の垢の汚れが付着してしまっている。その垢を離すことにより智慧が現れる。転化ではないという考えである。
衆生の一心は、汚染と清浄の二面性、本来的に備わっている。汚濁によって清浄があり、清浄によって汚濁がある。仏性・如来蔵そのもの自体は煩悩に汚されるものではなく、本来清浄であるもので、その汚れた煩悩の覆いを取り除ければ、仏性・如来蔵としての自性清浄心が現れるという。かかる意味で「唯識の衆生の暗黒の面を説く悲観的な面に対して楽天的である」と言うのである。

しかし曽我が「法蔵菩薩は阿頼耶識なり」の唯識観に如来蔵思想をも含めているのには、唯識思想の天親と無性の考えの違いを解明する必要がある。曽我は「選集」第一巻の『摂大乗論第三、本論の種類』において、後期唯識論の安慧を継承する『摂大乗論』を前訳（旧訳）の真諦と、護法を継承する後訳（新訳）の玄奘では、その二訳が著しく相違しているのであると述べながら、それらの見解に煩わされることなく、天親と無性に遡って真諦・玄奘の漢訳いずれかに偏するのでなく、その各々の特徴を捉えて読み抜いている。

無着は瑜伽の伝持者にして、一面正確なる法相決判の能力を有すると共に、他面に円融無碍の観行の実行者なり。而して此の両面は、世親・無性の二師によりて分ちて伝承せられ、論義明晰・簡にして要を得るは世親の特長にして、想像深遠・無碍自在なるは無性の特色なり。されば、世親は性相決判を主として一点の曖昧を許さず、無性は理事円融を主として却りて明晰を欠く所に法界の微妙を見る。即ち、世親は法相門を主とし、無性は観心門を重んず、両者相合して始めて完全なる無着の教義を見るべし。而も、両者其の継受する所を異にするがために往々相ひ排反する所なきにあらず。是れ、法相為本の護法が明了に世親を継承し、安心為本の安慧が同じく世親を尊重しつゝ、却りて無性による所以にあらずや。[6]（同　一―四八六頁）

無著の思想は、無性系統の真諦で観心為本で円融無碍であり、天親系統の玄奘は法相為本であり、両者相合して始めて完全なる無着の教義を理解することが出来る。

観心は、直観的に己の心を観ずるので実践的である。己が心を超えて、己を忘れて己を観る。これが観心の道である。この観心ということは、無念無想にならねば出来ない。「一念成仏を認定し、之れによりて三祇の修行を会せんとする。主客両観・相見二分、頓に滅絶して、識は唯自体中の真理の霊光を直観し、始めて自体の一分に帰して、万法唯識の自覚茲に成立す。相見倶泯の絶対唯識にたつのである」。そこには真も妄もない対象を超えた真如の世界である。「あるがまま」という世界こそ、すべての対象から切り離された一元論的な証《さと》りの世界なのである。一念に頓破し、この一念は実に永劫の黒闇を破って、絶対無智の凡夫が、一躍仏々平等の智見に達する、その地位は如来と同じである。これが真諦の立場である。

それに対して存在の本来性を無自性空と規定するのとは異なって、それを内観する後得智に立って、能所寂滅なる空性真如の了得の上に、能所の未だ寂滅しない虚妄分別の有執が、依然としてあると自覚するのが法相為本の考えである。「信念獲得時にありては、後天的・外習的迷見一時に断捨すと雖も、先天的・内有的迷執に就ては毫末も手を下さず。これ智行不合一の極端にある位なり」。これが玄奘の立場である。

円融門と行布門。円融門は理惑を破し、行布門は事惑を遣る。円融門によってまず信を立て、次に行布門によって行を勧める。曽我はその真諦と玄奘の立場の両方を認めている。

かくの如く曽我は、観心を中心とする真諦と、その観心の直観的体験の内観を省察して、その体験の事実を自観反省分析するのが法相の玄奘であり、識が識を知る智であり、対象化した論理ではない。従って唯識思想も如来蔵思想も対立したものではないと考えている。

如来蔵思想においては、転依ということも下から上への転回ではなく、上なる法界の自己顕現、人間の世界への現成の意味であるが、宗教的・神秘的・直観的な境地は、すでに悟りを開いた仏陀の立場、仏陀の眼から見ての如来蔵・仏性であって、凡夫の立場からの叙述ではない。凡夫としての告白は、つねに罪の告白であって、仏性の告白ではありえない。

玄奘三蔵は、阿頼耶識のほかに阿摩羅識というものはない、因の位にあっては阿頼耶識というし、果の位にあっては阿摩羅識というのである。玄奘は蔵識の特色が、有漏雑染とするので、妄執が大円鏡智に転ずるのは、決して自己内在の霊智によるのではなくて、ただ転識の薫習によるとなす。玄奘以前は、九識というものを立てていたけれども、玄奘三蔵は無著とか世親とかの書物によって研究し、『三十頌』というものによって識は八識と決定したのである。阿頼耶識は因位の衆生、染汚の位の阿頼耶識である。このように雑染の位の阿頼耶識と清浄の位の阿頼耶識というので、清浄の位の阿頼耶識を特別に阿摩羅識というのである。

それに対して真諦は、染浄共にこの一心の中に求め、本識内在の明智を予定して現実にこの霊光の顕現せないのは忽然に起こった虚妄分別の覆隠によるとする。そして真諦は迷いの識、八識の阿頼耶識の果の位である阿摩羅識を立てて第九識であるという。第九識の清浄なる阿摩羅識によって阿頼耶識が払拭される。この阿摩羅識がやがてその真如・如来蔵から全ての現象世界が現出していることを「真如縁起」と言われるようになる[7]。

曽我はかかる唯識の歴史を踏まえて、曽我はその真諦と玄奘の立場の両方を認めている。曽我は、法蔵菩薩の自己主観なる阿梨耶識の還相であるという、如来蔵をも法蔵菩薩であるとみなされたのであろう。円融で直観的観心の立場とは、真如法性無分別な悟りの立場で見たとき、転依ということはできなくても、何らか自覚が衆生の側で生じて迷いが転ぜられたと考えられないであろうか。

法蔵菩薩は、法相唯識の阿頼耶識の迷いの位の根本識でもない。また阿摩羅識は、「如来の清浄の阿頼耶識である」と言うが、単なる阿摩羅識でもない。阿摩羅と阿頼耶が一緒になったものであると言う。

仏さま自ら法性から一歩さがられた。因位菩薩の位にさがられた。だから菩薩であるけれども、法相唯識の阿頼耶識とは違うのでありましょう。法相唯識の阿頼耶識は迷いの位の根本識である。法蔵菩薩は一切衆生をたすけたもうことによって、法界を荘厳し浄土を荘厳しようというのである。即ち法界浄土を荘厳しようというのが法蔵菩薩として現れてくだされた所以である。だから阿頼耶識というのは違うのでありましょう。阿摩羅識なのでしょう。阿摩羅と阿頼耶が一緒になったものでしょう。（同　八―七五～七六頁）

識は依他起がはたらいて虚妄分別であり、遍計となり、還滅して円成実となる所に向上向下の二つの方向がある。依他から遍計への転換において凡夫の世界が成立するとの向下、また円成から依他への復帰において仏から菩薩への向下が見られる。しかして遍計から円成への転依こそが、この場合の向上門であり、その場所としての依他があるのである。

向上の面が転依として中心的なものと見倣されているが、一方向下の方向も軽視されるべきでない。真如から現象界へ、現象界から真如への、この二つの向上向下の活動がお互いに対になっており、菩薩道はこの二つの活動が一体となることなしに、完全で全体的な体系となることはないのである。それが天親の『浄土論』を生み出していくに至ったと言えるのであろう。

長尾雅人は三性の道理に向上向下の両門あり、「転変」pariṇāma　には「回向」なる語があり、「転変」と同じ語であることに着目され、向上門は往相と向下門・還相があると述べている。

瑜伽行唯識学的には、この文字 (pariṇāma) は重要な意味を以て処々に論ぜられることとなる。しかもかく「向かわしむる」ことの可能な背景には、上来考えた様な三性的に転換する世界の論理が潜んでいると思われる。転換的な構造に於いてのみ、初めて「回向」が可能となる。その回向（即ち転換）に於いて初めて「煩悩がそのまま菩提」たり得るのである。衆生にとっては実は、善根ではなくして、煩悩以外に回向すべきものはないのである。

転変と回向とがかく原語的に一致することに関連して、更にいわゆる菩薩の「不可思議回向の生」なる語に注目したい。この語は『勝鬘経』や『楞伽経』に於いて「不可思議変易生死」等に訳され、後者の梵本に acintya-pariṇāma-cyuti,nāmini-cyutī 等と出づるものである。pariṇāma の字を多くはかく「変易」と訳し、『成唯識論』第八には、身命を前後「改転」する意味であるという。（『中観と唯識』二六一頁）

円成（仏）が依他起（菩薩）のはたらきに転じて遍計（衆生）の虚妄の世界まで向下して、迷いの衆生を依他によって転じて円成（成仏）に向かわせるのが、曽我の法蔵菩薩の救いの道理でなかろうか。それが如来の回向であり、菩薩をして菩薩たらしめるのが法蔵菩薩なのである。
この向上門向下門、やがて往相還相の問題、そして仏道と菩薩道、さらには阿弥陀仏と法蔵菩薩との相互関連へ深化される端緒を示していると言えるのであろう。後にまとめて論究する。

註［1］『摂大乗論』の第十章に説かれる法身の十義がまとめられている。（長尾雅人著『摂大乗論』和訳下・四七八～四八一頁）

註［2］

基督教は専ら神を人格的として居る

我真宗の弥陀は　一面より見れは人格的であるか　一面より見れは理想的である

就中自力教は理想主観の一面を偏重し　人格的如来を報身　応身　化身とせすんは止まぬのである

他力教は此自力教に対しては寧ろ人格的方面を宣揚し　而も真実には理想的一面をすてぬのである

基督教の純人格的信仰とは根本的相違かあることを忘れてはならぬ

基督教は理想を捨て丶人格を取り　聖道大乗は人格を捨て丶理想を取り　浄土教は理想人格不二の一に立つ

専ら人格を主とすれ（ば）迷信となり　偏に理想を取れは倫理となる（ノート03—004）

註［3］　菩薩の「故意受生」という語がある。それは故意に、わざと、ことさらに自らの意志を以って、進んで苦悩の存在に生を享けることである。菩薩としての存在には、物理的な、あるいは輪廻的な業の結果ではなく、自らの意志を以て故意に煩悩を保留してそれによって輪廻の世界に姿を現わすということがある。このような力があることは、恐らくもとそれが自性身の空性によるから可能なのであろうが、あえて生を享けるということは、輪廻の中の衆生に対する慈悲（その意味での煩悩）にもとづくのである。仏教ではゴータマ・ブッダの存在に限定されることなく、広く菩薩のあり方として普遍化されている。（『中観と唯識』二七八頁）

『般若経』にしばしば出で、特にまた『荘厳経論』『摂大乗論』等にも見える。『菩薩地』にもあり、菩薩は利他行のために、「チャンダーラ、乃至犬などの中にも故意に生をとる」ともいう。『成唯識論』では、「故意方行」や「留煩悩障、助願受生」もこれに当るであろう。（『中観と唯識』二九〇頁要旨）

註［4］

三細

①無明業、無明の力にて不覚の心が動ずるが故なり。根本無明によって真如が起動された最初の

状態。即ち枝末無明中の第一で、未だ主観と客観との区別もない、曽我は因相であり、種子識で自証であると言う

②能見相は名づけて転識と為す。動心に依って能見の相なるが故なり。前の無明業相によって起り対象を認識する心（主観）、曽我は自相であり、見分、執蔵識と言う

③境界相には名づけて現識と為す。所謂、能く一切の境界を現ずるなり能見相が起ると同時に妄現する認識（客観）。曽我は果相であり、異熟識と言う

六麁

④智相。境界相によって現出し妄境界を対象として、心王とそれに相応する心所とがはたらくが、その第一は対象について染浄を区別し、愛すべきものと厭うべきものとを分ける智のはたらきである

⑤相続相。それによって苦楽を区別する心をおこす。すなわち智相が相続する相であり、以上の二は法執の惑である

⑥執取相。苦楽を区別することによって堅い執著を起こす

⑦計名字相。とらえられたものがらの上に名称を与えて種々の計らいをおこす、以上の二つは我執の惑である

⑧起業相。以上の法執及び我執の惑によって種々の善悪の行為をする

⑨業繋苦相。業によって苦果を受け六道につながれて自由であり得ないのをいう。このように細から麁へ、即ち不相応心である阿黎耶識の位から相応心である六識の位へと進むことによって迷の世界は現出するのであり、従って悟に至るには麁から細へと向わねばならず、凡夫の境界は麁中の業繋苦相から執取相へ。菩薩の境界は麁中の細、境界相から能見相、仏の境界は細中の細、無明業相に配される。なお、この三細六麁を生・住・異・滅の四相に配することもある

註［5］

起信派の真如と唯識派の真如とは、一は具体的也。一は抽象的也。一は積極的也。一は消極的也。一は事を全くするの理也。一は事に対し事中に含畜するの理也。

人は単に事を見るとなす。而も理を知らずして事を見る能はす。理は常に事を認識するの先天的條件也。故に実際的自己か自己を意識するとは畢竟理を見るに在り。理は全く無相也。直観とは理を見る也。事に対しては直観なし。必す相分を縁す。我は我を客観に映して縁す。我を見るとは、我執を離れて不可言の真理を証する也。（起信論と唯識論・ノート04―061）

註［6］

安慧は一分説で、心は自己を見る、直に自己の実性を見る。心は相分を縁するものに非す。相見二分の如きは一見心用に似て、実には心の不自然の用に外ならす。専ら性理を重んして直覚を無視す。性理の至極は自己の実性真如を見るに在り。相分見分の為に外境の妄念生す。故に自観的自体

分のみを心の実体実用として絶対唯心論を立つ
護法則ち曰く、心の自観とは何そや。自体分か見分を縁すること是也心の他観とは何そや。見分の相分を縁すること是也。共に心の自然の作用也。更に自証と証自証と相互に縁するを最上の自観と名く。自体一分ならは何そ自己を知るを得んや。根本智は無相なり。直に真如を観す。而も能観は見分也。自体分か真如を直観する能はす。自体分を立つるは超経験的也。而も実際的なる根本智を説明する時、亦は見分を主観とすること全く経験主也。（曾我ノート01—062）

註［7］

真諦三蔵　九識、阿摩羅識——真如を立つ。又八識を立つ、此時は第八識中に真妄の両面を認め、真を解性如来蔵となす。此如来蔵を別開して第九識となす　此時、第八識は唯在纒位に限る（曾我ノート01—037）

唯識は一往は事識也。深く考ふれは唯識の真理也、空性也、此れ阿摩羅識の境也、無分別の真如也（同01—026）

阿摩羅識の建立　真如を第九識とし、此を唯識の究竟とす。新訳家には真如となすの意見もあれとも　浄位の蔵識となすを正とす。（同01—027）

第六章　仏身論について

第七章　菩薩道から願生道へ

一、浄土論の位置

前章まで大乗菩薩の十地の修道について論究したが、瑜伽行唯識思想の天親が何故浄土思想である『浄土論』を論述したのか。大乗菩薩道から浄土願生道がどのように展開したかについて曽我の考えを解明する。

天親は言うまでもなくインド仏教瑜伽行唯識学派の僧であり、唯識思想の代表的著書を多く著述している。その唯識学者の天親が、『無量寿経優婆提舎願生偈』、略して『浄土論』は二十四行三十六句の偈頌（詩句）と、次に十章の解義分を開いて三千字たらずの長行（散文）とからなっている浄土思想を説いた唯一の書である。

天親において大乗菩薩道から浄土願生道に何故に展開していったのであろうか。それは浄土願生の道が大乗菩薩道を成就する方法であると自証したからであろう。自己内省の深い天親にとって自利利他を満足する菩薩道は至難な道であった。

天親論主の『浄土願生偈』は論主が自我の心中に顕現しつゝ、而も自我を超越せる不可思議の能力を讃仰し、『唯識三十頌』はその不可思議力に依存しつゝ、此に極力反抗する所の現実の自我妄執の告白懺悔である。罪業の云何に深く我執我見の云何に強き乎を最も明瞭に示す者は三千年の仏教史上の産物として『唯識三十頌』に及ぶものはない。（「選集」二―三六八頁）

天親菩薩の『浄土論』の『願生偈』は二十四行、九十六句、四百八十字、悉く光明讃仰の文字にして、親鸞聖人は是を一心華文と讃嘆す。而も我は此文字の裏面には全面にみなぎる痛傷の血涙を観ざるを得ない。（乃至）我等は此偈文を読む前に、善導の三心釈の二河白道を三誦せねばならぬ。二河白道は此偈文の序分である。『願生偈』は是れ貪瞋二河をへだて、彼岸に浄土を望みつゝ、東岸上に立て苦みつゝある所の人生の一旅人の自我一心の告白である。（同　二―三一六～三一七要旨）

自力妄執の懺悔の書で象徴される瑜伽行者の天親が、何故に仏徳讃仰の浄土願生の行者であり得たのか。大乗仏教の完成者たる天親論主の最高の宗教哲学は、実にこの『浄土論』一巻であったのである。

天親が「われ修多羅の真実功徳相によりて、願偈を説きて総持し、仏教と相応せん」と、宗派的な意味においての浄土思想のウパデーシャということではなくして、大乗における仏道の本義が、願生浄土という形態で、開示するのであるという。この願生偈を卒爾に見れば、それはいわゆる願生浄土の教説ということであろうが、解義分の釈義に従えば、願生浄土ということは、そこに大乗における仏道の本義が開顕せられているので、この浄土論が大乗仏教の根本論という意味をもつことになるのである。そして親鸞における浄土真宗が、特にそういう点を強調するのである。

『大無量寿経』によって、自我の一心海を開き、二十九種の真仏国の荘厳を建立せられ、まず仏国の自然界を開演し、次いで主なる阿弥陀如来の功徳に進み、そうして果上の徳相から遂に因位の本願力に入り、本願力の不虚作《ふこさ》を証せんがために、聖衆荘厳に説き進む。

二十四行の偈文の中に彰わされている所の暗含の意義を解義文に附説しているが、宗教論理的韻文、それが『浄土論』(『無量寿経優婆提舎』)の主体となるべきものである。

かかる浄土論の意義について大乗仏教の碩学である山口益博士は、次の様に述べている。

世親が唯識義を棄捨して浄土教へ転入していったなどときめつけていうべきことではないであろう。なぜならば浄土論に於いて、真実智慧無為法身が清浄句すなわち清浄依止とせられているが、その「清浄に二種あり、知るべし、なんらか二種。一には器世間清浄、二には衆生世間清浄なり」という二種清浄は唯識義に於ける阿頼耶識が転識得智した境地であるからである。

そのことは世親の法性分別論釈に「若し或者が或処に居するときの彼者、及び彼処は依止である。それは次第の如く能依と所依との事体であって、有情世間と器世間である」と云い、その依止がそこでは阿頼耶識であり、それが転依した無為法身にあっては、能依と所依とは衆生世間清浄と器世間清浄とであるからである。そういうようなわけで、唯識義の基盤なしては浄土の解釈は成り立ち得ないのである。であるから世親は唯識義の究極である仏の世界を願生しつつ、その浄土思想を展開せしむるについては、唯識義に依ったのである。唯識論は世親の宗教的勝義性が行用せらるる思想言説としての世俗であったのである。故に世親は唯識をきわめることによって浄土を願生し浄土を開顕せんとして唯識義に依っている。浄土と唯識とは世親の宗教にとって勝義と世俗とである。故に浄土を願生する世親にとっては唯識をきわめることいよいよ深きものがあったと言わなければならない。（『世親唯識の原典解明』）

第六章において曽我が「雑染の位の阿頼耶識、清浄の位の阿頼耶識というので清浄の位の阿頼耶識を特別に阿摩羅識というのである」と言っていることについて論及したが、この転識得智の唯識観に立って『浄土論』の要点を攻究していく。

唯識を見るに『大無量寿経』を以《も》ってする、『大無量寿経』を見るに唯識を以ってするというのが曽我の考えの基調であることは言うまでもない。

二、我一心について

まず冒頭において、「世尊、われ一心に尽十方無礙光如来に帰命したてまつりて、安楽国に生ぜんと願ず」と、帰敬の偈をのべている。龍樹の『中論』にも帰敬偈があるように、論の作者の根本論には必ず帰敬偈がある。すなわち大乗における仏道の本義が願生浄土という形態で開示されたことを示すのである。願生偈の初めの四句帰敬序は、まず教主世尊を呼んで帰敬と乞加との意を表して、一心帰命の願生の信を述し、正しく天親菩薩の信心を表白なされたものである。

「我一心」とは、天親菩薩自督の詞なり。いふこころは、無礙光如来を念じて安楽に生ぜん

と願ず。心々相続して他の想間雑することなしとなり。（『浄土論註』巻上・総説分）

「我一心」というところに「自督の言葉なり」と、我とは自である、一心とは督である。曇鸞は我一心とは天親の信心の自己表白の詞であり、その信心は心々相続して他の想が間雑することのない一心であると述べている。曽我は、この心々相続は単に連続する心ではない、念々に転依される前念命終・後念即生の心であるという。

この心々相続を前念命終・後念即生であり、前念先験するものは信の真理であり、命終とは自力妄執を帯びたる有漏雑毒の最後の念の死滅である。自力の往生意欲の自滅により後念即生と往生が成立する。念々に転識得智するのが天親の願生心であり、死滅とは妄執の最後念であり、願生の心理意識の究極である。

曇鸞は、氷上（法性の真智は無知）に燃火（往生意欲の意志）するに、火猛なれば則ち氷解く（法性の覚悟）氷解けて則ち火滅す（往生意欲の自滅）と言う所謂る氷上燃の譬喩で明らかにしている。（「選集」四―六〇頁取意）

『浄土論』は我の一字の開説に過ぎぬ。論主は自ら「願生偈」と称し、我が祖聖人は之を「一心の華文」と讃し給ひた。われは之を「我の華文」と名《なづ》けようと欲《おも》ふ。蓋し我の一字を離れたる一心は、漠然たる真如の理心となり、我を離れたる帰命は徒《いたずら》なる没我の念となり、我を離れたる願生は徒に幻影を逐ふの情となる。是れ我の一字が一論の骨子たる所以である。誠に論主は我一心の宝蔵を開いて帰命願生の信念を発見し、而してこの帰命願生の対象として、如来及び浄土の荘厳を観見し給へるのである。されば二十九種の荘厳は畢竟、論主の己心中の法門を披瀝して、一切衆生を誘引して自己と同一なる帰命願生を勧め給ふに他ならぬ。是れ即ち我の一字を以て『浄土論』の眼目となす所以である。（同　一―七一～七二頁）

我一心について、曽我は二面裏表の意味があるという。親鸞が『浄土論』を一心の華文と讃歎するが、唯識思想の立場に立って、我一心と、我と一心を離さずに、一心の自覚の内面の世界と言うか、背後の天親の内観の世界を彰わそうとしている。「自大我に非ざるか故に深く自己の罪重を信す。邪見我に非ざるか故に深く如来を信楽す」（曽我ノート０９―０１３）と、自我の我が真我の我への転換を暗示している。阿頼耶識を我執する末那識が転じて平等性智を獲得せんとする我である。願生偈の「我」について『唯識三十頌』との関係で次の様に述べている。

按ずるに天親論主の『浄土願生偈』は論主が自我の心中に顕現しつゝ、而も自我を超越せる不可思議の能力を讃仰し、『唯識三十頌』はその不可思議力に依存しつゝ、此に極力反抗する所の現実の自我妄執の告白懺悔である。罪業の云何に深く我執我見の云何に強き乎を最も明瞭に示す者は三千年の仏教史上の産物として『唯識三十頌』に及ぶものはない。『唯識三十頌』は如来の救済力を否認して自力成仏を主張し、更に如来の本願を横取りにして自ら一切衆生を救はんと企つることを表明するものである。而して一切衆生救済の本願に依りて自ら第一に無上覚位に登らんとする自己衷心の企を曝露するものである。是れ誠に無謀の企である、而も彼の真実久遠の企である。是故に我々は『唯識三十頌』を反読する毎に、香樹院徳龍師と共に自力の無効を知ると共に、更に天親論主と共に深く自力の心の捨て難きを観る。（乃至）

我等は久遠の自力宗を自己の衷心に発見して遂に絶体絶命となり、茲に忽然として「汝一心正念にして直に来れ」との西岸上の喚声を聞くのである。「直に来れ」の直の一字意義甚深である。（同　二―三六八～三六九頁）

『唯識三十頌』は天親菩薩の機の深信の記述であり、『浄土論』の我の一字の註脚である。曠劫已来恒生死流転の現在の自己を以て、過去の罪業の果報とすると共に、この過去の罪業の根本を現在の自己に求め、自己は外の六識に於ては、具《つぶさ》に善悪無記の諸業を起して賢善精進の相を現ずると雖も、内には常に末那識に執蔵せられて、煩悩は常に止むことがない。この深重なる罪悪的自己観は、やがて一心帰命の法の深信の起る所以である。鸞師が『浄土論』の普共二諸衆生一といふを解するに、『観経』下々品の五逆十悪具二諸不善一の機を以てし給ふことは、決して師の私見に非ずと云はねばならぬ。天親の深き罪悪観は、この世界を以て徹頭徹尾罪悪の自我の所変とし、全く五濁無仏の世界となし、唯如来の本願力は親しく我等衆生の心想の中に建立し給ふが故に、我等は、専らこの如来の本願力に乗じて浄土を願生し、不退を彼土に期せねばならぬとする。（同　一―一一四～一一六頁要旨）

曽我は「我一心」について、阿頼耶識の転依である転識得智にもとづいていると考えている。『我等が久遠の宗教』（『選集』二巻）において曽我は、天親の代表的唯識思想の書『唯識三十頌』が現実の自我妄執の告白懺悔の書であり、罪業のいかに深く我執我見のいかに強きかを最も明瞭に示すものは三千年の仏教史上の産物として『唯識三十頌』に及ぶものはない、『唯識三十頌』は如来の救済力を否認して自力成仏を主張し、久遠劫来の自我の捨てられない自己というものを見つめ、天親は生涯にわたって願心を浄化するために止観したのであろうと述べている[1]。

『唯識三十頌』はその不可思議力に依存しつつ、これに極力反抗する所の現実の自我妄執の告白懺悔の機の深信の記述であり、しかしてその久遠劫来の我執を超えようとした願いである法の深信の方面を記したのが『願生偈』である。この我一心が転依の一心なのである。

しかして曽我は天親の一心と善導の二種深信との微妙な違いを述べているのは注意すべきことである。詳論出来ないが、[2] 善導の二種深信は、凡夫の立場に立って、信念成立以後、常に罪悪観と如来観との交互に起こることにより、信の上にも自然に二種深信の義相、一心帰命の全信念を分析して如来観の外に更に自己罪悪観を構造せられたのである。しかし菩薩道に立つ天親の一心帰命は、一切罪悪観は消え去り、我が心には如来の本願をもって独占せられた至心信楽己を忘れたる状態である。天親においても妄念妄想があったとしても、その妄念妄想は不思議にも如来の本願に霊化せられて罪悪観なしに一躍如来観に到達し得たのであろう。三業が否定され、三業を包んで三業を超え全身が仏の光明に包まれる。それが一心帰命である。すなわち光明にあふれた偈文『浄土願生偈』は論主が自我の心中を見つめつつ、しかも自我を超越する不可思議の能力を讃仰する願心荘厳の歌歎である。瑜伽行者の天親の体験、一心帰命の表白は、自己対如来、自己の上の真理対罪悪の二元論では到底究竟の説明が出来ない。自己も罪悪の一元であり、また唯如来の一元でなければならないという宗教的直観の境地なのであろうと曽我は推求している。

曽我はかかる我一心について、善導の回向発願心の比喩を読み取って、浄土論は、常に生死巌頭の二河白道に立っての願生心であると考えている。それは「天親の『浄土論』に闇合せる二河白道」（選集二巻）に詳論されている。[3]

釈迦と尽十方無碍光如来（阿弥陀仏）の間に「我一心帰命」とあって、釈迦・弥陀二尊に一心帰命されるのである。釈尊の外なる発遣の呼び声とは、過去から伝えられた釈尊の教えであり、阿弥陀仏の未来からの呼び声は内なる自覚である。一心帰命の現在に二尊の呼び声が響いている。

教主世尊と尽十方無碍光如来とは二尊一致であって、教主世尊の教に一心帰命するのは、すなわち尽十方無碍光如来に帰命することである。尽十方無碍光如来に帰命することは、すなわち教主世尊の御言葉に帰命することになる。全く二尊一致ということである。

かかる天親の自督の一心は、論の当相よりすれば自力所起の信念、自利を主とし、兼ねて利他の為にする一心である。天親の隠彰の願心を推しはかって親鸞は、「群生を度せんがために一心を顕す」（『教行信証』証巻）と、即ち利他回向の一心なりと解釈せられたのである。しかしこれは曇鸞の註解を通して親鸞が証巻において「広大無碍の一心」と讃仰され、天親の暗含の意を明らかにされたのである。天親の当相としては自己の願生の一心と見ていかねばならない。いずれにせよ親鸞が、「三経の光沢を蒙り、特に一心の華文を開く」と言う如く、論全体が我一心の展開に他ならない。

三、唯識の止観と『浄土論』の止観

『解深密経論』や『摂大乗論』にある、十地の菩薩道の修道の根底である瑜伽唯識の止観（奢摩《しゃま》他《た》・毘《び》婆《ば》舎《しゃ》那《な》）と、『浄土論』の願生道の奢摩他・毘婆舎那を対比しながら、唯識と浄土論への展開を探りたいと思う。

根本智が無分別の故に不動であるのに対して、後得智は世間に向かって動き出し、世間にはたらきかける智である。必ず無分別智と離れずに後得智がはたらいてくる。

唯識の止観は、広く事理・染浄の法義を知り、是れが上に真如を観ずるによりて、有相の迷妄を去るにあり。（「選集」一—四五〇～四五八要旨）

此の「瑜伽品」の説く所は、専ら奢摩他と毘鉢舎那との行瑜伽なり。止の体は定にして、所観の境に於て、意を専注して散ぜざらしむるを性とし、智が所依たるを業とす。観の体は、定を所依とする慧にして、所観の境に於て、簡択するを性とし、疑を断ずるを其の業とす。従て、止は無分別なるを要し、観は有分別の影像を要す。先づ、此の止観を求むる方法如何。経法の文義に於て、独り空閑に処して沈思冥想し、其の所思惟の経法より能思惟の心に転じて、直に自己の能観の心を思惟す。茲に於て、一切の差別を忘れて、身心の軽安を得。麁重を遠離して、身心調暢なり。之れを奢摩他道と名く。

次に、此の止に依れる身心の軽安を所依として、三摩地所行の影像の意義を、明瞭に思択・観察す。之れを毘鉢舎那道と名く。（同　一―四五〇頁）

無分別……平等……止 ┐
有分別……差別……観 ┘ 止と観と一如

ここで「止は無分別なるを要し、観は有分別の影像を要す」といわれていることは、無分別智と後得分別智の関係であろう。一般に無分別智とは何も考えないかの如くいわれている。しかしそうではない、無分別智に立てば、必ずそこから後得智が出てくる。新しい有分別の智恵が出てくる、それは有分別であるが識とは違うのである。無分別のところで転識得智しているのが後得分別智である。

根本智が無分別の故に不動であるのに対して、後得智は世間に向かって動き出し、世間にはたらきかける智である。必ず無分別智と離れずに後得智がはたらいてくる。『浄土論』ではこの止観を作願《さがん》と観察《かんざつ》というところに、無分別智と後得智のはたらきを具体的に示している。

云何が作願する。心に常に願を作《な》し、一心に専ら畢竟じて安楽国土に往生せむと念ず。

如実に奢摩他を修行せむと欲するが故なり。（『浄土論註』巻下・起観生信）

云何が観察する。智恵をもて観察し、正念に彼を観ず。如実に毘婆舎那を修行せむと欲するが故なり。（同）

天親が無意識な根本的自我、即ち内的意の上に施設《せせつ》した作願門は、五念門の中心根本の行である。天親が自己の偈讃を『願生偈』と名づけたのは、ただ五念門の一つである作願では無くて、その根底にある浄土を願う願心である。

曽我は、「作願は回向の根本本体であり、回向はその作願の影現想である。作願と回向、此二つは願と行とである。五念は願と行とに帰する。願は且《しばら》く自利であり、行は利他である。願作仏の心は度衆生の行となる」といい、毘婆舎那は「浄土の荘厳成就は本性清浄の願心が自爾の行相である。我々の願心の限りなき浄化荘厳は、その穢悪不浄を穢悪不浄とするところの本性清浄によつてゞある。浄土の荘厳が清浄になればなる程、自己の願心の穢悪不浄は反対にいよいよ穢悪不浄を深めて来る。自己の穢悪を深く信知しないのは、それは願心の法爾の理性に依りて自己を批判しないからである。願心が願心自己に覚醒しないためである。換言すれば願心がないためである」（『選集』四―四一頁）と、願心の深い内観を示している。天親が無意識な根本的自我すなわち内的意志の上に施設した作願門は五念門の中心根本の行である。天親菩薩は、大乗菩薩道の止観（十波羅蜜を修する心は止観を繰り返し）が、浄土教の一心願生の五念行になるのであるが、十地の修道において、奢摩他・毘婆舎那即ち十波羅蜜の止観の実践であったのが、浄土論においては、安楽仏土への願生という内容である止観に変換されてくる。しかし五念門の行といっても菩薩道の修道の止観の展開であるから、その中心は、「如実に奢摩他を修する作願門」と「如実に毘婆舎那を修する観察門」であり、五念門の行の対象が阿弥陀の浄土という成就された世界に往生することにおいても、その世界に向けて不断に転識得智（転換）を遂げてゆくことには変わりはない。

かかる奢摩他・毘婆舎那が、『浄土論』の止観である作願・観察によってこそ、十地の菩薩修道の成就があるというのが天親の真意であろう。それこそ限りない内観の道である。そういう願心をもって止観しなければ、本当の止観というものは成就しないというのであろう。

この奢摩他・毘婆舎那すなわち止観は、曇鸞の『浄土論註』によって注釈され具体化されているが、天親の止観とは曇鸞は違った解釈をしている。曇鸞においては、願生者における止観の内観は明らかではなかったと言えるであろう。しかし曇鸞によってこそ我等凡夫の願生道が成立したのである。曇鸞は作願の「止」について次のように示す。

「奢摩他」を止といふは含みて三の義あり。一には一心にもつぱら阿弥陀如来を念じてかの土に生ぜんと願ずれば、この如来の名号およびかの国土の名号、よく一切の悪を止む。二にはかの安楽土は三界の道に過ぎたり。もし人またかの国に生ずれば、自然に身口意の悪を止む。三には阿弥陀如来の正覚住持の力、自然に声聞・辟支仏を求むる心を止む。この三種の止は如来の如実の功徳より生ず。このゆゑに「如実に奢摩他を修行せんと欲するがゆゑなり」といへり。（同）

曇鸞は奢摩他を本来の義に即して解釈するのではなくて、「一切の悪を止む」「身・口・意の悪を止む」「声聞・辟支仏を求むる心を止む」と広義に理解し、その三種の意味内容を願生者からの作願に留まるのではなくて、如来如実の功徳より生じ、この故に「欲如実修行奢摩他故」と言うのであり、それは如来のはたらきによって作願、奢摩他を修することが出来ると見なしている。すなわち、如来名号及国土名号、よく一切悪の悪を止め、心を奢摩他の行ならしめるのは、如来および浄土の名号であるとして、その主語が衆生から如来に転換されている。しかも、それによって展開される浄土における止の完成について二義を説き、五念行が無上の信心を開発してゆく如実修行であり得るのは、我われの側における努力によるのではなく、全く如来の如実功徳の力用、すなわち本願力回向によるものであるという、称名念仏において回向せられる如来の止観のはたらきとしている。荘厳功徳から願生者の作心（発心）を止め、如来の作願によって如実修行が成就すると領解している。

舟橋一哉は著書『曇鸞の浄土論註』で、曇鸞は「奢摩他」の意味を仏教的な理解の上に立って解明するのでなく、専らシナ仏教的な理解の上に立ってそれがなされていると述べているが、[4]それはそれで充分意味のあることである。

次に「毘盧遮那」について、

「毘婆舎那」を観といふはまた二の義あり。心にその事を縁ずるを「観」といふ。観心分明なるを「察」といふ。観といふはまた二の義あり。一には、ここにありて想をなしてかの三種の荘厳功徳を観ずれば、この功徳如実なるがゆゑに、修行するものもまた如実の功徳を得。如実の功徳とは、決定してかの土に生ずることを得るなり。二には、またかの浄土に生ずることを得れば、すなはち阿弥陀仏を見たてまつり、未証浄心の菩薩、畢竟じて平等法身を証することを得。浄心の菩薩と上地の菩薩と、畢竟じて同じく寂滅平等を得るなり。このゆゑに「如実に毘婆奢那を修行せんと欲するがゆゑなりといへり。かの観察に三種あり。なんらか三種。一にはかの仏国土の荘厳功徳を観察す。二には阿弥陀仏の荘厳功徳を観察す。三にはかの諸菩薩の荘厳功徳を観察す。心にその事を縁ずるを「観」といふ。観心分明なるを「察」

という。(同)

曇鸞は、毘盧遮那は奪摩他を行じた上ではたらく智慧によって所縁となる浄土を観じていくものである、彼の三種荘厳の二十九種功徳を観ずれば、如実の功徳を得て彼の土に生ずることを得るというのである。三種荘厳二十九種の功徳を全て観ずる相として「真実功徳相」を示す。すなわち智慧の観察力をくりかえし身につけるという意味である。しかし願生者・観行者自身のもつ智慧力ではなく、実は浄土の三厳二十九種の荘厳を観察の対象として修するときに、真実の力用のあらわれである如来の荘厳がみずからを示し顕われることに外ならない。したがって、ここでいう観察は、如来の本願力が観行者をして浄土を観察せしめ、そして浄土に往生せしめるのである。

以上の如く天親は観察について、「云何んが観じ云何んが信心を生ずる。若し善男子善女人五念門を修して行成就しぬれば、畢竟じて安楽国土に生じて、彼の阿弥陀仏を見たてまつることを得」と。これによれば、浄土を観察するのは見仏のためであり、その見仏を求めて浄土に願生することを明らかにしたものが願生偈に他ならない。それは国土荘厳の観察を通して仏荘厳、そして見仏に到達する為である。

曽我は、曇鸞の『論註』はすなわち龍樹の客観宗によりて天親の主観宗を解釈し、『浄土論』

の能帰能願の一心をもって所帰所願たる如来浄土を顕すにあり、仏力の果位の立場である、それに対して天親の『浄土論』は、因位の願行の立場で因果因縁の建設にあり、因願の立場である、と分別している。

また曇鸞は作願について「願生安楽国」とは、「この一句はこれ作願門なり。天親菩薩の帰命の意なり」と二番の問答をもうけている。

「生」は有の本、衆累の元たり。生を棄てて生を願ず、生なんぞ尽くべきと。この疑を釈せんがために、このゆゑにかの浄土の荘厳功徳成就を観ず。かの浄土はこれ阿弥陀如来の清浄本願の無生の生なり。三有虚妄の生のごときにはあらざることを明かすなり。なにをもつてこれをいふとならば、生といふはこれ得生のひとの情なるのみ。生まことに無生なれば、生なんぞ尽くるところあらん。かの生を尽さば、上は無為能為の身を失し、下は三空不空の痼《こ》〔廃なり。病なり〕〔酔なり〕ひなん。根敗永く亡じて、号《さけ》び三千を振はす。無反無復ここにおいて恥を招く。かの生の理を体する、これを浄土といふ。（同）

問ひていはく、なんの義によりてか往生と説く。答へていはく、この間の仮名人《けみょうにん》のなかにおいて五念門を修するに、前念は後念のために因となる。穢土の仮名人と浄土の仮名人と、決定して一なるを得ず、決定して異なるを得ず。前心後心またかくのごとし。なにをもつてのゆゑに。もし一ならばすなはち因果なく、もし異ならばすなはち相続にあらざればなり。この義は一異の門を観ずる論のなかに委曲なり。（同　巻上・総説分）

ここでは、大乗家の不生不滅の衆生という処より見れば、願生といっても実体的な生は否定されている。無生の生は因縁生で不生であり、すなわち無生である。因縁の義のゆえに仮に生と名づけるので、凡夫の実の衆生、実の生死があるということではない。

無生の生とは、実体としての能生者が実体としての所生の世界へ生じるという、能生所生の実体的分別戯論が寂滅せられて、生ずるといっても、それは実体生の否定せられた生である。しかしそれが生であるとは、われが如き生ずべきにあらざる者が生ぜさせていただくというような心事であろう。

「往生」ということの意味について、一であるとも異であるとも言ってはならないという。それは、穢土の仮名人である凡夫が、浄土の仮名人として転生してゆくことが往生ということで表わされている。穢土の仮名人、浄土の仮名人となるという転換が、因果の不一不異として語られている。一であれば因果がないことになるし、異であれば相続の否定せられることになる。すなわち、凡夫の実体的に往生する願心が転じられて、無分別な往生の意義が語られている。そこには往生の因果の相続と、その内面における質的転換が示されている。浄土の仮名人とは、戯論寂滅した空義における存在である。単に人と呼ぶべき実体があるのではなく、穢土の人間と浄土の人間といわれるものの因果関係を八不の論理によって展開し、往生ということの意義を明らかにする故、単に人といわずに仮名人といっている。穢土の雑染から浄土の清浄への転依は実体的存在の転換として示し得ないから、穢土の仮名人と浄土の仮名人の因果が不一でしかも不異という表現で説いているのである。

天親の『浄土論』では、奢摩他・毘婆舎那、すなわち止観といっても、転識得智の瑜伽の転依の道理にたつ願生心である[5]。

四、真仏国の建立者・天親菩薩

以上の如く天親の五念門の中心の、作願観察について論じたが、曽我は主として『自己の還相廻向と聖教』以下の選集三巻で『浄土論』の意義を考究している。

「偈頌」の文を幾度も読誦し行く内に、「帰命」の文字には彼の内的全人格的礼拝を示し、「尽十方無碍光如来」の文字の上には、彼は帰命の対象にして、又の当体たる如来の名に寄せて、全人格的讃嘆の行を暗示し、「願生安楽国」の文字に依りて、論主天親の帰命礼拝の衷心の要求を開顕してある。往生安楽国と云ふが論主衷心要求の作願門を顕示したものである。たゞ「尽十方無碍光の如来に帰命する」てふ礼拝讃嘆の二業だけでは能帰所帰の機法主客相対の現相のまゞであって、以て主客未分機法一体の原始的要求を顕はすに足らぬのである。されば論主世親の帰命礼拝の内的意志である所の願往生心はすなはち、所帰の法なる尽十方無碍光如来の内的本願そのものであつて、此願こそは純粋に未来往生に向ふ能求の念で、純時間的の流れである。願の対象は決して静的な安楽国ではなくて往生安楽国即ち「安楽国に往生する」てふ動的の対象である。まことに如来の本願の対象も、衆生欲願の対象も往生浄土であつて単なる浄土ではない。（「選集」三―一五九頁）

天親は、作願は単に五念門の一つではなくて、浄土往生の往相の願心を表すので、その全身全霊の帰命の一心が身の上にあらわれると合掌礼拝であり、口に発露したのがすなわち称名讃嘆であるという。曽我は、礼拝は能信の信念である帰命の意識、往生浄土を願求する内面的な意志・無意識の意志である願生心の現れであり、讃嘆は声の上に所信所帰の如来の人格の現れであるという。浄土は如来の願心と願生行者の願いが一致する所で、主客未分機法一体である。曽我が往生浄土が静的ではなくて動的であるというのは、浄土の往生する願生行者の願心と行者を往生せしめようとする如来の浄土荘厳の願心が念々に呼応するのであり、如来と衆生の願心が共に浄土を建立創造するのである。

浄土論の作願は、禅定のような止、ただ瞑想に耽るというような無念無想ではない。むしろ潜在的なところにある動的な願心は念々に転依し清浄化する願心を示すのである。しかして往生浄土が浄土建立という意義は、無意識の願生心に還相欲が働いているのであろう。「間断ある意識の底を貫通せる不断の無意識の原始的欲求である所の、還相欲が隠顕の実義である」と言っている。曽我は天親の浄土荘厳がこの地上の穢国を仏土たらしめんとする無窮の菩薩精神を感じ取っているのであろう。曽我は「浄土に生まれるとは浄土を生むことである。我々は自己の生まない世界へは永久に生まれることは出来ぬ」と言う。

この天親の浄土創造の願生心が真の帰命の機を生みだし、またこれに対して帰命する如来を生み出すのであり、依正不二、人と法、すなわち人間と国土とが不二なる一如の浄土荘厳となる。すなわちこの願求往生浄土の一点において如来の内的生命海に帰入するので、この願生心が依正不二の法界を観智するところから三種荘厳の境界が展開する。

次に観智の境界としては、一如の法界の水の上に機法の二種の人の影を生ずる。機とは菩薩荘厳であり、法とは浄土の主阿弥陀如来である。而して此機法の二種の人は浄土の荘厳としては、共に観智の所観の境として主伴の関係となる。而して此主伴の影を現ずる一如の世界は、此主伴の人に対して差別的なる国土荘厳となる。かくて一如の浄土は願生の一心から抽象せられて、静なる観智の境として三種の荘厳となる。而も観智は創造の力でなく、亦此れ所造の三種荘厳を顕現せん為に生ぜる願心の影に外ならぬ。（同　三―一五九～一六〇頁）

「止は無分別なるを要し、観は有分別の影像を要す」と言われるが、如来と願生者の一になる願心が浄土を観ずる智となり、かかる依正不二、人と法、すなわち人と国土と不二なる一如の浄土を自然に内観する智が深まっていくとき、一如の法界の水の上に機法の二種の人の影を生ずると喩えられる如く、弥陀仏とその聖衆と主客として表現される。更に観智の境が内観されて行くにつれて、国土荘厳から仏荘厳へと、そして菩薩荘厳へと展開する。しかしてその観智は、浄土荘厳を創造する主体である仏の本願力を観察するに至るのである。言い換えるならば如来の本願力のはたらきによってこそ、仏・菩薩・国土荘厳が開出されることを自証する。

浄土荘厳の観察門は、畢竟浄土荘厳の創造力である本願力の観察である。しかしてこの本願力の不虚作にして真実の功徳なることの観察である。二十九種荘厳の観察門は「観仏本願力」の一句に摂入するのである。論主の作願門の対象である往生浄土の内容を転回する二十九種荘厳は、如来自身が、有的な荘厳の世界を観想することによって如来自身の願心を浄化し、それが願生者の願心を転依浄化する。国土荘厳の主客未分は唯識における無分別な大円鏡智であり、その所願の大円鏡智が自覚的に能願の平等の理を照らし、平等智は末那識を、差別の事を照らす観察智は意識を、そして成所作智が、五感の感覚を清浄ならしめるはたらきとなって内観されてくる。浄土三種荘厳こそ願往生心の清浄化される転依の影像である。それは我われの不浄荘厳の世界を転じせしめる。如来の本願力と願生行者の願心の呼応関係にあり、単に浄土往生ではなくて浄土を創造するというのである。造るというがこれは創造ではなく感応道交である。内に感じ外に応ずるのである。内に感ずるものあれば、外に応ずるものがある。上に月あれば月水を照し、水月に応ずる。実に感応する世界は象徴の世界である。

言葉を代えれば、願生者の信心が本願を新しく創造する。念仏信心によって、常に新しく創造される。つまり我われ願生者は本願を信じ浄土往生するだけでなく、我われが本願の歴史に参加してゆくことである。本願の歴史に参加するとは、地上に仏国を建立することである。

天親の浄土建立の意義が、この穢土に依正不二・心境と環境の不離なる理想の世界の創建を願う願心であり、そのことを明らかにする意図であろうか、「選集」第三巻の『未来の世界より』以下の諸文で、曽我は浄土を大自然と自然という言葉で表現している。

「真仏土は祖聖の大自然観であり、化身土は祖聖の人生観である。此真化の仏国は往還二相の転化の一大関節である」と大自然は単なる空間的な客観的な分析的な自然でなくして、自己の真実理想の世界、一如の世界である。すなわち大自然は一如の世界から如来の本願力が相対的な現実の自然と人生を荘厳浄化せんとする。「大自然は是れ現実の自然でなく、理想の自然である。現実界にどこに一如の自然などあるか、現実の自然界は悉く我利我利的な小主観の臭気にけがれて居る。まことに三界は虚妄分別の所作である」と理想の大自然と現実の自然とを区別している。「単なる往相的人生の終極としての大自然と、還相的人生の淵源としての自然と、此二箇の自然は厳然として区別する必要がある。往相作願の対象としての法性の浄土と、還相観察の対象としての方便荘厳の報土とを混同してはならぬ」と述べている。

業には共業と不共業の二つがある。仏教においては、外界の山河大地とわれわれ衆生、即ち自然と人間とは別のものでない。業が一方では共同の自然界となり、一方では独自の人間界となる。それが共業と不共業である。その共業から限りない共通の広場である大自然が出て来る。われわれの業は一方には自分の身心と一つになっている所の生命体というものを感ずる。それと共に、この業用は共業として自然界を感ずる。共業によって共相の世界を感ずる。そんなところから、共同の広堤が限りなく展開する。（「講義」十一―七四頁）

本来は外界の自然と人間は一如であるはずである。我われは自然から産まれ、自然の一部であるが、しかるに人間には我執と我愛と我慢と我痴とがある。人間はすでに自然を背景として、自然から一歩踏み出しているので、我われは最早やその旅を止めることは出来ない。自然に対してもそれを征服し、それに反逆し、それを支配せんと考えている。一日離れた以上は、もはや無為に自然に復帰することは出来ないのである。

「深い観念世界に自己の心霊を見る者は、常識の現実的自然以上に一如法性の真実の大自然を信ずる。此一如の自然は現実をして存在せしむべき真実の理想の浄国である」(「選集」三—二三一頁)と一如法性の真実の大自然を現実の自然を通して内観するのが浄土願生、浄土建立なのである。天親こそはかかる我執我見の現実を突き破って、大自然の一如の霊境に進みたいと願う願往生人であった。しかもこの一如の世界から一層深い現実の煩悩生死の園林に還来し、この穢土に仏国土を建立せんと願求する菩薩であった。

大自然の浄国を現実の地上に表現せんと欲する慈悲の本願は、明浄なる観智の奥底から涌出し来りた。この慈悲本願こそは平等観智の正覚弥陀の因位内実本性である。(乃至)されば如来の本願の性たる慈悲は一如の自然に本有内在するであらふが、しかもその発起は已に法性に属せずして方便法身に属する。単純なる招喚でなくして、発遣を通しての招喚である。単なる真実でなくして方便の荘厳を通しての真実である。往相に回向せんが為に如

来は先づ還相に回向し給ひた。（『選集』三―二三二頁）

親鸞は理想的一如の大自然の願心が我を招喚せんが為に、一転して、法蔵菩薩と名乗って生死海上に還来し、方便法身の本願を開演されたと天親の真意を明らかにされた。法蔵菩薩は外相は尽十方無碍光如来であり、内心は永劫の戦士として現在に生死海中に活動する浄土の創建者であり、如来の本願の実現者で、しかして直に論主天親の真実の魂である。大自然を出でて、現実界に戦いつつある所の人間の慈父の願心に参加し助けねばならない。「自然の久遠本覚の華座の上に新に方便法身の始覚の仏体を建立せねばならない」のである。浄土に生まれるとは浄土を生むことである。曽我は法蔵菩薩の意味を次の様に述べている。

世の本願の主体人格たる法蔵菩薩は畢竟大自然の懐に潜在して、将に現実人生に表現せんと欲する、潜在の生命の徴象である。法蔵菩薩が此世界に出現して超世の本願を建立し給ひたとあるは、是れ正しくわが還相としての菩薩の相に寄せて、自然の本願を闡明したものと云ふべきであらう。否寧ろ還相の菩薩を徴象したるが法蔵菩薩である。一に即する一切の各々を還相の菩薩と名け、一切に即する各々の一を法蔵菩薩と云ふ。畢竟するに『大無量寿経』に開顕せる法蔵菩薩の本願修行は宛然として還相の菩薩の本願開闡のために現実人生に還来せる相を暗示するものである。すなはち『大経』の法蔵菩薩は正しく釈尊が此娑婆世界出現の本懐を示すものであつて、釈尊出現の深遠なる内面的背景を示すものである。（同　三―一八八頁）

註［1］　罪の自己即所観の自己は真の自己なりや。能観の自己は真の自己なりや。能観の自己を真我とし所観の自己を客塵とするは自力教也。所観の罪悪を真我の実相とし能照の正智を自己以上の力となすは他力教也。即ち如来は真の主観である　自己を観照するの力である　能観は自己である　同時に如来である　自己にして同時に如来である。（曽我ノート01―052）

註［2］「他力宗教に於ける二種の形式」（『精神界』八―一　明治四十一年一月）参照

註［3］　我等は此偈文を読む前に、善導の三心釈の二河白道を三誦せねばならぬ。二河白道は此偈文の序分である。『願生偈』は是れ貪瞋二河をへだてゝ彼岸に浄土を望みつゝ、東岸上に立て苦みつゝある所の人生の一旅人の自我一心の告白である。（『大闇黒の仏心を観よ』「選集」二―三一七頁）

註［4］　曇鸞は「奢摩他」の意味を佛教的な理解の上に立って解明するのでなく、専らシナ佛教的な理解の上に立ってそれがなされている。それはそれで充分意味のあることではあるが、浄土論の「奢摩他」を願文に即して天親の立場で理解するためには、このような説明はあまり役に立たない。曇鸞みずからの解釋によれば、ここに説かれている「奢摩他」に三義があるとするが、いずれも「奢摩他」を、「諸想を止息する」という奢摩他本來の義に即して解釋するものではなくて、「一切の悪を止む」「身・口・意の悪を止む」「聲聞・辟支佛を求むる心を止む」というように、奢摩他を廣義に理解して解釋するものである。（舟橋一哉『曇鸞の浄土論註』八三頁）

註［5］　九月からは一つ思ひ切って「浄土論」を講じやうと思ひます　他力と云ふ思想は決して浄土論の正しき思想の表現ではないと思ひます　他力は寧ろ龍樹系の思想であります　已に無着の顕揚論に於て「他力信」を貶せるにても想像せられます　此は浄土願生思想に於ける重大問題と思ひます　天親の哲学思想が因果因縁の建設にあって寧ろ自力主義であったことは疑はれません　天親の浄土論が曇鸞の論証に依って痛く因位願行の現実的戦を減ぜられたことは　支那人としては止むなきことと想はれます　支那人には異熟の思想がありません　異熟の文字が全く直訳であるのは支那にかゝる厳粛な現実感を欠て居る証拠であります　唯識論の中心は異熟に在ることでありますカントの純粋理性批判は全く此異熟思想の上に立って居ることであります（両眼人一四二頁、一一〇　大正十年七月九日付封書）

第八章　浄土荘厳の意義

一、国土荘厳の要

以上で述べたように、十地の菩薩道の止観が浄土願生道の作願・観察への進展について概説したが、その三種荘厳の肝要な文を点出して、その展開を通して如来の本願力について論及する。「論主世親が何故に広く論の偈頌の正説段全体に観智の境として、その三種二十九種の荘厳を横に開出せられたかと云ふに、是れ畢竟此が創造力であり、此に表現する所の願生心を顕示せん為である。我等の願生心の根元なる如来の本願力を顕示せんが為である」（「選集」三―一六〇頁）。浄土荘厳の観察は衆生の不実を自覚せしめ、如来の浄土荘厳の意義を明らかにしていくのである。この三種・二十九種の浄土の荘厳は、如来の清浄な願心の浄化作用の象徴表現によって、浄土往生の行者の願心を観照し、その願心を転依浄化せしめられる内観の過程であることに注意しなければならない。まず第一に、

観彼世界相　勝過三界道

これより以下は、これ第四の観察門なり。この門のなかを分ちて二の別となす。一には器世間荘厳成就を観察す。二には衆生世間荘厳成就を観察す。この句より以下「願生彼阿弥陀仏国」に至るまでは、これ器世間荘厳成就を観ずるなり。器世間を観ずるなかに、また分ちて十七の別となす。（『浄土論註』巻上・総説分観察門）

国土荘厳が十七通りある。その中の初めに清浄功徳というものがある。これを総相、総句という国土荘厳の中の総体である。後の十六通りの荘厳をひっくるめる全体的の荘厳の本質である。浄土の全体的すがたが清浄純粋ということである。その総句の純粋経験の内容を対象化して、それを内に限定したものが、次の十六の別相と言われるものである。三種荘厳の中、依報荘厳である国土荘厳が、三種荘厳の始めに出されているのは、前章で解明したように依正不二の浄土荘厳が、浄土を観ずる始めであり、阿頼耶識の転依である無分別智の大円鏡智をしめすものであり、天地万物ことごとくあるがままに、第八識のさとりの根本智に映ってくる。これが三種荘厳の基本である。宗教的内観の総相というものである。

荘厳清浄功徳成就とは、偈に「観彼世界相　勝過三界道」といへるがゆゑなり。これいかんが不思議なる。凡夫人ありて煩悩成就するも、またかの浄土に生ずることを得れば、三界の繋業、畢竟じて牽かず。すなはちこれ煩悩を断ぜずして涅槃分を得。いづくんぞ思議すべきや。（『浄土論註』下巻・観察体相）

如来の願力不思議を述べ、国土清浄であるというのは、国土だけが清浄であるのでなく、阿弥陀仏の浄土の成就が、浄土に往生した人の心が転じられ、清浄になるのである。[1]

ここに示された「煩悩を断ぜずして涅槃の分を得」とは、「『経』（維摩経）に、「高原の陸地には蓮華を生ぜず、卑湿の淤泥にすなはち蓮華を生ず」とのたまへり。これは凡夫、煩悩の泥のなかにありて、菩薩のために開導せられて、よく仏の正覚の華を生ずるに喩ふ」（下巻）とあるが、親鸞は「能発一念喜愛心、不断煩悩得涅槃」と、信の一念に煩悩成就の身が涅槃分際を得ると、曇鸞のその意を汲んで述べている。浄土は三界を超えて、しかも三界を包摂するゆえに、現世の信心獲得の身において不断に煩悩を転ずるというはたらきとして、三界の中に浄土の涅槃の徳を顕示してくるのである。そして、煩悩成就の凡夫が、分段生死の身を変易生死の身に転じせしめられて往生することができる。まさしくそれが浄土が真実功徳であることを示しているのである。

次いで、「究竟して虚空のごとく、広大にして辺際なし」と説かれた浄土の量功徳について、曇鸞は「願はくは、わが国土虚空のごとく広大にして無際ならん」と、空間的な広がりの限りなさを示される。しかし、「かのなかの衆生、かくのごとき量のなかに住して、志願広大にしてまた虚空のごとくして限量あることなからん。かの国土の量、よく衆生の心行の量を成ず」と、単に国土の広大無辺でのみではなくて、浄土に往生する衆生は志願が広大で無碍である。それは、仏の心量が広大で、無碍で志願究竟せる仏智不可思議の浄土であるからである。

この衆生とは、所である器世間に対する、能である衆生世間であるから、衆生の心行は器世間の鏡智の上に衆生世間の清浄諸智が転依してはたらく。

十方諸仏の浄土は、我らの思量の及ぶ世界である。しかるに、弥陀の浄土のみが、我ら自力の心行の及ばぬ世界である。親鸞が、

願力成就の報土には　自力の心行いたらねば
大小聖人みなながら　如来の弘誓《ぐぜい》に乗ずなり（善導讃）

といわれる通りである。仏の世界であるから平等であるとすることが、いつの間にか、弥陀の浄土もまた、我らの思量の及ぶところであると、思いちがいをするようになってきたところにまちがいがある。（『本願と浄土』「講義集」一二―五七頁）

親鸞は『教行信証』の「真仏土巻」には、この量功徳の文を引用し、また『入出二門偈』には、「彼の世界を観ずるに辺際なし、究竟せること広大にして虚空の如し」と、勝過三界道の代わりに量功徳をもって来られた。かかる意味で量功徳は、浄土荘厳にとって最も根底的なものである。

次いで性功徳について、

荘厳性功徳成就とは、偈に「正道大慈悲　出世善根生」といへるがゆゑなり。(『浄土論註』巻下・観察体相)

曇鸞によれば、性功徳に四種ある。要訳すると、

一には、阿弥陀仏の浄土は法性にかなって成就されている。性とは、まず根本という意味である。浄土がすべての根本である真如法性にかなっていて、これに背かないという意味である。

二には、「性といふは、これ聖種性なり。序《はじ》め法蔵菩薩、世自在王仏の所において無生法忍を悟りたまへり。その時の位を聖種性と名づく。この性のなかにおいて、四十八の大願を発してこの土を修起せり。すなわち安楽浄土といふ。これかの因の所得なり。果のなかに因を説く。ゆゑに名づけて性となす」と、修行を積んで得た功徳によって性を成就するということである。法蔵菩薩が因位のとき、世自在王仏のもとで因位の聖種性における四十八の大願をおこされ浄土を建

立された。果においてその因を説くから、性というのである。

三には、「性はこれ必然の義なり、不改の義なり。海の性の一味にして、衆流入ればかならず一味となりて、海の味はひ彼に随ひて改まらざるがごとし」と。性は、必ず他を自身と同じにするという意であり、自身の本質は変らないという意味である。たとえば、海水は一つの塩味であって、そこに流れこむ水を同じ塩味にし、海水の味は流れこむ水によって変わらないという性質があるようなものである。

四には、清浄の大慈悲といわれるように、浄土では「願海平等」で、平等の智慧を法蔵菩薩の平等の発心により得るのである。

曽我は次の様に述べている。

「正道大慈悲、出世善根生」と云へる性功徳荘厳は、恐くは心光摂取の寿命を示すものであらふ。十方衆生を救済する如来の誓願には無縁の大慈悲を如来の体とし、智慧神通を以て大悲本願の用と見る。されば『浄土論註』には性功徳を釈して、無縁大悲を出世の善根とし、安楽浄土を此大悲より生ぜしものとなし、大悲を以て「浄土の根」とも決定し給ひた。まことに自然の浄土の根は大悲本願の唯一心力である。如来の慈悲は現実生活の有縁小慈悲に対して全く無縁平等の大悲である。此大悲は、正に一如の因本の内的本性である。嗚呼大慈大悲、唯此大慈悲こそは、「仏道の正因」であり、大慈悲こそは「出世の善」であり、大慈悲こそは「浄土の根」である。大悲の究竟の根本は寿命である。無量寿は無縁大悲の本である。

（「選集」三—一九九〜二〇〇頁要旨）

浄土は、法蔵菩薩の大悲によりたてられたのであるから、この大悲を浄土の根本という。だから少しも煩悩の汚れのない善根から生じるといわれたのである。「もろもろの波羅蜜を集めて、積習して成ぜるところなり」と、阿弥陀仏の浄土の因が法蔵菩薩の修起ということが重要なのではなかろうか。

願海平等の性徳を具満するのは、すなわち如来の因位、法蔵菩薩の本願を顕わす。一如のさとりから衆生を憐れんで、衆生を助けんために超世の大願をおこされた。それ故に願海は平等である。真如のさとりを全うして本願をおこされたのである。如より来生せる従果向因の法蔵菩薩の大悲の願行によって、浄土は荘厳され、本願に酬報して浄土が荘厳されることにより、衆生が真実に目覚ましめられるのである。浄土荘厳・国土荘厳が、法蔵菩薩の念々に、絶えず修起され、創造される願力自然の大悲によって、常に新しくて自然に浄土荘厳が象徴化され顕現する。

また大事なのは、性起の概念を単に如来の性起にのみ考えずに、浄土へ往生すべき所の正因である信心仏因を明らかにするものが、この性功徳である。「この十七種の荘厳成就を観ずれば、よく真実の浄信を生じて、必定してかの安楽仏土に生ずることを得」（『浄土論註』下）と、国土荘厳の観察によって、観察より浄信が生ずると曇鸞が結んでいるが、親鸞は観は信であることを明らかにされて、浄土へ往生すべき所の正因たる信心仏性、信心仏因を明らかにするのが、この性功徳であるとみられたのである。衆生の側にも如来回向の信心として性起の徳を戴く。安楽浄土が、阿弥陀仏の自利と利他の完成態であると同時に、衆生をして自利と利他の完成者たらしめる力用を具えた世界である。浄土こそ、一切があるがままに肯定せられるのであるが、衆生の自証意識にあっては、内に無限の矛盾を包み、これが否定せしめられることによって、初めてその浄土に往生することを肯定することができるのである。如来の大慈悲は、我等を信じ、しかして我等を信じせしめる。浄土へ往生すべき所の正因である信心仏性・信心仏因を明らかにするものが、この性功徳である。

根源的な阿弥陀仏の大悲は、念々に修起される動的な法蔵菩薩の願力によって、浄土荘厳は創造建立されるのである。果上の阿弥陀仏は、因位の法蔵菩薩の願心によって、衆生の信心が回向成就するのである。

この性功徳から段々進み、国土荘厳の十七種が展開するが、性功徳で曇鸞が仏荘厳の不虚作功徳の本願力が、法蔵菩薩の本願力の具体的なはたらきであることが明らかにされた、『大無量寿経』の原理というものを掴んで、『大無量寿経』を自分自身の自覚の上に求めて、無限の反省、無限の否定自覚という、自分自身が立つ所の根本の宗教的原理というものによって、『浄土論』二十九種荘厳というものを創設せられたのである。我等は、『浄土論』によって『大無量寿経』に掲げられている所の浄土荘厳というものの意義を、明らかにすることができるのである。すなわち『大無量寿経』の精神を仏凡無碍の一心に綜合して表わすものである。

次いで、

荘厳形相功徳成就とは、偈に「浄光明満足　如鏡日月輪」といへるがゆゑなり。(『浄土論註』巻下・観察体相)

曇鸞大師の言葉には「相好荘厳即ち法身なり」とある。法身といえば、すぐにわれわれは理ということを考えるけれども、相好荘厳がそのまま法身である。だから、法身を理であると考えると、相好荘厳が固定してしまう。相好荘厳が固定しないで相好の相好たるゆえんは、相好荘厳そのままが、法性法身と等しいということである。(『選集』九―三〇六頁)

「形相功徳荘厳」とは、形のない願心が形をとる。浄土とは純粋なる(浄)感覚(土)である。純粋なる精神には元より形は無いが、それに形を与える。すなわち象徴し、具体化する。雑染・

苦悩のなやみを起こしていく依事であった識が、清浄の依事としての智へ転回せしむるのが形相功徳である。そして識は、もと、外なる対象の形相を具して顕われて、そこに能所の世間的実用が行われる依事であった。そのことがまさしく、清浄の依事としての智の世界においても、外なる対象の形相を具して顕われる。それが鏡智と称せられる。そして外なる対象の中では、器世間が衆生その他のものの所依となっている如く、いまも鏡智が、器世間清浄として根本の所依をなし、その鏡智に依って平等智・観察智が衆生世間清浄として顕現する。そういう智の依事というものによって浄土が示されるのである。

この有限で相対的な世界（娑婆）に生き、感覚の対象世界にとらわれている私たちにも認識できるように、仏は具体的な形をとって現われ、浄土は物質的な描写でもって象徴されるのである。このように種々の形相が日月の光輪の如く円満で、浄土そのものが遂に一如願心の象徴に外ならないのである。

内なる世間は浄土であり、外なる世間は、この迷うて居る所の現実の世間である。外なる世間に象《かたど》って内なる世間を荘厳するのである。そうして外なる世間というものを内なる世間に摂取するのである。仏凡無碍の一心を現した形相功徳は、浄土荘厳の原理というものを示現している。

十六番目に大義門功徳がある。

荘厳大義門功徳成就とは、偈に「大乗善根界　等無譏嫌名　女人及根欠　二乗種不生」といへるがゆゑなり。浄土の果報は二種の譏嫌の過を離れたり、知るべし。一には体、二には名なり。（『浄土論註』巻下・観察体相）

この四句は荘厳大義門功徳成就と名づく。――このゆゑに願じてのたまはく、「わが国土をしてみなこれ大乗一味、平等一味ならしめん。根敗の種子畢竟じて生ぜじ、女人・残欠の名字また断たん」と。このゆゑに「大乗善根界　等無譏嫌名　女人及根欠　二乗種不生」といへり。（同　巻上・総説分）

荘厳大義門功徳成就とは、偈に「大乗善根界　等譏嫌名　女人及根欠　二乗種不生」といへるがゆゑなり。浄土の果報は二種の譏過を離れたり。知るべし。一には体、二には名なり。体に三種あり。一には二乗人、二には女人、三には諸根不具人なり。この三の過なし。ゆゑに体の譏嫌を離ると名づく。名にまた三種あり。ただ三の体なきのみにあらず、乃至二乗と女人と諸根不具の三種の名を聞かず。ゆゑに名の譏嫌を離ると名づく。「等」とは平等一相のゆゑなり。

これいかんが不思議なる。それ諸天の器をともにすれども、飯に随福の色あり。足の指地を按ずるにすなはち金礫の旨を詳らかにす。しかるに往生を願ずるもの、本はすなはち三三の品なれども、いまは一二の殊なりなし。また淄澠の一味なるがごとし。いづくんぞ思議すべきや。（同　巻下・観察体相）

二十九種荘厳の中の国土荘厳十七種のうち、安楽浄土は大義門の徳をもつということは、安楽浄土は大乗一味・平等一味の徳をもつ国なり――これは曇鸞の解釈である。我らはこの世界では三乗とか五乗というふうに機類の区別があって、聖者もあり凡夫もあり、その凡夫の中に善人もあり悪人もあり、男性もあれば女性もある。また聖者の中に声聞・縁覚がある。ところが安楽浄土は一乗の国、大乗一味・平等一味のお国であると明らかにするのが「大乗善根界、等無譏嫌名、女人及根欠、二乗種不生」である。

「二乗種不生」というのは、善導大師は特に『玄義分』に問題を掲げて解釈しておられる。「二乗の種」の「種というは即ちその心なり」。だから二乗の心は生じない。二乗の心はこの世界には生ずるが、安楽浄土は大乗一味・平等一味で、すなわち大義門功徳というものを成就して安楽浄土へ往生すると、二乗の心は生じない。このように声聞を転じて菩薩となり、菩薩の行を修して浄土へ往生するということである。

「根欠」とは何かというと、肉体的不具ということもあり、また精神上の不具もある。根には肉体的根と精神的根の両方がある。色々根欠があるけれども、たといこの生に根欠であってもやはり阿弥陀の本願を信ずれば、みな浄土へ往生し、往生すれば浄土には根欠はない。だから大乗善根ということができる。（『選集』八―一三〇～一三二頁要旨）

大義門功徳として安楽浄土は大乗一味・平等一味の徳をもつ国なりと帰結される。すなわち、浄土こそ大乗菩薩道の究竟の境地なのである。最後の第十七種荘厳功徳に、

荘厳一切所求満足功徳成就とは、偈に「衆生所願楽一切能満足」といへるがゆゑなり。（乃至）自利利他を示現すとは、略してかの阿弥陀仏国土の十七種荘厳功徳成就を説く。如来の自身利益大功徳力成就と、利益他功徳成就とを示現せんがゆゑなり。「略」といふは、かの浄土の功徳は無量にして、ただ十七種のみにあらざることを彰すなり。（乃至）如来の自身利益大功徳力成就と、利益他功徳成就とを示現せんがゆゑなり。（『浄土論註』巻下・観察体相）

国土荘厳の最後は、浄土における如来の自利利他の成就を集約して表すものとして一切を満足する功徳として結んでいる。

以上の如く国土荘厳功徳についてその要にあたるものを講究してきたが、曇鸞が、

「第一義諦」とは仏（阿弥陀仏）の因縁法なり。この「諦」はこれ境の義なり。このゆゑに荘厳等の十六句を称して「妙境界相」となす。この義、入一法句の文に至りてまさにさらに解釈すべし。「および一句次第」とは、いはく、器浄等を観ずるなり。総別の十七句は観行の次第なり。（同）

と、清浄功徳は国土荘厳の惣相であり、それが第一義諦真実功徳そのものであり、他の十六種は別相で、その真実功徳相である妙境界相を観察と表現され、無の有としての浄土の三種荘厳となる。清浄功徳が、第一義諦であるということは、第一義諦が単に真如なのではなくて、清浄のはたらきをする。未転依である阿頼耶識が転依して鏡智となり清浄のはたらきをするのである。「この十七種の荘厳成就を観ずれば、よく真実の浄信を生じて、必定してかの安楽仏土に生ずることを得」と、国土荘厳の観察によって観察より浄信が生ずると曇鸞が結んでいるが、親鸞が観は信であることを明らかにする。それは、後に論述する。

二、仏荘厳について

次に衆生世間清浄を観ずるが、この門を分って二の別とする。一には阿弥陀如来の荘厳功徳を観察する。二にはかのもろもろの菩薩の荘厳功徳を観察する。如来の荘厳功徳を観察するなかに八種あって仏荘厳の始めは座功徳である。

荘厳座功徳成就とは、偈に「無量大宝王微妙浄華台」といへるがゆゑなり。もし座を観ぜんと欲せば、まさに『観無量寿経』によるべし。（『浄土論註』巻下・観察体相）

『浄土論註』では座功徳を、観経の華座観にて考察している。観経の華座観では、座っている仏ではなく、住立空中の阿弥陀如来が衆生に対して、座ってはいられないと、立ち上がって衆生を救わんとする。正覚から衆生を助けようという本願の展開である。「かくのごときの妙華は、これ本法蔵比丘の願力の所成なり」と、衆生を呼び覚まそうという法蔵因位の願心と解している。

衆生を救わんとの法蔵因位の願心は、淤泥に象徴される衆生の煩悩においてのみ蓮華は生ずる如く、衆生を大悲する願心を象徴する。蓮華は純粋清浄の徳相の象徴である。これは一切の宗教経験を純化し、それをして至誠に宗教的たらしめる自覚の原理である。

善導は、「依報のなかにつきてすなはち通あり別あり。別といふは、華座の一観はこれその別依なり、ただ弥陀仏に属す。（『玄義分』）」と、華座観は依報でも別依報である。それに対して『浄土論』においては正報である仏荘厳に属すると説いているが、善導は、阿弥陀仏の座功徳を国土の特別な荘厳と考えている。これは国土と仏荘厳の一体の意味を明らかにし、国土全体が如来正覚の蓮華座を象徴するのである。「高原の陸地には蓮華を生ぜず、卑湿の淤泥にいまし蓮華を生ず」、衆生貪瞋煩悩の卑湿の淤泥の中から、清浄なる所の仏の心というものを生ぜしめる。

依報国土の十七種荘厳を次の仏八種荘厳の第一の華座荘厳の一厳に総括し、如来正覚の蓮華座であるとし、随て国土荘厳中に「正覚阿弥陀法王善住持」と、主たる正覚果位方便法身の如来を点出し、又「如来浄華衆、正覚華化生」と、伴たる聖衆を正覚如来の化現の分身であるとしてある。（「選集」三―一六一頁）

すなわち依報である国土の十七種荘厳は、すべては仏荘厳の如来正覚の蓮華の座であるとする。これは『観無量寿経』では華座観は依報に属していたが、『浄土論』では、その華座が正報の主体である如来の所座である。それは自覚の進むにつれて依報が不二であるのは阿弥陀仏の正覚に依ることが明らかになってきたということであろう。正報の阿弥陀仏が自己の願心を浄化するのは依報を荘厳することである。更に言うならば、宿業の衆生の世界を転じて正覚の華である浄土の聖衆にするということである。国土荘厳中に、主たる正覚果位の方便法身の如来を点出し、また「如来浄華衆、正覚華化生」と、伴たる聖衆を正覚如来の化現の分身とするのである。

内観の深まりから国土荘厳中に「正覚阿弥陀法王善住持」と、依正不二の浄土荘厳の主体が阿弥陀仏であり、「如来浄華衆、正覚華化生」と阿弥陀仏の伴である眷属としての分身が観智されてくる。主功徳で「一たび安楽浄土に生ずれば、後の時に、意に三界に生じて衆生を教化せんと願じて、浄土の命を捨てて、願に随ひて生ずることを得て、三界雑生の火のなかに生ずといへども、無上菩提の種子は畢竟じて朽ちず」と、菩薩は、煩悩を焼き尽くすのでなくて煩悩は菩提の種子の生まれる所以なのである。仏荘厳は正覚の仏身より観じ、最後の不虚作功徳にいたって因位の本願力の功徳に帰し、菩薩四種の正行が流れ出でる源をなすのである。

観経では華座観で「法蔵比丘の願力の所成なり」とあるように、宿業の大地を依り所とするのが阿弥陀仏の本願力である事を明らかにしている。「因位の法蔵菩薩は浄土の正覚の華座を離捨して、本願の船に乗じて我に来る。彼こそは主客未分、主客全一、身心一如の原始的全的人格である。この全的人格の旅人法蔵菩薩は暴流《ぼる》の如く恒《つね》に転じて、その選択の大願海に十方衆生の善悪染浄の万川を平等に摂取して、滔々として尽きる所がない」（『選集』三―一四九頁）。

因位の法蔵菩薩は阿弥陀の本願の主体であって、これを偶像として、これを対象格として執蔵することが出来ない。正覚の阿弥陀は久遠本覚の華座に坐しておられるが、因位の法蔵菩薩はすでに弘誓の船に乗じて、無辺の生死海に休息なく進みつつある。かくして初めて大悲の願が明らかになって来るであろう。仏の大悲が自分自身を捨てて衆生を救おうとしたのが浄土荘厳の意義である。仏身とは仏の身だけでなく、仏自身、本願全体が衆生のためという時、浄土荘厳の事行として顕われて来るのである。

次に身口意の三業荘厳功徳が説かれる。

> なんとなれば荘厳身業功徳成就とは、偈に「相好光一尋　色像超群生」といへるがゆゑなり。なんとなれば荘厳口業功徳成就とは、偈に「如来微妙声　梵響聞十方」といへるがゆゑなり。なんとなれば荘厳心業功徳成就とは、偈に「同地水火風　虚空無分別」といへるがゆゑなり。「無分別」とは分別の心なきがゆゑなり[2]。凡夫の衆生は身口意の三業に罪を造るをもつて、三界に輪転して窮まり已《や》むことあることなからん。このゆゑに諸仏・菩薩は、身口意の三業を荘厳してもつて衆生の虚誑《こおう》の三業を治するなり。（『浄土論註』巻下・観察体相）

浄土に生まれたならば無分別の心を得る。総体的な分別意識を破り、それを超えることを曇鸞は説いている。

真とは内に純粋感情充ち溢れて自然法爾に感情のまゝに、無分別に、あるがまゝに身口意の三業に現はれたものである。これを三業荘厳と云ふ。内なる純粋感情が動いて外に出て三業荘厳となるのである。内外平等、内外畢竟平等なるものをそれを真実心或は至心と言ふのである。内のまゝが外へ出てくるのである。そらごとたわごとに対する信、それは純粋感情のまゝに動く事である。是は禅では無心といふ。即ち自力の分別、我執の無い事である。純粋感情のそのまゝが無心である。純粋平等の感情が内外に満ちみちて居るのである。平等感情とはだから外に求めないのである。あるがまゝそのまゝに満足するのである。自分に足らぬと外に求める。思ふ様にゆかぬと怒る様な我々の心、これは貪慾、瞋恚の心である。是不平等感情である。純粋感情は平等一味の感情であつて、それは苦楽善悪の分れない感情である。それがそのまゝ三業に現はれて来るのである。外に現はれて来るのである。外に現はれると云つてもそのまゝ、内外と云ふも内そのまゝである。形にあるものを外といふ。その形を通して形のないものを示すのである。身口意の三業には形があるが、それは形のない感情を示してゐるのである。（『行信の道』第二輯―四八頁）

親鸞は、「諸仏三業荘厳して　畢竟平等なることは　衆生虚誑の身口意を　治せんがためとのべたまふ」（曇鸞和讃）と讃えられたが、口に称仏すれば、仏の清浄の口業の功徳を加したもう。身に礼敬すれば、仏の清浄の身業の功徳を回向したもう。意に憶念すれば、仏の清浄意業の功徳を与えたもう。「彼此三業不相捨離」なのである。

「諸仏如来はこれ法界身なり。一切衆生の心想のうちに入る」「法界はこれ衆生の心法なり。心よく世間・出世間の一切諸法を生ずるをもつてのゆゑに、心を名づけて法界となす」とある。衆生が仏を念ずるというと衆生の煩悩妄念の心の中に仏さまが入ってくださる。するとそこに衆生が仏を想う。仏さまを想うのは仏さまの念力が私共の身にも心にも入り満ちてくださる。衆生の苦しんでいるのを何とか助けよう、助けずばおかないという如来の大悲のご念力というものが、衆生に仏を感ぜしめずにはおかない。

阿弥陀如来の相妙光明の身を見たてまつり、身口意の仏の三業の荘厳が、衆生の虚妄の三業の繋縛を離れさせて、さとりの境界に入って、ついに如来と同じ清浄平等の身業を得しめられる。その後に続く大衆功徳・上首功徳・主功徳については、曇鸞は何も註釈していない。これらの仏荘厳は全て最後の不虚作住持功徳に統率される。

されば第二の仏荘厳は正覚の仏身より観じ、最後の不虚作功徳にいたりては遂に因位の本願力に観入し、此本願力を体現して浄土の聖衆が普く十方世界に応化することを示すが菩薩四種功徳である。而してその四種功徳の最後が「何等世界無・仏法功徳宝・我願皆往生示・仏法・如・仏」と、地上仏国創立の願行に終りてある。是れこそ如来の本願の真実の体現であつて、真に如来本願の真実不虚作の現証である。如来の本願力は仏八種荘厳の帰結であるのみならず、二十九種荘厳の観察の中心である。此本願力荘厳即ち不虚作住持力功徳荘厳が客観の自然に現はれて正覚の阿弥陀となり、正覚の阿弥陀は更に客観化して国土荘厳となる。されば依報十七種荘厳の浄土は、全く人間小主観を超越し、三界有漏を勝過し純なる法性の顕現であり、随て究竟にして虚空の如く広大無辺際の原始的世界である。此浄土は唯正覚の如来と、此正覚浄華から化生せる聖衆とが禅三昧の法味楽を享受する所であつて、一切の人間の妄執の気分を絶せる果分不可説の純浄の大自然界である。すなはち正覚の阿弥陀法王は専ら自受用の身であつて、究竟如虚空の浄土は純乎たる自受用の妙土であり、法性法身の世界である。まことに若し不虚作功徳なるものがなかつたらば、『浄土論』の浄土は純理想の世界であつて、我々の現実と全く交渉のない所であつたであらふ。しかし天親論主は正覚の如来から、深くその大自然の内的生命なる本願力に入り込んだ。廿九種荘厳の観察門は「観仏本願力」の一句に摂入するものである。論主の作願門の対象たる往生浄土の内容を広開せる二十九種荘厳

の精要が、如来の本願力に摂帰することは頗る意味深いことであらふ。（「選集」三―一六〇頁）

曽我は見事に簡潔に三種荘厳の意義を纏めている。一切の衆生が往生する事の出来る国土荘厳十七種の観察は向上的往相の展開であり、その内観の到達するところが仏荘厳であり、不虚作住持功徳荘厳こそその帰着点であり、しかも向下的還相の出発点である。往生から成仏へと内観していくことによって仏の本願力を感受するのであり、それはそのまま阿弥陀仏が正覚の自受用する境地から本願の他受用のはたらきへ、法身から報身へと転出される向下的はたらきを示すのである。

「観仏本願力　遇無空過者　能令速満足　功徳大宝海」といへるがゆゑなり。「不虚作住持功徳成就」とは、けだしこれ阿弥陀如来の本願力なり。いままさに略して虚作の相の住持することあたはざるを示して、もつてかの不虚作住持の義を顕すべし。（『浄土論註』巻下・観察体相）

しかしてこの阿弥陀仏のはたらきとして菩薩荘厳が説かれるので、それは唯識における観察智・所作事智の展開である。この不虚作住持功徳によってはじめて菩薩荘厳というものが成立するのである。だから菩薩荘厳の根源は、不虚作住持功徳である。したがって菩薩荘厳は不虚作住持功徳の後に論述する。

三、特に不虚作住持功徳と菩薩荘厳

不虚作住持功徳において天親は、仏の本願力について解明している。

荘厳不虚作住持功徳成就とは、偈に「観仏本願力　遇無空過者　能令速満足　功徳大宝海」といへるがゆゑなり。

すなはちかの仏を見たてまつれば、未証浄心の菩薩畢竟じて平等法身を証すること得て、浄心の菩薩と上地のもろもろの菩薩と畢竟じて同じく寂滅平等を得るがゆゑなり。（『浄土論註』巻下・観察体相）

「不虚作住持功徳成就」とは、けだしこれ阿弥陀如来の本願力なり。いままさに略して虚作の相の住持することあたはざるを示して、もつてかの不虚作住持の義を顕すべし。（乃至）「不虚作住持」とは、本法蔵菩薩の四十八願と、今日の阿弥陀如来の自在神力とによるなり。

願もつて力を成ず、力もつて願に就く。願徒然ならず、力虚設ならず。力・願あひ符ひて畢竟じて差《たが》はざるがゆゑに「成就」といふ。すなはちかの仏を見たてまつれば、未証浄心の菩薩畢竟じて平等法身を証することを得て、浄心の菩薩と上地のもろもろの菩薩と畢竟じて同じく寂滅平等を得るがゆゑなり。（乃至）

「平等法身」とは、八地以上の法性生身の菩薩なり。「寂滅平等」とは、すなはちこの法身の菩薩の所証の寂滅平等の法なり。この寂滅平等の法を得るをもつてのゆゑに名づけて平等法身となす。平等法身の菩薩の所得なるをもつてのゆゑに名づけて寂滅平等の法となすなり。この菩薩、報生三昧を得て、三昧の神力をもつて、よく一処にして一念一時に十方世界に遍して、種々に一切諸仏および諸仏の大会衆海を供養し、よく無量世界の仏法僧なき処において、種々に示現し、種々に一切衆生を教化し度脱して、つねに仏事をなせども、初めより往来の想、供養の想、度脱の想なし。このゆゑに、この身を名づけて平等法身となし、この法を名づけて寂滅平等の法となすなり。（同）

『浄土論』において、観仏の偈を説明するのに見仏と、見仏の語がこの箇所のみであるから、ここに願生浄土の目的が示されている。「観仏は見仏が目的であり、観仏の法によって、見仏の目的を達する。観は方便、見は真実。観だけではいかぬので、見がなければ観は成就せぬ。見とは向うから照らして下さる。観はこちらから求める。見は向うからなのりをあげて下さる。向うのものが見えて来る。あらわれて来る。従って見は仏力による」（『講義集』五―一二七頁）と、見仏はまた仏の身を見るのみが目的ではない。仏身を見るのは仏心を見んためである。仏身を観じて、それによって、仏心なる仏の大慈悲を感知するのである。それは、未証浄心の菩薩が、浄心・上地の必定の菩薩に転成し、還相利他の菩薩行を行ずるためである。

しかして、天親の意を汲み、観仏本願力を曇鸞は、「覈《まこと》に其の本を求むるに、阿弥陀如来を増上縁とするなり」と仏の増上縁とし、親鸞が更に徹底して仏の本願力回向によると心証したのである。

曇鸞は、未証浄心の菩薩が七地を超えて八地以上の無為自然に菩薩道を歩むには、どうしても仏の本願力に依らねばならないと説いているのは、十地の菩薩道の第七地について、所謂、七地沈空の難、菩薩道を捨てて声聞縁覚に堕してしまう、菩薩道の最も恐るべき七地沈空の危機ととらえている。

上に求むべき菩提なく、下に度すべき衆生なしというところの自利に転落する。菩薩道に真剣であればあるほど、七地沈空の難が現われてくる。沈空という一つのことが、菩薩行を破滅におとしめる難関である。此の難関を越えるのが天親の願生道であることを、曇鸞は明らかにされた。それは阿弥陀仏を見たてまつること、すなわち仏の本願力に遇うこと以外にない。本願力に値遇する時、七地までの未証浄心の菩薩も、善男子善女人の凡夫も、等しく八地の浄心・上地の菩薩の境地に速やかに転成する。一地一地梯子を登るように超えるのではなく速やかにその徳を頂くのである。大乗菩薩道が善男子・善女人を荷負しての実践行であり、逆に善男子善女人は、如来の本願力を信ずる願心によって凡夫道が自利利他の菩薩道に擬せられる。凡夫が凡夫のまま菩薩の徳を恵まれる。いずれにせよ、不住涅槃の行による自利利他の成就という浄土の大菩提心の他にはないのである。

親鸞は曇鸞が如来の本願力を増上縁と見なしたのに対して、「観は願力をこころにうかべみると申す、またしるといふこころなり。遇はまうあふといふ、まうあふと申すは本願力を信ずるなり」(『一念多念証文』)と、観仏とは見仏、見仏とは如来の本願力に遇い信ずる事であると解している。阿弥陀仏の本願力である不虚作住持功徳を解釈するのに、曇鸞は第二十二願文を引用して註釈しているが、親鸞はその二十二願において阿弥陀仏の本願と菩薩の本願の関係を明らかにしていると曽我は考えている。二十二願について曇鸞は不虚作住持の文で次の様に述べている。

また次に『無量寿経』(上)のなかに、阿弥陀如来の本願(第二十二願)にのたまはく、「たとひわれ仏を得んに、他方仏土のもろもろの菩薩衆、わが国に来生せば、究竟してかならず一生補処に至らん。その本願の自在に化せんとするところありて、衆生のためのゆゑに、弘誓の鎧《よろいき》を被て徳本を積累し、一切を度脱し、諸仏の国に遊びて菩薩の行を修し、十方の諸仏如来を供養し、恒沙無量の衆生を開化して、無上正真の道に立せしめんをば除く。常倫諸地の行を超出し、現前に普賢の徳を修習せん。もししからずは正覚を取らじ」と。この経を案じてかの国の菩薩を推するに、あるいは一地より一地に至らざるべし。十地の階次といふは、これ釈迦如来の、閻浮提《えんぶだい》における一の応化道なるのみ。他方の浄土はなんぞかならずしもかくのごとくならん。（『浄土論註』巻下・観察体相）

第二十二願は、親鸞以前では、「設ひ我仏を得むに、他方仏土の諸の菩薩衆、我が国に来生せば、究竟して必ず一生補処に至らむ」と言うのが主文で、従って「一生補処の願」と見られていた。そしてそれ以下の文、「其の本願の自在に化せむとする所ありて、衆生の為の故に、弘誓の鎧を被て徳本を積累し、一切を度脱し、諸仏の国に遊びて菩薩の行を修し、十方の諸仏如来を供養し、恒沙無量の衆生を開化して、無上正真の道に立せしめむ。常倫諸地の行を超出し、現前に普賢の徳を修習せむをば除く」と、これは菩薩の本願である、それはまた衆生の本願である、如来の本願に対して衆生の本願であるというべきものである、と考えられていた。「其の本願」以下の留保文全体が「除く」に含まれて、普賢行を説いていると読むのが一般的な読み方である。曽我はその衆生の本願について次の様に述べている。

大経の四十八願を見ると、第十五の眷属長寿の願に国中人天の寿命無量を誓願したまひながら除外例として「その本願の修短自在ならんを除く」として如来の本願に対して衆生の本願の優先権を承認し給ひた。その衆生の本願の全景は所謂第二十二還相廻向の願に於て、十方来生の菩薩が必ず一生補処の位にいたるべきを誓願し給ひつつ、その菩薩の本願に随ふて穢国還来利他教化の自由の優先権を御承認したまふことを明にしたまひてある。此は畢竟如来の本願は衆生の本願を前提することを顕示するものといふべきである。如来の本願が衆生の本願の優先を承認したまふことは決して如来の広大の威徳を傷けるものではない。むしろ如来の大願の広大不可思議を示すもので、茲に絶対他力の大道がある。ここに十方三世の諸仏の仏々相念が成立し、また随て如来と衆生との相憶念が成立し、衆生相互の相憶念が成就する。南無阿弥陀仏の一声に全法界の感応道交が成就する所以である。（「講義集」一四―八頁）

親鸞以前は、「其の本願」とは菩薩の本願と考えられていた。いわゆる娑婆世界へ還って衆生利益をするという願いは、阿弥陀がその本願を起されたのではなくて、浄土へ往生せんとする他方仏国の菩薩方の本願である。その本願によって、一生補処などを求めないことも自由である。一生補処になりたくないなら、一生補処にならなくてもよい。しかしそうではなくて、一生補処になりたいという願いをもって、我が国に来生したならば、「究竟して必ず一生補処に至らん」というのが、二十二の願であると、このように解釈されていた。

弘誓の鎧を被るという語が、大乗仏典にはしばしば出てくる表現である。その解釈はそれぞれ特徴のある表現がなされているが、共通するところは、菩薩が衆生済度に立ち向かう相を兵士が鎧に身を固めて、戦場に向かう姿に喩えたもので、衆生済度に対する固い決意を表明するもので、あくまで菩薩の志願であった。

それに対して親鸞は、保留文の除くを「其の本願の自在に化せむとする所ありて、衆生の為の故に、弘誓の鎧を被て徳本を積累し、一切を度脱し、諸仏の国に遊びて菩薩の行を修し、十方の諸仏如来を供養し、恒沙無量の衆生を開化して、無上正真の道に立せしめむをば除く」と、除くの部分を変えて読み、「常倫諸地の行を超出し、現前に普賢の徳を修習せむ。若し爾らずは正覚を取らじ」の文を、除くの保留文に含めていないのである。

この二十二願の「除其本願」のなかで、利他として示した「遊諸仏国」「供養諸仏」「開化衆生」の三つは、特に華厳経典を中心として強調される菩薩の利他行、すなわち普賢行の三つの柱である。

「遊諸仏国」「供養諸仏」「開化衆生」の三つの利他行を自在にせしめる為には、阿弥陀如来の本願力、すなわち自利利他成就する法蔵菩薩の永劫の修行によらねばならない、ということを明らかにするために、親鸞は普賢の徳を修習せんという文を、除くから除外したのである。したがって、次の「常倫に超出し諸地の行現前し普賢の徳を修習せん」の部分は、これと同じことを言い換えたものとみなすことができる。「常倫に超出し、諸地の行現前し、普賢の徳を修習せん」の部分は、阿弥陀仏（法蔵菩薩）が他方国土の諸菩薩に対して誓われた直接の内容となり、その阿弥陀仏の本願力によってこそ「一生補処」を約束された菩薩が、菩薩行が自由に行じられる。親鸞においては、普賢行と一生補処の弥勒の位に住することが、同等であることを主張されたのである。このことが親鸞が「証巻」においで、この二十二願を「一生補処の願」とも「還相回向の願」とも称されるのである。

二十二の願・一生補処の願。一生補処の願を、わが御開山聖人は、特にあの「除く」ということから下に書いてあるあそこに深い注意をした。そうして、ただ一生補処ということではなくして、一生補処に住しても、一生補処の位になっても、それを保留して、そういう極利を得ているけれどもその権利を主張しないで、むしろ権利を保留して、もとの生死の世界、十方諸仏の世界に応化身を現わして衆生教化をする。衆生教化をするためには、諸仏を供養し、また諸仏の説法を聴聞する、と。一生補処の権利を保留するということは、つまり権利を保留出来るという自由があるのでしょう。そういう自由があるというところに、阿弥陀仏の浄土に於けるところの一生補処ということは、いわゆる普通の一生補処と違う。この一生補処ということは、無上涅槃を完うじて、無上涅槃が無上涅槃に止まらずして、無上涅槃が無上涅槃に止まらないということが、即ち一生補処である。無上涅槃を完うじておるところの一生補処であるが故に、また更に自由自在に下へさがることが出来る。いくらでも下がることが出来る。その、いくらでも下がることが出来るということをば一生補処と言うたのであろう。だから一生補処と、そこにおるということはなくて、もっともっと下がることが出来る。もっと下がるということが即ち還相廻向ということである。そういうところに、わが御開山聖人が深い注意を喚起された。(「選集」十二—四五頁)

親鸞の一生補処は従果向因の一生補処である。一生補処は一応言葉が似ていても、その意味が違う。二十二願の一生補処ということは、すなわち菩薩が菩薩道を不退転に行ずることのできるのは、弥陀の本願に乗托してこそ利他教化を貫くことができるのである。本来は仏に成る身があえて一生は菩薩に止まる事の出来るのは如来の本願力によるのである。

親鸞においては、すべて弥陀の本願が回向に帰一するのであり、仏の側からいえば、利他の行を無限に遂行したもう主体の立場、それが法蔵菩薩として顕現されるのであり、菩薩の本願が阿弥陀仏の本願力に裏付けられ、弥陀の本願に乗托してこそ、その利他教化が無為自然に出来るのである。第二十二願に「其の本願を除く」とは、菩薩の本願を認めるという事である。如来の本願によってこそ菩薩の本願は成就するのである。

弥陀から凡夫への直接の回向であることを強調するあまり、凡夫が浄土へ往生すること、浄土の聖聚の一員となる利他行が見落とされ、本来ある衆生の本願・還相欲が如来の本願によって成就することが、忘れ去られていることである。

しかしてこの仏の本願力が、一面には国土荘厳を総括し、他面には菩薩荘厳を開闡する。すなわち菩薩四功徳はこの本願力の内容である。仏の本願力の功徳は、菩薩荘厳にきてはじめて現生に浄土が進出する。菩薩荘厳によって、改めてこの世界と浄土とが交流し、この仏の世界は単なる彼岸のことではなくて、彼と此の二つを統一し、二つを超えて二つを貫通する荘厳であることが明らかになる。浄土荘厳が、この世界と接触してこの世界を包むのである。

『願生偈』の如来の荘厳は最後に「不虚作住持力」すなはち本願力の功徳に帰し、菩薩四種の正行が流れ出づる源をなすのである。此「不虚作住持力」こそ如来の廻向心の還相の根本原理である。此如来の一如の力用から菩薩の還来穢国の形象が次第に成就せしめられる。茲に『願生偈』の正宗たる浄土の荘厳は菩薩四種功徳に依つて、最後に「何等の世界か、仏法功徳の宝ましまさゞらんや、我皆往生して、仏法を示すこと仏の如くならん」と、濁乱無明の感覚の穢国に還来の願行の形象を以て結ばれ、論主は此意を承けて自身の廻向門を表明し「我れ論を作り偈を説けり、願くは弥陀仏を見たてまつり、普く諸の衆生と共に、安楽国に往生せん」と、此廻向の文字は一往は単なる願生行者としての論主一個人の廻向に過ぎぬように見ゆるが、静に菩薩四種功徳を観察する彼の内生活の表現であり象徴であるより察すれば、此れ正しく如来の廻向心の還相であり、本願力の還相の廻向である。(『欲生心の象徴化』同　四―一七七～一七八頁)

菩薩荘厳のもとは、不虚作住持功徳である。それで、菩薩荘厳は、菩薩四種荘厳というけれど、『論』でも『論註』でも、名前がない。荘厳の名前がない。国土荘厳十七種、仏荘厳八種、それぞれみな荘厳の名前があるけれども、菩薩四種荘厳にかぎって名前がない。だから、菩薩四種荘厳といっても、四種別々にあるというわけではない。そのもとは、如来の本願力にある。如来の本願力によって、菩薩の四種荘厳が成立するのである。菩薩は、特別の菩薩ではないのであって、一切の有情がみな如来に助けられ、如来の浄土に往生すれば、無上涅槃のさとりを開き、菩薩四種荘厳、いわゆる還相回向のはたらきをするものである。還相回向というのも、要するに如来の本願力である。本願力回向である。われわれ仏に助けられてしまえば、還相回向というのは、特別に如来の回向を得なくても、菩薩自身が自分で自由自在に利他教化のはたらきができるのではない。往相も還相も、すべて如来のご回向によるものである。

不虚作住持功徳が菩薩四種功徳の根源になっております。仏荘厳を受けて菩薩荘厳が成立している。仏の不虚作功徳が菩薩荘厳になる。法身の大菩薩、浄土の菩薩が自然法爾に報生三昧に入るのであり、報生三昧に入ることができるのは、如来の本願力が虚しくないからである。また、衆生を救わんがために身口意の三業を荘厳する、と。三昧のなかにあって、しかも種々の神通・種々の応化・種々の説法を示現する。菩薩の三業は荘厳であり示現である。普通の菩薩であるならば、三昧にいるときは何もしない。三昧にいるときは何もしないで、何かしようと思ったら三昧から出て、説法したり神通を現じたり応化を示したりする。けれども法身の大菩薩は、報生三昧のなかにあって自由自在に神通・応化を行うことができる。自由に説法し衆生を利益する、また諸仏を供養する。これはつまり本願力というものがあるからである。菩薩荘厳は四つの行がある、四つの自然法爾の菩薩行がある。それは一如の行である。いちいち分別意識をめぐらしてするのではありません。だから分別を超えて無分別にはたらく。無分別智のはたらきとして四つの行というものがある。（『講義録』上一五三〜一五四頁取意）

以上の浄土の三種荘厳を顧みるとき、まず無分別の国土荘厳が説かれ、無分別であるから国土荘厳では阿弥陀仏もそのはたらきである菩薩も国土荘厳と一如である。この国土荘厳から後得智の展開として阿弥陀仏の正覚である仏荘厳が観ぜられ、その主体である阿弥陀仏の根源のはたらきとして不虚作住持の仏の本願力に到達し、それにより菩薩荘厳が観ぜられ、自然にこの無仏の世界の菩薩行へと進出することが説かれる。これは、世尊我一心の願生心が「普共諸衆生、往生安楽国」と最後に結ばれるので、天親の求道の道程を内観されたものであろう。親鸞が「広大無碍の一心」と讃嘆される所以である。

曇鸞の『浄土論註』によると、第二十二願は、下巻の不虚作住持功徳釈と、下巻末の他利利他の深義釈との、二箇所に引用せられている。前者では未証浄心の菩薩も浄土に往生すれば、速やかに報生三昧を得て無仏の世界において神通遊戯に仏事をなすはたらきが得られることの証明として引用されている。そして後者では、善男子・善女人が、十念仏往生を誓われた第十八願に従って五念門の行を修するならば、無上菩提をさとって、速やかに自利利他のはたらきを成就することを、第十八願・第十一願・第二十二願の三願を引用して証明している。

親鸞は『教行信証』において、『論註』における不虚作住持功徳の文を、「証巻」に明かす還相回向の証文として引用し、後の三願的証の文は「行巻」に、そのはたらきを成就する如来の本願力回向を表す証文として、他力釈として引用している。

『大無量寿経』上巻においては、浄土の三荘厳中、仏荘厳と国土荘厳とのみ開示せられ、第三の菩薩荘厳の一つが下巻に説かれる。まず本願成就の経文から始まって、第一は必至滅度の十一願、次いで諸仏称名の十七願、至心信楽の十八願、三輩往生の十九願、二十二願の成就の経文が次第を遂うて菩薩荘厳を展開し、転じて詳細に我われ人間が仏界と衆生界との二界の交流を拒絶して、内に三毒の煩悩を増強し、外に五悪を行じてこの世界をして五痛五焼の濁悪趣を現出せしめ、この世界は仏道修行の尊き道場であることを教誡せられる。この土を厭離して広大無辺際なる真実報土に往詣し、また遍く無量の諸仏の所に自由に至るを得て往還二回向の功徳を成就するのである。弥陀の本願によって此の世界もまた彼の浄土に対して自利利他の仏道と菩薩道とを行ずる道場となるのである。

『大無量寿経』が普賢行を菩薩の還相行として積極的に受容し、大乗菩薩道として浄土教を確立したのを承けて、逆に『華厳経』の側でそれを受け容れ、普賢行と阿弥陀の浄土との密接な関係を説く「普賢行願讃」が成立したものと考えることが出来るのではなかろうか。

大乗の高遠な菩薩道を究明した『華厳経』にとっては、それを受け容れることが、宗教としての普遍性を明らかにする道となり得たのではないであろうか。もしそのように解釈することが可能であるとすれば、本願の宗教として凡夫道を開顕した『大無量寿経』と、普賢の行願として菩薩道を究明した『華厳経』は、その思想的交流を通して、前者は凡夫道が大乗の菩薩道であることを確認し、後者は菩薩道が凡夫道として開かれるべきことを提起することとなったともいえるのではないであろうか。

かかる如く、仏の本願と菩薩の大願と衆生の願いとが帰一することこそが、『浄土論』における願生浄土の、仏道の究極の目的を示したものでもある。

註［1］　如来は三業を以て、三通りの法輪つまり三輪を以て教え給う。御開山聖人から見れば法然上人も三輪を以て説法せられた。『大経』の五徳現瑞はつまり三輪を以て説法すること。仏の身口意の三業を三輪という。三輪とは三法輪。これは教巻に引用せられてある憬興師の『述文賛』にこのことが述べられてある。

第一、神通輪――身

第二、教誡輪――口

第三、記心輪――意（三昧）（「講義集」八―七三～七四頁）

註［2］　衆生の本願と阿弥陀仏の本願については、『仏の本願と衆生の本願』（「講義集」六―一五五頁）、『真宗の眼目』（「講義集」一四―一一頁）、（『曽我量深集』下巻「心に浄土をもて」六一頁）を参照。

第九章　還相回向の展開

一、法性法身と方便法身

前章で浄土荘厳の意義が不虚作住持功徳の本願力を説く二十二願の還相回向の願文とその力用である菩薩荘厳について論述した。その還相回向の内容を説くのが『浄土論註』の善巧摂化以下であるが、その具体的な力用を説くのが曇鸞の独自の二種法身、法性法身と方便法身である。既に述べたが、『大智度論』に説かれた法性法身・法性生身の概念と関連づけられるのが、曇鸞の独自の法性法身と方便法身の概念なのであろう。そしてこの二種法身から導き出されるのが還相回向なのである。曇鸞の法性法身と方便法身について、「浄入願心章」で次の様に述べている。

上の国土の荘厳十七句と、如来の荘厳八句と、菩薩の荘厳四句とを広となす。一法句に入るを略となす。なんがゆゑぞ広略相入を示現するとなれば、諸仏・菩薩に二種の法身まします。一には法性法身、二には方便法身なり。法性法身によりて方便法身を生ず。方便法身によりて法性法身を出す。この二の法身は異にして分つべからず。一にして同ずべからず。このゆゑに広略相入して、統ぶるに法の名をもつてす。菩薩もし広略相入を知らざれば、すなはち自利利他することあたはざればなり。

一法句といふはいはく、清浄句なり。清浄句といふはいはく、真実智慧無為法身なるがゆゑなり。（『浄土論註』巻下・浄入願心章）

「浄入願心」の一章は天親論主の『浄土論』一部の主眼である。広開の二十九種荘厳の浄国は、略摂の一如法性の一法句と広略相入する。この広略相入の本源に於ひて甚深なる自利々他満足の願心が厳存するのである。この唯一清浄の願心はその永久不生の姿を以て、已に彼岸なる一如法性の懐に潜在して、直に彼岸から十方衆生を招喚し、而してその招喚と共に彼は直に一躍生死海に入りて衆生現実の行業となる。（「選集」三―一九八頁）

曇鸞大師は、天親の『浄土論』解義分十科の中心を、第四浄入願心の一章にある、その広略相入を解釈するに当たって、法性法身と方便法身の二種法身を説いて『往生論註』の根本的範疇とされた。自利利他と入出往還の根本は、この広略相入の用である。

曽我が「この選択摂取の願心は、一面に名号の行を衆生界に回向し、また他の一面には、浄土を衆生の為に荘厳したまへる深き根本主観である」（『選集』三―三三六頁）といわれるが、「選択摂取の願心は、一面に名号の行を衆生界に回向し」とは、「方便法身より法性法身を出す」ことであり、「浄土を衆生の為に荘厳したまへる」とは、「法性法身より方便法身を生ずる」ことである。ともに根本主観、根本識であり、選択の願心である。この願心が二面に顕われるので、一面には荘厳として、もう一面には名号として顕われると記している。

「法性法身によりて方便法身を生ず」とは、言うまでもなく浄土の三種二十九種の荘厳が唯一法性に摂入せられて、広の二十九種と略の一法句と広略相入自在である。この一法性の願心が、広く、三種二十九種の清浄の楽土を荘厳したのであるから、浄土の荘厳は願心の自己荘厳である。已に願心の自己の荘厳であるが故に、二十九種荘厳の浄土は法性に随順する浄土である。従って曽我は、荘厳とは浄化である、一法句は本性清浄である、二十九種荘厳は離垢清浄である、一法句の願心は二十九種荘厳として展開して衆生の願心を離垢清浄する願心の超越的意義は、本性清浄であるが故に、二十九種の浄土の功徳によって荘厳浄化せられ、その浄化荘厳は本性の一法句を出ないのである。

更にもう一面の「方便法身によりて法性法身を出す」について、曽我は「生」と「出」の意義について独自の考えを述べている。

法性法身には、色もなく形もない。それをわれら衆生のために、形をあらわすのが、「法性法身に由《より》て方便法身を生ず」という方向である。それから「方便法身に由て法性法身を出す」というのが、名号であると思う。それから「方便法身に由て法性法身を出す」というのが、その「出す」というのが、名号本尊ということを顕わすものであると思う。どうしてそういうことがいえるかというと「行巻」に「斯の行は、大悲の願より出でたり」と書いてある。この「出」の字は、「方便法身に由て法性法身を出す」という「出」の字でしょう。この「出」の字は、廻向ということであって、入出二門の「出」でしょう。このように、「方便法身に由て法性法身を出す」といわれるのは、法性法身が、言葉になるということである。法性法身が言葉になるということは、観察の対象ではなくて、もう一つ根本の廻向でしょう。だから「出す」といわれる。「出す」ということは、表現ということである。「法性法身に由て方便法身を生ず」ということは象徴であり、「方便法身に由て法性法身を出す」ということは表現である。法性法身が言葉として表現される。言葉がなければ、色とか形というものが固定してしまう。言葉というものは、色や形が固定しないで、色や形が限りなく変化し展開してくる。それは言葉を体としているからである。だから「方便法身に由て法性法身を出す」、その言葉が南無阿弥陀仏であります。そしてわれわれに真実の信心を発起せしめてくださるのであります。

方便法身をとおさなければ、法性法身は理であり、方便法身をとおして始めて法性法身が言葉になった。「出す」ということは、法性法身のままということ。言葉は法性のままである。法性法身を完うして言葉になった。言葉は、法性法身自らの用《はたら》きである。だから、曇鸞大師の言葉には「相好荘厳即ち法身なり」ということがある。相好荘厳がそのまま法身である。だから、相好の相好たるゆえんは、相好荘厳そのままが、法性法身と等しいということである。それを「此の二の法身は、異にして分つべからず、一にして同ずべからず」といわれるのである。

「相好荘厳即ち法身なり」ということは、それは称名の本願というものが成就して、始めて二十九種荘厳が第一義諦妙境界相であるということができるというのが、曇鸞大師の解釈である。「法性法身に由て方便法身を生ず」ということだけならば、法性法身と方便法身の二つが分れてしまって、一つだということはいえない。つまり「出」ということによって、始めて二種の法身が成立つのであります。（同　九―三〇四～三〇七頁取意）

曽我は「出」が言葉であり、名号・南無阿弥陀仏であり、それは法身がそのまま本質を形として等流《とうる》出現した。色も形もない法性法身が一法でなく一法句と、句の言がある所に、真如そのもののはたらきの顕現として、名号を方便法身とみなしているのであろう。

山口益は『「願生偈」試解』において、この一法句について二つの考えがあると言う。「一法句清浄句」という場合の「句」について「句とは能詮の名句文にして、無言説の真如をば言に寄せて顕わすを句と名《なづ》く」といって、「言詮之句、仮名為句」というように理解せられてきた。けれども、「句」と訳せられたその訳語の原語を、喩伽唯識関係の論書の上で求めると、その「句」の原語はpadaであり、そのpadaはチベット訳では処（gnas-pa）である。そこで、そのpadaは「処」であるのか、言詮之句の「句」であるのか、ということが決択せられねばならないことになる。それについて、山口は依処という方を捉えて縷々に論じているが、『浄土論』では、それが真如法性の世間的有的顕現の意味で表されていることを指摘せられている。

「一法」は真如法性であるから出世間無分別智であるが、一法句といわれるときは、真如法性の世間的顕現であるから、そこに後得清浄世間智が現在前している態としての無分別智である。そのように、無分別智によって清浄世間智が現在前しなくては、無分別智も空に停滞して根本智たりえないのであるから、清浄世間智の現在前する位態がそこにあらわでなければならないことが示されて、「一法句者清浄句」といわれたのである。しかし、清浄世間智は単なる世間智でなく、無分別智へのひるがえりをもつことにおいての清浄世間智であるから、「清浄句者真実智慧無為法身」といって、清浄句が無分別智真如の等流的性格であることが指示されている。そういうことが「展転《ちんでん》相入」するということであろう。唯識思想の上では、阿頼耶の転依態として理解されるべきである。

曽我が一法句の句を名号の言葉として捉えているから、言説の句と一面的に考えるべきではないであろう。名号は真如の離言の本質をそのまま転依して大悲回向のはたらきとなって出《い》できた。名号こそが真如そのものの本質がそのまま現象界に等流した、真如を依りどころにした依事が名号であると言いたかったので、言説も依処もいずれの意義も含んでいると考えてよいのであろう。

一法句は、一法すなわち真如法性の依事であり、真如の世間的有的な顕現であり、瑜伽唯識の「無」と「無の有」との二面のはたらきを示すのが、法性法身と方便法身の関係である。

かくのごとく真如実相そのものである法性法身が、方便法身として等流し来ったものであることを明らかにするのであり、その方便法身によってのみ、法性法身は真に顕わし出されるのである。菩薩もし広略相入を知らなければ自利利他の菩薩行を全うすることはできない。方便法身のはたらきにおいて顕わし出されたのが大悲であり、そのはたらきが不断に行われるのである。広略相入とは智慧と慈悲の相即相入を意味するが、具体的・現実的には、大悲を契機として、法性が等流し来たることに他ならない。名号こそが浄土を貫通する具体的な妙用を示すのである。

真如法性の法性が大悲等流して衆生を救う具体的なはたらきを、曇鸞は方便法身という概念で表そうとしたのである。[1] 以上を纏めて図示すれば次の様である。

広略相入

広……方便法身……俗諦……有……生死……方便……三種荘厳　不一

略……法性法身……真諦……無……涅槃……真実……一法句　不二

第八章の仏荘厳で純粋感情に触れたが、曽我は二種法身について、法性法身は純粋感情であり、方便法身は純粋感覚であると破天荒とも言うべき領解を述べている。即ち「一法句」法性法身は純粋感情であり、「清浄句」法便法身は純粋感情であると言う。

仏法において、真如――。真如法性という。この、真如法性というものは、わたくし思いますするに、それは純粋感情。純粋なる感情。純粋感情は、かたちがない。すがたもなく、かたちもなく、色もない。純粋感情――。純粋感情というのは、そういうものを前提しないと、わたくしどもの意識のはたらきというものを解釈できないから――。心理学で意識のはたらきを解釈するには純粋感情というものを前提しなければならぬわけでありましょう。

それからしてですね、方便法身――。方便法身というのは純粋感覚。感覚が純粋である。感情が純粋であるのを法性法身。感覚が純粋、純粋の感覚が方便法身。わたしども、感覚というものは、はじめから不純粋なものだと決めておりますけれどもですね、純粋な感覚ということを前提にして、そうして不純粋の感覚ということを考えねばならぬ。そうですね。純粋感覚を前提としないで、不純粋感覚など考えるわけにいかぬ。それは当然のことでしょう。また、純粋感情を前提しないで、不純粋の感情というものも考えることはできぬ。だから、われわれは、不純粋感情、したがって不純粋感覚の、その中に生活しておるのでありまするけれども、わたくしどもは、つねに、この生活を明らかにするために、純粋感情、それから純粋感覚というものを前提しなければならぬ。それで、いま申しますように、法性法身・方便法身というのが、それに当るのでありましょう。

もう一つその間に、「法性法身に由つて方便法身を生ず」というのは、純粋意志というものがあって、その純粋意志を如来の本願という。その如来の本願というものがあって、それで、それを選択という。純粋感情が純粋感覚を選択摂取する。選択して、それを徹底するのでありましょう。(『選集』九―八二～八三頁)

仏教の真如法性というものは、哲学者がいうような抽象的な真理とは違って、純粋なる感情、純粋なる感情の世界であり、感情が純粋であれば、そのかたちをとった感覚もまた純粋である。われわれの感覚は不純粋なものであり、汚れている。浄土において七宝の諸の樹木があるといいうのは、それはみな純粋感覚を表すのである。それで、純粋意志・本願が、不純粋な欲望の意志を清浄化せしめるのである。

法身とは一番近いところにある。従来の仏教学では、法身は遠いところにある。それは、釈尊の御精神がなかなかわからないからである。法身は本能に根があり、その根から法身が誕生する。誕生してくるときに、そこに報身が道程としてある。法身から誕生して、常に法身に還ってゆくところに報身がある。法身において仏も衆生も分れていない。その法身が自己を完成するために、本能から誕生してくる。その誕生のために、本願が出てくる。

本願をおこし、不可思議兆載永劫の修行をされた。そのことにおいて我らは深い宿業を感ずる。法身仏というものによって、私たちは、自分の分限の自覚を教えられるものである。その自覚は我らの修道である。それは法身において知られる自覚である。ここで仏と自分がはっきり分れてくる。（「講義」十―五十六～五十七頁取意）

曽我は、法身は我われから遠い所にあるのではない。もっとも近いところにある。法身は本能を根として誕生するのであり、宿業本能と感応道交するところに本願はあると言うのである。法性法身は阿頼耶識の深層において内観されるのであり、出離の縁なき煩悩の大地、宿業本能の大地こそが如来の大悲本願の生じる現実の母胎である。この宿業本能と本願の問題は、拙書『救済と自証』に述べているので省略する。[2] 本能とは自然に具備した本来的な能力、いのちそのものであり、本願の清浄なる感情によって不純粋の感情を清浄化して下さるからして、そのまま純粋感覚となる。純粋感情は法性法身の仏智であり、その仏智のはたらきが方便法身の純粋感覚の大悲となって顕現する。感覚において感情を象徴しているので、仏智とは抽象的な理性ではない。大悲の感性なのである。

二、十波羅蜜と五念行

以上述べた方便法身の自利利他のはたらきを示すのが「善巧摂化章」以下である。法蔵菩薩の衆生を救う方便願行のはたらきを、具体的に明らかにしていくのであるとみなすべきであろう。

第五の善巧摂化章以下の六章は、広く深く人生創建の過程を闡明《せんめい》したるものである。すなはち此善巧摂化章以下に人生創造の主体の人格を菩薩と名《な》づけてあるのは、古来或は突如として出て来た語のやうに云ふ人もあるが、明《あきらか》に前の第三章の「観行体相」の浄土荘厳の菩薩を承け、如来正覚浄華から化生して、深く如来の願心に入りて、その本願力を体験して人生海に還来し回向せられる、その菩薩である。二十二の願、還相回向の仏願に乗じて、無碍に理想の自然から現実の人生に還来回向せらるゝ内的生活を示すが、善巧摂化以下の六章である。故に菩薩は明に還相の人である。この還相の菩薩が真人生の創造者である。(『選集』三―一八七～一八六頁)

『浄土論』において、天親は「起観生信章」では「善男子善女人」とあったのが、同じ善男子善女人がここでは「菩薩」に変わる。意識の転換、意識の変革である。そしてそれが一切衆生を救うてゆく。「普共諸衆生、往生安楽国」ということで『願生偈』は終わるのである。しかしてその善巧摂化の行とは、

何者か菩薩の巧方便回向。菩薩の巧方便回向とは、いはく、説ける礼拝等の五種の修行をもつて、集むるところの一切の功徳善根は、自身住持の楽を求めず、一切衆生の苦を抜かんと欲するがゆゑに、一切衆生を摂取して、ともに同じくかの安楽仏国に生ぜんと作願するなり。これを菩薩の巧方便回向成就と名づく。(『浄土論註』巻下・善巧摂化)

菩薩の功方便回向の行が浄土願生の五念行と言うが、天親は既に起観生信において「五念門とは、一には礼拝門、二には讃嘆門、三には作願門、四には観察門、五には回向門なり」と述べて

いる。礼拝が身業、讃嘆が口業、作願観察が意業で三業は自利で、普共諸衆生往生安楽国の回向門は利他である。

いずれにせよ、五念行は天親の他の論書に見られない『浄土論』独自の実践行である。しかして天親では、既に述べたように、奢摩他（止）が作願、毘婆舎那（観）が観察で、あくまで止観が中心の行であり、それに帰命をもって礼拝なりと解し、尽十方無礙光如来の名をもって讃嘆門と解し、礼拝讃嘆が加えられた。

言うまでもなく大乗菩薩道の普遍的な証りへの行は六波羅蜜を基礎にして、十波羅蜜に展開したのである。十地の普遍的な実践行は六波羅蜜、拡大して十波羅蜜の止観道であった。天親といえども他の書では十地の行である十波羅蜜を説いているのに、何故に『浄土論』においてのみ五念行を説いたのであろうか。一般に、浄土教の五念門の行と大乗仏教の六波羅蜜の行では別の行として分離して考えられてきた。しかしそうではない。六波羅蜜が十波羅蜜になり、十波羅蜜から必然的に五念門の願生道が出てきたのである。

まず何故、六波羅蜜が十波羅蜜になったのかを考えてみるに、第七地の方便波羅蜜、方便とは、「奢摩他・毘婆舎那・方便」といわれるように、無分別智から後得智となって無分別の立場を忘れずにしてその後得智が具体的に衆生を救うはたらきとなる。願波羅蜜は方便波羅蜜において、巧みに衆生済度しようとするが、衆生は無限にあるから、今生だけではできない。後の世にも願いをかけて衆生済度をしていこうとする。それ故に方便波羅蜜から願波羅蜜が出てくる。天親が彼土往生というのは、願の無窮性、永遠性をいうのであろう。更に力波羅蜜について、未来に永遠に願いかけるということが、今度は未来に間断なく、切れ目なく持続されねばならない。それが力波羅蜜である。これが仏の「願力」を生んでくる本である。最後の智波羅蜜は、前の六種の行を成就させるもので、すなわち六種の完成行の実現は、自ら法を楽しみ、他をも成熟せしめるという方便智によらねばならない。しかしその方便智はまたもとの分別智に堕落するから、また無分別智に帰らねばならない。それを永遠に続けねばならない。そこに願波羅蜜・力波羅蜜というものが生まれてくる。それには、無分別智に離れない後得智である第十の智波羅蜜というものが常にはたらいていなければならない。あくまでも自利利他をいかに完成するか、という菩薩道から生まれてきた必然的な願いが十波羅蜜というものを生んできたといえる。

既に第五章で述べた様に、十波羅蜜と言ってもその行は布施・持戒・忍辱・精進・禅定・智慧の六波羅蜜である。その六波羅蜜の行は、地前においても地後においても同じである。しかして唯識において十地の六波羅蜜の修道が、単に六波羅蜜の行よりもそれを修する内観の深化が重要視されているのである。曽我は『解深密経論』で、

十地の学事は、其の体、六波羅蜜なり。更に助伴を開いて十波羅蜜となす。即ち、方便は、

布施・持戒・忍辱の助伴なり。願は、精進の助伴なり。力は、禅定の助伴なり。智は般若の助伴なり。即ち、初地より六地迄は次第に六波羅蜜の随一を中心として修行し、第七地は方便によって布施・持戒・忍辱を円満せしめ、第八地は願によりて精進を円満せしめ、第九地は力によりて静慮を円満せしめ、第十地は智によりて般若を円満せしむ。これを十地に十波羅蜜を修すと云ふ。（『選集』一―四六七頁）

曽我が言うように、十地における六波羅蜜の行は十波羅蜜と言われるように、方便・願・力・智が補充されその助けによって六波羅蜜の行が円満成するのである。『浄土論註』に「正直を「方」といふ。外己を「便」といふ。正直によるがゆゑに一切衆生を憐愍する心を生ず。外己によるがゆゑに自身を供養し恭敬する心を遠離す」とあるが、布施・持戒・忍辱の行が自己自身のためでなく衆生を救うためでありそれが無分別で行じなければならない。従って精進する行も自利利他の清浄な願心のはたらきによらねばならない。禅定の智慧である般若から利他の巧みな方便智を計らいなしに無功用に行じなければならない。すなわち地前の計らいの心で努力して行じるので清浄な願心ではない。清浄願心によるのが十波羅蜜の菩薩の十地の修道である。この清浄意欲については『摂大乗論』第四章に説かれている。

第四章「悟入の因と果」は、悟入のための実践行としての六種波羅蜜多（完成行と和訳した）が悟入のための因となる行として説くと共に、これが悟入の果としても実践せられるというのである。この場合、悟りの結果としての完成行は、必ずしも布施などが具体的に行われることではないという。そこには「清浄なすぐれた意欲」（清浄増意楽）がすでに獲得されているからである。これが特に「清浄増上意楽」が八箇条を以て説明せられる所以である。清浄増上意楽は、唯識に悟入し、見道に入ったことによってその結果として得られたものであり、したがってそれは初地の異名ともされるものである。意楽とは意欲のことで、六完成行に対する強い意欲に包摂せられることにより、布施等は必ずしも現実に布施等が行われることを必要としないこととなる。すなわち完成行に対する確固たる信があり、それを深く味わい、深く喜ぶという清浄な意欲のあることが、そのまま完成行を意味するものである。これが悟入の結果としての完成行という意味である。そこには、現実的具体的な布施よりも、その根源ともいうべき清浄な意欲に重きをおくという態度がうかがわれる。

その「清浄なるすぐれた意欲」とは、「厭くことなき意欲」「喜びの意欲」「高邁なる意欲」などの六種をあげる。そこには、例えば「三千大千世界のすべてが火に満ちた中にあっても……」諸種の完成行につとめて「厭くことがない」など、熾烈な菩薩行の様相を説いている。

（『摂大乗論』和訳と註解下　四六四～四六六頁抜萃）

『摂大乗論』では、六波羅蜜の行と言えども、その六波羅蜜を行じる願心の清浄である。現実的具体的な六波羅蜜を行じる確固たる信、喜びの意欲、清浄な意欲こそが大切であることを説いている。六波羅蜜そして十波羅蜜さらには五念行との展開は、心（信）と行は不離であるが、行を信たらしめるのは心（信）である。

五念行は天親の一心内面的展開が五念の行である。曇鸞では五念は念仏であり、信心の内容である。天親菩薩はこの自己の一心の内容を広く開顕して、礼拝門、讃嘆門、作願門、観察門、回向門の五念門の行を建立せられた。いわゆる五念門とは、五念仏門である。一心の信を五念門の行に開出して、広く自利利他の行を開展せられたのである。曇鸞は、讃嘆門に説かれた称名行を中心とするを讃嘆の念仏に収められた。

私惟《おも》ひまするに曇鸞は、五念門を次第に読んでゆかれたのであるが、礼拝も、讃嘆も、作願も、観察も皆、此方から向ふへ行く方である。礼拝より観察までは、こちらから、仏に向うてするが、然し乍《なが》ら、それに対する仏の承け答へが果してあるのであらうか。夫《それ》が若《も》しないとすれば救はれない。所が曇鸞は天親の浄土論の五念門の行と云ふことについて、夫は、南無阿弥陀仏の念仏の行を明らかにするために、一心帰命と云ふ内面を明にして、其処に五念門の行を立てられたのである。即ち身に仏を礼拝する礼拝門、口に讃嘆する讃嘆門、心に浄土を願ふ作願門、更に自分の心に浄土の荘厳を思ひ浮べる観察門、それから第五には其の自分の喜びを他の者に頒けてやらう、教へてやらうと云ふ廻向門、と云ふ具合に、一心帰命と云ふものから五念門の行を開いて、つまり吾々が仏に救はれてゆく道理をば五念門と云ふことに就て明らかにされたのであるが、この五念門の行は横に並べて見るべきものではなくて、縦にあるものとして見るべきものと思ひます。一心帰命→礼拝→讃嘆→作願→観察→廻向と云ふ見方。斯《か》く一心より流れると天親菩薩は仰せられたのは、「云何廻向、不捨一切苦悩衆生、心常作願、廻向為首得成就大悲心故」と、此処に仏の喚び声があり、招喚がある。此処に来て、それは即ち、菩薩、仏の仕事であることを発見されたのである。実に廻向とは如来の廻向であつて、人間の出来る事ではない、と云ふ曇鸞大師のお心を初めて戴かれたのが親鸞聖人でありました。（『行信の道』三一二〜三一三頁取意）

天親の一心の展開である五念門は、曇鸞が帰命すなわち礼拝なり、尽十方無礙光如来はすなわち讃嘆なり、願生安楽国は作願門なり、天親菩薩の帰命の心なりと解せられ、身業と言うも口業と言うも意業と言うもすべて一つであり、五念は唯一つの念仏門である。五念門は、これを詮じつめれば何れにも摂することが出来るのであるが、その最も直接なる表現としては讃嘆の名号一つであり、その回向表現の最も直接なるものは、讃嘆の一つである。一心を離れて五念はない。したがって明らかに五念門の行は、願心の信へと趣向した道程と観ずることが出来る。

親鸞はこの一心をもって「為度群生彰一心」と讃し、「愚鈍の衆生解了易からしめん為に三心を合して一心としたまふ」と解釈し、「論主は広大無碍の一心を宣布して、普遍《あまね》く雑染堪忍の群萌を開化す」と、還相の利益は利他の正意を顕わすと讃嘆せられた。

天親の意図、それを註解した曇鸞に基づき、親鸞は、五念行は法蔵菩薩の兆載永劫の行であると喝破された。兆載永劫の修行、すなわち菩薩の修行は六波羅蜜の修行であるが、親鸞聖人は法蔵菩薩の兆載永劫の修行は五念門の行であることを『入出二門偈』で明らかにされた。

三　兆載永劫の修行と五念行

阿難、ときにかの比丘、その仏の所、諸天・魔・梵・竜神八部・大衆のなかにして、この弘誓を発す。この願を建てをはりて、一向に専志して妙土を荘厳す。所修の仏国、恢廓広大にして超勝独妙なり。建立〔せられし仏国は〕常然にして、衰なく変なし。不可思議の兆載永劫において、菩薩の無量の徳行を積植して、欲覚・瞋覚・害覚を生ぜず。欲想・瞋想・害想を起さず。色・声・香・味・触・法に着せず。忍力成就して衆苦を計らず。少欲知足にして染・恚・痴なし。三昧常寂にして智慧無碍なり。虚偽・諂曲の心あることなし。和顔愛語にして、意を先にして承問す。勇猛精進にして志願倦むことなし。もつぱら清白の法を求めて、もつて群生を恵利す。三宝を恭敬し、師長に奉事す。大荘厳をもつて衆行を具足し、もろもろの衆生をして功徳を成就せしむ。（『大無量寿経』巻上）

以上が『大無量寿経』の勝行段にある法蔵菩薩の兆載永劫の修行についての引用文である。阿弥陀如来因位の法蔵菩薩が不可思議兆載永劫に修行なされた、その内面をば五念門行を記したものである。そういうことを親鸞が初めて『入出二門偈』で明らかにされた。

「菩薩五種の門に入出して自利利他の行成就したまへり、不可思議兆載劫に漸次に五種の門を成就したまへり」と親鸞は永劫の法蔵菩薩の修行五念門の行であることを述懐されている。

曽我もまた次の様に述べている。

親鸞は『浄土論』のこの五念門の行を以て明に如来の法蔵菩薩の因位永劫の修行の相をあらはすものとせられた。これを最も明瞭に示すものは『入出二門偈』である。かれの思想の系統全体を表白する『教行信証』の証巻を読誦すれば、この五念門の行を以て還相回向を示すものとせられてある。それは法蔵菩薩こそは如来の生死廻入の還相の願心に外ならぬからである。従来龍樹の中観の一派の人人に依つて高調せられし、菩薩の六波羅蜜多の行は、天親に来りて、菩薩の深き願心を展開して、五念門の行を創定し、中について第一の礼拝と第二の讃嘆の二行は正に六字の名号を分析したものであつて、かく身業の礼拝（南無）と口業の讃嘆（阿弥陀仏）とを分析することに依つて、名号こそは往生浄土の行者の相、すなはち一如の法界へ旅する人の往相前景を示すものである。もし広く云はゞ、礼拝、讃嘆、作願、観察の四行共に往相の始終であるけれども、正しく往相の行は唯この礼、讃の二行であることは疑ひを容れぬことである。これすなはち『浄土論』の五功徳門の第一近門（礼拝の果相）第二大会衆門（讃嘆の果相）の二門を、親鸞が現生の利益と見られたことは実に深き思召である。而して親鸞はかへつて、五念門中の第三の作願、第四の観察の二門を以て、如来の還来穢国の御姿、浄土荘厳の菩薩の還相を表明するものと見られたのである。誠にさうである。この作願観察の二行に依つて、能く回向し能く浄土を荘厳するところの菩薩の願心を開かんとつとめられたのである。されば五念門の前四念門は回向表現の願力の名号（礼讃の二行）と、それを能く回向する主観であるところの浄土荘厳の願心である。されば五門の中の前の四行は願力と願心、名号と信心、大行と大信とに摂せられて、畢竟第五回向の一行の二面として、五念は唯第五回向の一行に総合せられるのである。これ則ち曇鸞大師が、特にこの回向門に於て、往相還相の二種を開いて此を以て如来の利他の願心を明にせられたのである。（「選集」三―三四一～三四二頁）

実際この文を読んでみて、六波羅蜜の行か五念行かハッキリ区別出来ないのでなかろうか。心（信）と行は表裏一体である。むしろ心的な面、行の完成が内観の面を重視する五念の方が普遍的な意味があると考えられる。六波羅蜜から十波羅蜜の展開の時に、行自体は六波羅蜜に変わりはないが、その行ずる心の内観の過程が説かれていた。大乗菩薩道を行ずる内面的な願行を顕わすのが五念行ではないであろうか。五念行は自利利他を満足成就せしめる宗教的実践行の内観のあり方を示すのであろう。長尾が「現実的具体的布施よりも、その根源ともいうべき清浄な意欲に重きをおくという態度がうかがわれる」と記していたように清浄意欲を念ずる心の表現が五念行なのであろう。

曽我は「私は、永劫の修行と云ふも、要するに是は懺悔行であると云ひ度《た》い。そこには懺悔のみならず色々と讃嘆もあるが、要するに法蔵菩薩の遺瀬なき御心を色々とひつくるめると懺悔道である」と讃嘆の背後に懺悔があることを隠彰している。願生の一心の背後に深い懺悔の内観を読み取り、その一心の展開としての五念行の仏徳讃歎の背後に、一切衆生の罪業を荷負された機の深信が隠彰されている。仏徳を讃歎する願生の一心の裏に、深い懺悔の感情が隠されている。法蔵菩薩の兆載永劫に修される五念行が、一切衆生の宿業を背負うて最も深い懺悔、責任の自覚をなされたのであり、それが本願になってきたのである。法蔵菩薩こそが繰り返し巻き返し尽未来際まで懺悔の行をされるのが、兆載永劫の修行なのである。

五念行は自利利他を満足成就せしめる宗教的実践行の内観のあり方を示すのであろう。長尾が「現実的具体的布施よりも、その根源ともいうべき清浄な意欲に重きをおくという態度がうかがわれる」と記していたように、清浄意欲を念ずる心の表現が五念行なのであろう。

「作願観察は、是れ天親論主の主観の信なり。観・作二念は、正に天親論主の一心の信念界なり。観察と作願とは行と云ふと雖ども、実には信である。礼と讃と回向との三つが行である。而して礼拝は仮立である。真仏に関係せず、実には讃と回とのみ。回は讃の具徳である。而して回は讃の本体である」（「曽我ノート」）とあるが、菩薩道の十波羅蜜の利他行的な要素が五念門を成立せしめ、特に回向門を生み出したのであろう。天親の信心を離れて五念はない。親鸞が五念を、法蔵菩薩の永劫の修行の五念であると感知されたのも、自己の願生の一心の展開する五念を転依せしめるはたらきが、法蔵菩薩の本願力によることを念仏の自証として感識されたからであろう。

法蔵菩薩が不可思議兆載永劫において修された五念門によって成就なされた五功徳門を頂く。近門・大会衆門・宅門・屋門・園林遊戯地門、これはつまり果徳の法である。因の五念門はみな別々である。果の五功徳門の体は南無阿弥陀仏である。私共は五念門の行を修しないけれども、南無阿弥陀仏一つの中に五念門の行のお徳を頂くのである。その五念行によって得られる五功徳門は、まさしく転依の究竟態を表すのである。その念仏の功徳を我が身に離れず、念々に摂取される御苦労を兆載永劫の法蔵の修行と味わわれたのであろう。

曽我は更に独自の見解を述べている。それは、法蔵菩薩も他力信心を頂かれた先祖であるというのである。

仏が他力を感得されたことは、何《ど》ういふ意を持つことなのだらうか。一体吾等自身が他力を頂くのは良く解るが、と云ふ風に一寸考へられるが、併し親鸞聖人は五念門は法蔵菩薩の修行であることを考へて見ると、法蔵菩薩こそ他力信心を頂かれた御先祖である。斯《こ》ういふ風に親鸞聖人は味はれたことでなからうか。何か知らぬが、仏様が他力の世界を本当に感得されたのでなからうかと思ふ。一体仏様が御自身だけの力で本願を発し、他力を出した訳でもなく、本当に他力の中に救ひと云ふものを感得し、他力の中に本当の本来の自分の力を仏が感得されたのである。法蔵菩薩が五念門の行を修行された。法蔵菩薩が本願を発すと云ふ根本に固い信心があるに違ひない。本願のもとになる法蔵菩薩の信心は自力でない、他力である。それが本願になつて現はれて来た。法蔵菩薩の御信心が形をとつて現はれたのが本願であつて、法蔵菩薩の信心が真実信心の根本である。信心と云ふは懺悔である。だから五念門の根本に懺悔がある訳である。（「講義集」二―二一七〜二一八頁取意）

かように一心五念の念仏行を省察すると、その本源の『大無量寿経』発起序の仏々相念を想起せしめられる。「正宗分」の中に広く開演せられるべき如来浄土の因果道程も、衆生往生の因果道程も、共にこの体験の内面的展開に外ならないことを明らかにするのであり、この大寂定こそは誠に宗教精神それ自体である。[3]

仏々相念の意義は、釈尊は自己流転の内界を内観して、その無明の長夜を照すところの五十三仏を経て、最後の最大光明であるところの、世自在王如来の出世のみもとにおいて、法蔵比丘に遇われたと象徴的に表現される。五徳瑞現の仏々相念の境地は、念ずる境地と念ぜられる境地の能所一体である。釈尊の限りない内観が五十三仏の展開であり、その最終に世自在王仏と法蔵菩薩の出会い、師と弟子との「汝自当知」「非我境界」との問答に説く世自在王仏と聞く法蔵菩薩と説聴一如として象徴的に表現されている。これはまた説き手は釈尊であり、聞き手は阿難である。かくして「如是我聞」と仏法は伝えられるので、阿難世尊に対する関係は、親鸞が法然上人に、唯円房が親鸞にまた法然が善導大師を念じる事柄も、善導大師が釈尊を念じる事柄も、釈尊が阿弥陀如来を念じる事柄も、皆同じ道理がある。五十三仏の歴程はその仏々相念の歴史を象徴するのであろう。唯仏与仏の世界、感応道交の世界こそ拝み拝まれる世界。去来現の仏、仏と仏と相念ずる念仏の世界においてのみ釈尊は真の仏である。仏と仏とが相念ずる境地を念仏の世界、しかして仏々相念する所に名号がある。

曽我は、「この法蔵比丘こそは日夜に求めつつあるところの彼の還相であります。釈尊はこの自己の還相を発見することによつて、初めて真実に救はれたのであります」と言う。仏自らに本当に目覚めんとの憶念は、衆生を目覚めしめるということによって自身が目覚める方法である。この本願力を憶念して、そこに衆生一切の志願を満足せしめられる。

五劫の思惟とは、絶対すなわち一切如来の世界を思惟するので、法蔵菩薩自身が出で来た処の本源、実在の故郷を思惟するのである。次に永劫の修行とは自己の出世の本源たる仏界を念ずる時、空しく静坐していられない、直に一切衆生の生死の巷に出でて、衆生を済渡せんとする。全く自力の尽き果てる所であって、新しい他力が始まる所である。そこに他力を感得されたのが仏の本願なのである。

「思惟と修行との交叉する所の現在の一念、これこそ五劫と永劫とを貫く所の菩薩の大主観である。現に五劫思惟の霊界を後にして、永劫修行の肉の世界に流転せんと決定せる悲痛なる菩薩の姿がある」（『選集』三―三一二頁取意）という。

往相の心をうんとつきつめると還相が輝く。もう一つ言ふと、法蔵菩薩の本願を念ずると往相あり還相がある。法蔵菩薩の五劫兆載永劫の修行は、仏の還相の根本でありませう。阿弥陀仏の本願を念じて本願に触れるところに還相といふものが輝いて来る。仏に南無するところに往相と還相と二つあるに違ひないと思ふのであります。自分が還相廻向といふことは常識では考へられないけれども、願作仏心が成就すれば還相廻向を成就すのである。即ち往相以外に還相はない、往相即還相、それが浄土真宗の精神であると思ふのであります。往相を歩くところに還相が輝いて来るのであつて、南無阿弥陀仏に往還の二つがあるのでありま す。本願南無阿弥陀仏にはこの二つが具つてゐるのであつて、それ以外に還相はないものであると思ふのであります。（「講義集」一―一二二頁）

実際にわれわれにとっては、菩薩行の還相的な側面としての浄土門があるのみである。永劫の菩薩行とは、「如来が如来であらんためには衆生を救はねばならない。しかし彼が衆生を救わんがためには永久に如来となることが出来ぬ」の矛盾であるが、それは仏が仏を念ずる往相即還相というか、還相即往相の願力が、今われわれの上に行じられているのである。法蔵菩薩の利他教化の願心が五功徳として菩薩の還相回向によって衆生に与えられるのであり、衆生はその功徳によって往相として回向せられたものである。南無阿弥陀仏は、一如の如来がわれを往相せしめんとして回向される相なのである。

「如来が衆生を召すということは、宗教的大自覚である如来が、自己自身を、即ち宗教的大自覚そのもの丶内的に正しく自覚せんとする動機を言い現したものである」（「選集」一〇―一九六頁取意）と、衆生を救済せんために、如来自身が内観内省されるのである。すなわち如来が衆生を内観し、衆生の苦悩を苦悩し、如来が衆生として衆生の中に入り来たるということ。いいかえれば、衆生が衆生自身として自分の本当の宗教的精神というものに目覚めることでもある。この願往生心という唯一の願いは、仏が衆生の外に立っているのでなくして、正しく生死大海の衆生の中に入り来たって我を呼び覚まされるのである。

法蔵菩薩こそが願往生心の還相である。正しく法蔵菩薩の浄土建立の願生心がそのまま還相、衆生済渡の還相のはたらきとなる。願作仏心と度衆生心は我等自力では矛盾する。この矛盾を止揚するところに願生心・五念仏行がある。法蔵菩薩の願生心である五念五功徳が往相即還相であり、その全てがわれわれを浄土に願生せしめる大還相のはたらきである。

「善巧摂化章」に続いて、『浄土論』は菩提心による巧方便回向について障菩提門・順菩提門と説いていくが、これは法蔵菩薩の本願力を根柢にした還相の菩薩の具体的なはたらきとみなすべきであろう。

四、般若の慧と方便の智

次に、「善巧摂化章」以下で利他行である還相のはたらきのあり方が説かれるのである。般若の智慧は、実相を知る智慧で、それはそのまま三界の衆生の虚妄の相を知り、虚妄の相あるを知るがゆえにその衆生を救おうとして真実の慈悲を生ずる。まさに般若から方便への展開である。菩薩の進んでいく道について、智慧門・慈悲門・方便門という三門がある。

すなわち、「障菩提門章」「順菩提門章」で菩提を妨げる障りが否定され、転識得智される相を順菩提で説かれている。能修の心を明にして遂に智慧心、方便心、無障心、妙楽勝真心の四心に帰し、この四心の具足せる五念門にして、初めて五功徳の果を得るのである。

向に説く智慧と慈悲と方便との三種の門は、般若を摂取し、般若は方便を摂取す、知るべし。「般若」といふは、如に達する慧の名なり。「方便」といふは、権に通ずる智の称なり。如に達すればすなはち心行寂滅なり。権に通ずればすなはちつぶさに衆機を省みる。機を省みる智、つぶさに応じてしかも無知なり。寂滅の慧、また無知にして、つぶさに省みる。しかればすなはち智慧と方便とあひ縁じて動じ、あひ縁じて静なり。動の静を失せざることは智慧の功なり。静の動を廃せざることは方便の力なり。このゆゑに智慧と慈悲と方便とは般若を摂取し、般若は方便を摂取す。（『浄土論註』巻下・名義摂対）

さとりということは漢字に書けば智慧という字でしょう。だから智も慧もともに「サト」

と読んである。「サト」とはさとりということ。さとるといえば動詞、さとりといえば名詞になる。だから智慧ということは、さとりということです。智慧と慈悲を相対していうが、智慧も慈悲もさとりなのでしょう。慈悲はさとりのはたらきでしょう。はたらきそのものが智慧です。さとりそのものが智慧であって、さとりから慈悲というはたらきをおこしてくる。だから慈悲はすなわち智慧ではない。慈悲は智慧からして方便をもって慈悲をおこす。慈悲はだから大悲方便ともうしまして方便である。方便というのは智慧より一段下ったものと解釈するのは当然だと思う。（『曽我量深集』下・「阿弥陀の智慧はそのまま大悲」五四頁）

曇鸞は「障菩提門章」において、三種の菩提門相違の法を遠離すと、智慧と慈悲と方便の三門を説いている。その詳細は略するが、『浄土論』の菩提障の一章の『論註』の釈文で、そこに智慧ということを解釈し、空無我を知るを「慧」という。慧は諸法の空無我の真理を悟る無分別智である。智は法の差別を照らすところの後得智である。菩提の道に進むことを知って二乗の自利に堕ちることから身を守るからである。この真俗二諦の智慧は願作仏心であり、抜苦与楽の慈悲は度衆生心であり、智慧と慈悲とは方便を得ることによって煩悩も悟りとなり、生死輪廻がそのまま涅槃となる。慈悲は智慧からして方便をもって慈悲をおこす。それを大悲方便と言うので内には自覚の智慧を明らかにし、外には方便回向して煩悩の稠林《ちゅうりん》に遊んで神通を現ずるのである。

智慧と慈悲と方便によって衆生を救うのである。

更に曇鸞は「順菩提門章」で、智慧と慈悲による方便門において、般若と方便の相即的力用により、浄土に往生をとげていくのであるが、障菩提から順菩提と説かれる所に、菩提を妨げる障りが否定され、転識得智される相を順菩提で説かれているのである。

更に「名義摂対章」において、前の二章で説かれた九種の法を、この章で説かれる四種の法、般若心・方便心・無障心・勝真心と相対して論じ、しかしてそれによって得られた妙楽勝真心が浄土を願い、浄土に往生をとげていくのである。それはまさしく絶対否定道によってわれわれの上に成就する絶対肯定道としての現生不退、必得往生の仏道を明らかにされたもので、それが如来の大悲のはたらきを根本とする、転識得智の具体的な相である。

妙楽最勝心は、智慧所生の楽は、仏（阿弥陀仏）の功徳を愛するより起これりと説かれるが、五念門を行じて得る自利利他円満の真実心であり、親鸞はこれを法蔵菩薩の成就とし、他力信心にそなわる徳を示すものとする。曽我は「妙楽勝真心とは常行大悲の心也（曽我ノート09―018）」と言い、その大悲の心は仏凡相触和して融通無碍にして、仏心を全うして凡心を成じ、凡心を全うして仏心を尽くし、仏凡無二である。その如来の本願力が南無阿弥陀仏の上にはたらいて、煩悩が南無阿弥陀仏の法に転ぜられて、法味愛楽というものになってくる。南無阿弥陀仏と称えるのは、阿弥陀の仏のお徳を讃嘆するので、そのお徳を讃嘆するということが称名念仏の意義である。

親鸞は、「能く一念喜愛の心を発せば、煩悩を断ぜずして涅槃を得」と。信の一念について「能く一念喜愛の心を発する」。喜愛の喜は歓喜であるし、愛は愛楽。歓喜愛楽を略して、喜愛。一念喜愛の信心を発起すれば「煩悩を断ぜずして涅槃を得」と。われらは一片の煩悩をも断じないけれども、すべて如来の本願の力をもって信の一念に、煩悩を断ぜずして涅槃を得さしてくださる。最後、長行釈の一番終わりのところに「利行満足」がある。

菩薩はかくのごとく五門の行を修して自利利他す。速やかに阿耨多羅三藐三菩提を成就することを得るゆゑなり。（『浄土論』）

浄土論は畢竟、自利利他の問題である。自利をなさんとせば利他がなりたたぬ。本当に自利が成就することが本当に利他が成就するのである。利他自利同時。これが出来れば初めて成就するのである。どうして満足し得るかというと阿弥陀仏を念仏することによって成就する。願生道の外に、本当の阿耨多羅三藐三菩提はない。

『浄土論』における五念五功徳の因果建立の相である。しかして一切衆生の苦を抜かむと欲して五念の功徳を回向するのである。この自利利他の回向は天親においては往還の回向に分けられていない。曇鸞に至って回向が往相と還相に分けられるのである。阿弥陀如来の安楽浄土に往生せ

む と作願する因の第五念の回向は往相であり、生死の稠林に回入して一切衆生を教化して、共に仏道に向かわしむ果の第五功徳は還相であると、往く道還る道と回向を往還に分けられ、二回向という法相を建立せられたのである。

曇鸞が利行満足というのは、自利の行も利他の行も全て満足成就して、阿耨多羅三藐三菩提、無上正真道、つまり無上菩提の尊いさとりを得るので、そのことを救済というのである。曽我は『浄土論註』にある「故」の語について次の様に述べている。

偈を釈する長行の中には故の字六十四字あり。此六十四の故の字は論意を顕はす故の字である。一々の句の終にあつて一々皆疑を釈する。此の六十四の故の字の中で殊に主であるのは、終の「速やかに阿耨多羅三藐三菩提を成就することを得」とある故の字である。此終りの故の字が他力を顕はす。此故の一字は、一心五念五功徳、皆本願他力である事を顕はす故の字である。終の故の字は本願力を含んでいるので、此れは偈の本願力と終の乃至三菩提故の故の字を一連にしている。其本願力とは十八　十一　二十二の三願である。故の字を開けば三願となる。誠に長行六十四故は唯偈の本願力を説くのに過ぎない。是等六十四故あつて初めて本願力の虚設でないことを証する。結尾の一句五因一果を論定して、論の幽旨を開示し、大小聖人亦自力の心行を以て成すべからざる二利円満の境を底下の凡夫願力に乗じて容易に到達し、依て速に無上涅槃を超証されるのである。（「七祖系統論」第三章「列祖の差別観と平等観」第二節、その差別観の取意）

註［1］　二種法身

○汝よ
汝は他人を迷はさんと欲する乎
かく思ふ汝は　已に他人に迷はされつつあるに驚かさる乎
我等は法性の如来を　因位法蔵比丘なる人格的如来に現実化せんと欲ふ
我は如来を迷界に誕生せしめんと欲す
而も此れ已に如来の願力　法性の法身の力の顕示に非ずや
方便法身のままか法性法身也　法性のままか方便也（ノート14―042）

註［2］『救済と自証』の「第三部第五章・宿業本能と浄土荘厳」を参照。

註［3］『大無量寿経』の序分は正しく法蔵菩薩の母胎なる大寂三昧の外形を世尊の五徳光瑞の相に寄せて巧に描写し、次で正宗分はそれの内景を具に展開せしものに外ならぬ。随て弥陀の因源果海の荘厳と衆生救済の因果の廻向とは、一にその第一原理をこの大寂三昧に求むべきは言を待たないであらう。（「選集」四―四八一頁）

第十章　曽我の還相回向論

一、五念行の分析と総合

還相回向論を論述するにあたり、まず天親の五念行についての曽我の考えを明らかにしたい。既に愚書『救済と自証』第三部・「曽我の還相回向論」において論究しているので本論はその補足である。両方を合わせて参照して頂きたい。

天親菩薩の『浄土論』は、一心帰命の信念を告白して浄土の依正主伴の荘厳を讃嘆し、一心の信を五念門の行に開いて、広く自利利他の行を開示せられた。所謂、礼拝、讃嘆、作願、観察、回向である。すなわち前四種は自利であり、第五回向の行は方便利他で、もって自利利他成就の一心であることを示されたのである。自利を主とする自己の一心を開いて五念の行を立て、この五念の因行に対して五功徳の果を施設せられた。一心は因に在りては自利を主とし利他を伴とし、果に在りては自利を伴とし利他を正とすることを示したものである。

しかし天親においては、回向は願生行者を含めて、すなわち菩薩の回向である。無上菩提を求める自利利他の菩薩道が如来の本願力を観ずることによって成就する。「門とは入出の義なり。人、門を得ればすなはち入出無礙なるがごとし。前の四念はこれ安楽浄土に入る門なり。後の一念はこれ慈悲教化に出づる門なり」(「起観生信」)と、入の自利と出の利他を行ずる回向の主体は菩薩自身であった。したがって天親においては、既に述べたように止観である作願観察が五念門の特に浄土願生の作願が中心であくまで菩薩道を貫くことであった。曇鸞はそれに対して、凡夫の願生浄土の道を明らかにし、回向を往相還相の二つに分け、礼拝讃嘆が五念門の中心となった。

廻向に二種の相有り。一には往相、二には還相なり。往相とは、己が功徳を以て一切衆生に廻施《えせ》して、共に彼の阿弥陀如来の安楽浄土に往生せむと作願するなり。還相とは、彼の土に生じ已りて、奢摩他・毘婆舎那を得、方便力成就すれば、生死の稠林に廻入して一切衆生を教化して、共に仏道に向かふなり。(『浄土論註』巻下・起観生信)

天親にない「浄土に生じ已りて」とあるのは、穢土において自利利他できない煩悩具足の凡夫が、菩薩として転生するのは浄土に生じおわってからであるが、曇鸞が無生の生、浄土の仮名人《けみょうにん》と穢土の仮名人と言うように、いのち終わる時という意である。凡夫の我われは死を転機として、「其の本を求むるに、阿弥陀如来を増上縁となす」（不虚作住持功徳）と、法蔵菩薩の本願力によって、はじめて無仏の世界に還り来たって利他教化する。天親に対して凡夫の立場に立つ曇鸞は「浄土に生じ已りて」と菩薩として転成する分限を明らかにしている。穢土の凡夫が浄土に生まれるには、如来の本願力を増上縁としなければ往生できない。曇鸞は、礼拝（南無）と口業の讃嘆（阿弥陀仏）とを分析して、回向門を往還二回向を開いて五念門が如来の本願力を明らかにすることによって、信の内容として、五念門を讃嘆の一つに摂せられた。親鸞は曇鸞の『浄土論註』をとおして還相回向について、五念門が法蔵菩薩の兆載永劫の修行から流れ出たのであり、還相の道理の根源を明らかにされた。そして五念門の果である五功徳を我われに与えて下さる。親鸞は天親の意欲を推求して、いわゆる五念門とは五念仏門である、すなわち念仏は広く自利利他の二に通じ、また身口意の三業にわたるのであり、その三業二利にわたる所の五念門の行なるものも、畢竟するに一心の信心の内容の開顕であることを明らかにされた。

念仏は信仰の内容である。天親菩薩は此自己の一心の内容を広く開顕して、礼拝門、讃嘆門、作願門、観察門、廻向門の五念門の行を建立せられました。所謂五念門とは、五念仏門である。即ち念仏は広く自利利他の二に通じ、又身口意の三業に亙るのであります。然しながら其三業二利に亙る所の五念門の行なるものも、畢竟するに一心の信心の内容の開顕に他ならんのであります。

かるが故に曇鸞は『浄土論』の偈頌の帰命を以って礼拝なりと解し、尽十方無礙光如来の名を以って讃嘆門と解し、又願生安楽国の一句を以って作願門と解釈し、三種荘厳を以って観察門と解釈し、而して普共諸衆生往生安楽国の文字を以って廻向門と解釈されたのであります。

実際は、あの偈文全体が讃嘆門であり、作願門であり、礼拝門であり、観察門であり、又廻向門であるのであります。夫故に論主の我一心を以って曇鸞の自督の詞なりと解釈してあるのを親鸞は、「群生を度せんがために一心を顕す」と、即ち利他廻向の一心なりと解釈せられたのであります。

之等は表面より見れば、矛盾撞着なるが如くでありますけれども、畢竟するに五念門全体が一心の内容であると云ふことを明かにすることに依って、一切の疑問は氷解せらるゝこと と思ひます。即ち三業と云ひ二利と云ふも、信仰と云ふものを離れて考ふるならば皆別々であります。自利は利他にあらず、利他は自利にあらず、身業は口業にあらず口業は意業にあらず、三業二利は皆別体であらねばならぬ。けれども之を信仰の内容として見る時は五念は唯一つの念仏門である。身業と云ふも口業と云ふも意業と云ふも総て一つであります。自利々他もすべて一つであります。（「選集」一〇―四一頁）

曽我は五念門が五念仏行であり、一念仏の内容であるから、詮じつめればいずれにも摂することが出来るのであるが、その最も直接の表現としては讃嘆の一行である。そしてこの回向は如何なることであるかと言うと、真実の回向は表現の回向である。五念門は信の表現として、また信の内容として、唯称名讃嘆の一つに摂《おさ》まるのであると考えている。その分析の内容についての関係を論じている。

親鸞は『浄土論』のこの五念門の行を以て明に如来の法蔵菩薩の因位永劫の修行の相をあらはすものとせられた。五念門の行は第一の礼拝と第二の讃嘆の二行は正に六字の名号を分析したものであつて、かく身業の礼拝（南無）と口業の讃嘆（阿弥陀仏）とを分析することに依つて、名号こそは往生浄土の行者の相、すなはち一如の法界へ旅する人の往相前景を示すものである。もし広く云はゞ、礼拝、讃嘆、作願、観察の四行共に往相の始終であるけれども、正しく往相の行は唯この礼、讃の二行であることは疑ひを容れぬことである。

これすなはち『浄土論』の五功徳門の第一近門（礼拝の果相）第二大会衆門（讃嘆の果相）の二門を、親鸞が現生の利益と見られたことは実に深き思召である。而して親鸞はかへつて、五念門中の第三の作願、第四の観察の二門を以て、如来の還来穢国の御姿、浄土荘厳の菩薩の還相を表明するものと見られたのである。この作願観察の二行に依つて、能く回向し能く浄土を荘厳するところの菩薩の願心を開かんとつとめられたのである。

されば五念門の前四念門は回向表現の願力の名号（礼讃の二行）と、それを能く回向する主観であるところの浄土荘厳の願心である。されば五門の中の前の四行は願力と願心、名号と信心、大行と大信とに摂せられて、畢竟第五回向の一行の二面として、五念は唯第五回向の一行に総合せられるのである。これ則ち曇鸞大師が、特にこの回向門に於て、往相還相の二種を開いて此を以て如来の利他の願心を明にせられたのである。（同　三一―三四一～三四二頁）

礼拝讃嘆は回向に始まるのである。「尽十方無礙光の如来に帰命する」という礼拝讃嘆の二業は願往生心の作願の意志によらねば真の帰命にはならない。天親は回向門の行を「云何《いかん》が回向するや、一切の苦悩の衆生を捨てずして、心に回向を首として、大悲心を成就するを得んと作願するが故に」と、礼拝讃嘆の体である名号こそは帰命の意志である作願の表現である如来の回向意志の念仏である。讃嘆の念仏は如来の回向によってはじめて如来の行となる。従って親鸞が五功徳門の礼拝の功徳である近門と讃嘆の功徳である大会衆門を現生正定聚《しょうじょうじゅ》の利益とされた所以がある。

「此の作願は現実なる人生に表現しては念仏の大行となり、理想的なる自然に表現しては浄土荘厳となる[1]」と前四念の自利行の中心である根本の作願と、第五利他の回向との二行は五念門行中の二大眼目である。しかも作願（願心）の発露である観察について「観察が回向に裏づけられないならば、即ち観察が回向を客とするならば、単なる観念主義の空想に沈み行くか、然らざれば妄動的なる自力雑善の称名に惑ひ行くであらふ」（「選集」四―一五頁）と、観察が如来の回向の願心であり、五念門の前四念門は如来回向の願力の名号と、それを回向する如来の浄土荘厳の願心に摂せられたのである。

正しく天親が自己の偈讃を『願生偈』と名づけたように、作願門は五念門の中心根本の行である。しかして作願は回向の根本本体であり、回向はその作願の表現である。作願と回向、この二つは願と行とである。従って五念門の前四念門中心である作願意志は回向意志の衆生救済の行である名号を回向する。五念はただ第五回向の一行に総合せられるのである。

曇鸞が「起観生信章」で、「五念門」は「五念力」と述べているが、力とは五念行の結果である功徳をいただくのであり、かかる意味で親鸞が回向門において往相還相の二種を開いて念仏を回向すると曇鸞の考えを明らかにされたのである。如来の回向の念仏の一行の内容として往相還相の義があることに注意せねばならない。

天親菩薩のお言葉だけみれば、五念門は衆生が行ずる行である。それをわが親鸞聖人は、曇鸞大師の『往生論註』の中に顕われたお思召しをつきつめて、五念門の行は法蔵菩薩が不可思議兆載永劫に修された行である。私共は因の五念門を修するのではなくて、法蔵菩薩が因の五念門を修することによって、五功徳門を私共に与えてくださるのである。我々は五念門を修するというけれども、それは法蔵菩薩が不可思議兆載永劫において修したもうたものである。我々はその五念門によって成就なされた五功徳門を受ける。近門・大会衆門・宅門・屋門・園林遊戯地門、これはつまり果徳の法である。因の五念門はみな別々である。果の五功徳門は、体南無阿弥陀仏である。私共は五念門の行を修しないけれども、南無阿弥陀仏一つの中に、五念門の行のお徳を頂戴するのである。（同　八―二九六頁）

弥陀の廻向成就して　　往相還相ふたつなり
これらの廻向によりてこそ　　心行ともにえしむなれ

如来の回向によって往相還相という二つの徳を我らに与えてくださる。往相の回向、還相の回向という二つの回向が阿弥陀の本願にはあると親鸞は言われた。南無阿弥陀仏を体とするから、回向には往相と還相の二つが成立する。それ故に、南無阿弥陀仏のお助けにあずかれば、その南無阿弥陀仏の法がはたらいて、そして他人を助ける。それを還相という。私どものような人間が、人を助けるということはない。往相と還相——往は浄土に往生する。還はもとの娑婆世界に還来する。五念門は法蔵菩薩が修せられるがその修行がつぶさに語られるのは自己の念仏を深く内観されるのである。分析というのは内観である。衆生を救わんと内観される。それが往相である。その内観を通した五功徳を、我われ衆生を救う念仏一行に総合してその功徳を与えたもう。それが還相である。我われはその功徳を頂いて往相、浄土往生するのである。

曽我が「仏が本願をおこすのは還相である。それを念ずるとき我々の往相があるので、往相は既に大還相の中に成立する、そこからまた第二次の還相が出て来るのである。大還相とは仏にある」(「講義集」一——一二四頁)と、如来の本願というところに還相の根本があって、還相は如来の利他の正意であると親鸞は諒解せられたのである。親鸞が「謹んで浄土真宗を按ずるに、二種の回向あり。一つには往相、二つには還相なり」という二種回向こそが浄土真宗の根源の教えである。さらに曽我は回向について、親鸞の思想の根本である二種回向論を明らかにすべく独自とも言うべき回向について論じている。

二、招喚は往相・発遣は還相

曽我の発遣が還相であるという考えの端緒が、恩師・清沢満之の生死の巌頭に立っての願生心に見いだされたことについては、拙著『救済と自証』で論述しているので省略する。招喚が往相で、還相が発遣ということを、親鸞の『教行信証』の構造をとおして考究している。

浄土真宗にまず二種の回向、すなわち往相・還相回向ありと述べられながら、続いての文には往相回向にのみに教行信証ありと言われ、還相回向については、はるかに後の証巻において往相回向の結釈の後に、「二つに還相廻向と言うは即ち是れ利他教化地の益なり」と述べられ、しかも教行信証という四法の名はあげておられない。曽我はその点に深く注意して往相と還相の関係に言及している。

往相の四法とは教行信証で教に始まりて証に終る。還相は行に始まりて教に終る。しかして往相自利の所信の境には教行証の三法があれども、純粋にして明瞭なる所信の境は専ら教の一である。還相に在りては行信証の三法を所詮の理として、之を能詮の言なる教に依りて統一する。何故なれば、行と証とは求道者自身の能行能証を離れて別体なる所行所証を考ふるを得ぬ。故にこの二法は信に対する純粋の所信となすことを得ぬのである。又還相利他の所詮の義の中には行信証の三法があれども、行証の二法は寧ろ善知識の言教に属し、この言教に依りて正しく我が上に現る所詮の義は唯信の一法のみである。(「選集」一―六三頁取意)

曽我は「宗教を求むる求道の精神よりすれば、利他の還相は畢竟するに自利往相の附属に過ぎない。則ち還相回向は之を「証巻」の中に摂して証大涅槃の用とする」（同—六二頁）と、還相は往相の果である涅槃から開かれるので、往相回向に付属するものである。

あくまで親鸞は、求道の精神、すなわち往相の立場で教行信証を著している。その証果が信巻に説かれる無上涅槃である。しかし、還相回向に教行信証ありと言われないのも向上的に往相回向の顕現する裏面に向下的な還相回向が隠彰の事実として働いている事を暗示しているのであり、往相回向と別個の実体として還相回向があるのではない。

我に先立って無上涅槃を身証された先達善知識の教を聞信されなければ、自己の往相は成り立たない。先達の間接の教によって、往相回向の念仏の大行の内音を聞くのである。もし間接の外的教がないならば、いかにして「念仏申さんと欲《おも》ひ起《た》つ意《こころ》」が起ころうか。いかにして本願の直接表現なる回向の大行を体験することが出来るであろうか。

仏はその本願業力を我の往相の前途に表現して、具体的なる名号を成就して、私の行の足となり、又私の還相の背後に影現して、われの師父となって教の眼を回向し給ふ。無上涅槃の霊境は、我の往相の行の究極の理想であるが、その涅槃の大用たる還相の利他教化は遠き未来の理想であらふと思ひきや、現に自己の背後の師父の発遣の声の上に、已に実現せられてある。われの伝道的要求は、我の教を受くる所に於て已に満足せられてある。祖聖は自己の往相に付て教行信証の四法の回向があると云はれ、又還相回向を以て利他教化地の益であるとせられたが、往相の第一なる教、即ちわれ等が入道の第一関門なる師父の教は、そのまゝ我の未来に於て満足すべき往相の究竟理想の彼岸より反影する所の還相の利他教化と、全く同一体である。前者は我の受くる教であり、後者は我の与ふる教であるが、他力回向の自覚の上には此与ふると受くるとは全く一つである。（同　三―一五六頁）

親鸞が特に教主と教法とに無限の崇信を捧げられた態度、大聖の真言、高祖の解義を仰ぎ、教の上に如来本願の表現を観ぜられたのは、まことに親鸞の仰ぐ所の教は真実人格の還相に表現せる本願の相である。師の行信された教は還相であり、行に始まって教に終る行信証教の次第である。宗教の本質の立場では、行証の二法は善知識の説く言教に含まれる。すなわち教は先達善知識の人格をもって説かれる還相の教そのものであり、全知識の体験が教の中に行信証として内在しているのである。教の中に行信証が内在しているので、その教が回向せられ、その教を行信するところに、往相の四法が我らの求道の立場として開かれてくるのである。従って教は善知識の自証から還相として展開し、その教を行信するというのが親鸞の説く教行信証の次第であり、この往相還相が円環的な関係なのである。親鸞はあくまで往相の求道者としての立場を貫いているのである。

二河喩の東岸の発遣について「釈迦すでに滅したまひて、後の人見たてまつらず、なほ教法ありて尋ぬべきに喩ふ。すなはちこれを声のごとしと喩ふるなり」とあるが、曽我はかかる釈迦から伝承される先達の教えを「往相の証果としての還相」の教と捉えるのである。その教は単に強権的で既成的ではなくて、先達が証明された体験の教えである。往相する行者と還相する先達とは教において一念接触するというか出遭うのである[2]。

正しく『教行信証』の教巻に真実の教として説かれる『大無量寿経』の発起序の仏々は往還の出会いである。釈尊と阿難、ひいては法然と親鸞の出遇いの光景こそが具体的な事実として真実教・『大無量寿経』の開顕なのである。「教の根は還相の利他教化の如来の本願の地の底に樹て、、その教の花は往相の正覚の天に開く」(『選集』三―一七〇頁)。先達が体験された無上涅槃の往相の証果がそのまま人格的な教として還相の師教の教となり、その還相のはたらきを背景として我われの往相、往生浄土の道が開ける。釈迦を始め、諸師は滅せられてもその教えが厳然として現存している。彼の土に生じ已《おわ》ってこの土に還来して教化されている。

如来の招喚の勅命として名号念仏は回向心の往相である。しかしながら教法と名号、教と行とを相対すれば、教法は還相の応現であり、名号は往相の影現である。念仏の一行ばかりは発遣還相の教にして、招喚往相の行である。後者は自己の一心正念の往相であり、前者は一切衆生の往生のための還相である。教は浄土から穢国に還来して、東岸の背後から願心の白道上の旅人を発遣し、行は穢土から浄土に往生して旅人を西岸の前方から招喚する。注意せねばならないのは、「師父の教は、そのまゝ我の未来に於いて満足すべき往相の究竟理想の彼岸より反影する所の還相の利他教化と、全く同一体である」と言う表現には、あくまでも往相の証果として未来に証する無上涅槃であるが、一念の信において師教より利他教化の徳を与えられるというのである。従って、かかる師父の教・発遣が還相であるとの道理は、その師父の教を信ずる自己も又必定の菩薩とし還相の徳を隠彰に与えられていると曽我は言う。

西岸上の如来本願の招喚を受《うけ》る時、此自覚の自我の往相を（願往生）行者と名《なづ》け、又自我の還相を必定の菩薩と名ける。菩薩はわれの還相の名である。祖聖が「汝の言は行者なり」と云はれたのが、往相の現実当面の名であり、又次に「これを必定の菩薩と名く」と云はれたのは還相の隠彰の名である。往相還相とは誰の相であるか、この自己の二つの相である。我の前相と後相とである。（同　三―一八八頁）

曽我は、我は先覚の教によりて発遣せられたものである、西岸の招喚の声に対しては、我は往相の願生行者であるが、東岸の発遣の教に対しては、釈尊、七祖、祖聖、祖先、十方衆生から、この一人の自己は特別の大使命をもって発遣せられたのであると言う。「如来に招喚せられたる我」として、「行者」は如来回向の往相の我が名であり、「如来に発遣せられたる我」として、「菩薩」は如来回向の還相の我が名である。私は生来初めて「法蔵菩薩は我なり」「法蔵菩薩は我の還相なり」と叫び、踊躍を禁ずることが出来ないと曽我は歓喜している。

以上論じてきたが、曽我の還相論は、往相即還相、還相即往相と相互相即関係に立っている。それには曽我の時間論を理解しなければならない。

三、法性の時間

曇鸞の回向論で「彼の土に生じ已りて」という語は、普通に還相回向の人といえば一度念仏往生し成仏してから、再び未来世に彼の岸から現実界に還来する人とみなされている。「彼の土に生じ已りて」とは我われが考える時間では過去現在の未来に当たる。曽我は浄土に生まれ終わってこの土に還来するという未来を、法性の顕現する未来として唯識の時間論によって考えている。

我々が真実究竟の自由の郷土を一心に欣求して止まないとき、二つの世界を感見せしめられる。その一つは過去世の盲目的慾望の行為によつて招感せられる現実の業報の世界であり、他の一つは未来の自覚的本願の行力によりて荘厳せられたる法性顕現の世界である。前者は苦悩の衆生の生死の火宅であり、後者は諸仏の止住したまふ浄国である。而して前者を善悪業感の世界と名け、後者を法性生起の世界と名けられる。前者は過去世の業因によりて現在世の報果を招き、現在世の業行によつて未来世の報果を感ずるところの、衆生の業の因果の理法である。（乃至）

法性顕現の世界に於ては現在は唯一刹那である。未来は久遠不生の世界であつて、過去は永久不滅の世界である。現在は時間的一点であるが、しかし直線上の静的一点でなく、曲線上の動的一点である。それは純粋の自覚的経験の現在である。久遠の未来界から来生して、直に永遠の過去界へと落謝し去る。しかしながらこの一刹那の現在は未来と過去との間の単なる切点ではなく、未来を後景とし過去を前景として生滅する所の方向を含み、自動の力を有する根本意志の廻向の相である。この刹那の現在こそは考へられたる時間の抽象的一点ではなく、恒に流れて止まぬ純粋意志の究極点である。我々の現行せる個々の意識は、根本意志を分析したものであるが故に、その現行意識は同時に根本意志に総合せられるのである。

（「選集」四—一〇二〜一〇四頁）

我われの時間論では、過去世の業因によって現在世の報果を招き、現在世の業行によって未来世の報果を感ずるところの、業感縁起の世界である。「彼の土に生じ已りて」という曇鸞の語は、普通に還相回向の人と云えば一度念仏往生し成仏してから再び未来世の彼の岸から現実界に還来する人で、夢のような理想を語ることのように考えられる。それに対して法性顕現の世界は、現在は刹那刹那の一瞬であり、その現在の信一念の内観反省に過去未来がある。

法性顕現の時間とは「彼の土に生じ已りて」法性浄土から回向される根本意志（法蔵菩薩）の本願によって内覚される純粋未来であり過去である。それは法蔵の願心に照破され、曠劫已来流転する業果が転ぜられて浄土を願う願生心となる。信の一念に立って、その願生心の方向を往相と言い、その過去である罪業の自覚が還相である。

択滅無為は純粋過去、非択滅無為は純粋未来、虚空無為は純粋現在で、過去の物質と未来の観念が全く無礙であるのは、虚空無為即ち純粋現在によるのである。現在は、このように過去と未来とが交叉して、無障無礙なるところにある。

さうすると、浄土を、たゞ現在が進んでゆく前途にあるもの、現在の一つの目標とするだけでは、意義をなさぬ。浄土には、どうしても、そこから出なほしてくるといふことがなければならぬ。この世界、真の現在には、たゞ過去から出て来たといふだけではなくして、新しく出なほすといふことがなければならぬ。漠然と未来を観想するだけでは、徒らに過去を繰返すにすぎない。それは、臨終来迎の化土往生である。化土往生は、たゞ観想するだけで慰安をうる。古いものを超越して、もう一返生れなほしてくる為には、未来を前に見ず、之れを後にして、そこから出なほしてくることが必要である。御念仏で方向転換して、無限定の未来から、過去の方に向つて出なほす。それは普通の還相とは違ふが、矢張り一つの還相であるといひ得る。(「講義集」一一―一四〇頁)

往相と還相は時間的な前後があるのではなく、往相即還相、往相とは一心帰命の自我の前景すなわち願生心の方向であり、還相とは此一心帰命の自我の後景・過去を顧みる方向である。往相回向・還相回向は言葉にあらわせば往相して還相と言うが、過去↓現在↓未来の方向は往相、未来↓現在↓過去は還相である。従ってその現在における自覚の前面に自己を浄土に向かわせる往相があり、その背面に自己の過去を照らす還相がある。この自覚を促すのが法界縁起の未来からの如来の本願力の回向である。未来から現在そして過去へと、未来(浄土)の本願力によって荘厳せられた法性顕現の還相の世界がある。

正覚から因位への向下であり、未来より過去へと向かう、光から闇へと流転である。一念の自覚において、出離の縁なき流転の身を悲しむことが真実に欣《よろこ》びとなる。一面から見ればこの流転生死を感ずる業の原理となり、同時にまたこの迷いをひるがえして悟りに到る、悟りの自覚の原理、道程となる。真実の流転の外に還滅はないではないか。浄土より穢土へは流転門で還相である。穢土より浄土へは還滅門で往相である。流転と還滅は裏と表である。

今や唯識の原理は其の過去を否定し、未来を否定し、たゞ此の現在の刹那の識其のものが無限に内につき進む、そこに所謂限りなく外なる妄想独断を否定し、実在の過去を否定し、実在の未来を否定する所の現在が、同時に無限の過去と無限の未来とを構想して、無限に現行するのであります。即ち無限に直接に内を反省して、則ち無限に内に現行する。それが内から間接に外に反省するので無く、又それが外から内に向つて現行するのでないのでありま す。現行といふことは、自覚の外から詰り自覚内に現入するので無うて、内から内に現行するのであります。(「選集」五―一九六～一九七頁)

曽我は、更に無限の過去と無限の未来を構想して無限に現行すると過去未来現在について説いているが、それは過去永劫から限りなく「反逆と疑謗の剣を向け、あらゆる妨害を加へた反逆の罪業の身を永劫に養育して頂いた法蔵菩薩の還相の御苦労を知らさせて頂く時、単に過去現在の養育に報いるのみでなくて来生までこの土に還来せんとの還相の願いが」彼の土に生じ已ってこの土に還ってくるとの想いが表白されていると考えているのであろう。

この法性の時間論によって曽我は還相と往相の関係を更に、往相は意識の世界にあり、還相は無意識の世界であると内観的に捉えている。

「還相廻向は無意識、往相は意識であると解釈して、未来未来とおっしゃるのは無意識のはたらきである。我々は意識のはたらきだけ尊重しているが、意識の上に現われるものは極めて少いものであって、心のはたらきの大部分は無意識のものである。還相廻向は無意識の世界にはたらいておるのであるから、意識の世界では絶対矛盾であっても、無意識の世界では自己同一である」「我等人間の意識の上には何もかも矛盾撞着しておるのであろうが、それが無意識の世界に来ると如来の本願がはたらいておるのであって、そういう所に往相と還相が同時に、矛盾も撞着もなく、往相即ち還相、還相即ち往相とはたらいておるのである」「如来の廻向という方から見ると往相も還相も念仏の中にあるのであって、そこに矛盾も撞着もないのであると正像末和讃を見ると教えてある」（『親鸞大地』八七頁）

還相というのは無意識の世界にある。往相は意識の世界の中にある。「正像末和讃」に、

浄土の大菩提心は　　願作仏心をすすめしむ
すなはち願作仏心を　　度衆生心となづけたり

「願作仏心」は意識で、意識は「願作仏心」。無意識のところに「度衆生心」がある。だから、「すなはち願作仏心を　度衆生心となづけたり」と。

度衆生心といふことは　弥陀智願の廻向なり
廻向の信楽うるひとは　大般涅槃をさとるなり

如来の廻向に帰入して　願作仏心をうるひとは
自力の廻向をすてはてて　利益有情はきはもなし

その「自力の廻向をすてはてて　利益有情はきはもなし」とは、すなわち還相回向であろう。還相回向というのは死んでからあるのではなくて、還相というものもすでに早や生きているうちにあるように親鸞は述べられている。往相は幹で、我われの機の方からは眼に見えない還相が根をなしている。往相を掘り下げ、つきつめると、還相に達することが出来る。

往相の方は自分の意識の表面に浮かんで来るものであろうが、還相回向は意識の表面に現れないものである。還相回向は無意識、未来は無意識のはたらきである。往相の信意識の表面は自利を主とし、往相は本願力を回向表顕することは出来ない。唯、往相の背面に隠彰する還相の上に如来本願の他力回向を顕彰するので、意識的なる往相欲を通じて、彼の意識の底を不断の無意識の欲求の還相欲がある。それは最も深い現実の欲求である。しかし意識と無意識とは明瞭に分かれているものではない。その無意識の深いところに純粋無雑の祈りがあって、それが真実信心として意識の世界へ現れて来るのである。往相の人は現実を後にして専念理想界を逐うので、還相にこそ、理想界から現実界に還来する。どこまでも理想を現実の裡に求めて行く真の現実がある。還相回向は外面的には往相回向の影で、往相こそ実物の如く思われるけれども、往相をして真に往相たらしめる真の生命は還相にある。還相は往相の内的生命であり、往相は還相の生命発露の外相に外ならない。

かかる曽我の考えは唯識の法蔵菩薩は阿頼耶識なりという深層意識の大菩提心が法蔵菩薩であり、その還相のはたらきであることによるのは言うまでもない。

しかし注意しなければならないのは現生においての転識得智の翻りは全面的でないことである。「われわれの浄土真宗の教えに転じてみればどういうものであるか。わたくしどもが真実信心を獲るときに、平等性智と妙観察智というものを一分得る。全分得るのではなく一分得るのです」（「選集」九―六頁）。また「私どもはさとりを開いたということはないのだけれども、さとりの世界というものが、向うの方から私どもに、さとりというものの本当に一部分でありますけれども、そういう閃きが、自分の心の中に閃いて来るということが有難いことであります」（「講話集」四―二二二頁）と、曽我は信の一念の内観の自証としての考えであることを見落としてはならない。如来の本願というところに還相の根本があって、還相は如来の利他の正意であると親鸞は諒解せられたのである。南無阿弥陀仏は如来広大無辺の還相で、これを我われが頂くと往相の南無阿弥陀仏になる。その往相で如来の還相を感得する。あくまで還相のはたらきは南無阿弥陀仏によって、我われがそんなはたらきをするのでなくて南無阿弥陀仏が名声聞十方のはたらきをするのである。そのはたらきに我われは回入しているのである。

往相の徳も還相の徳も南無阿弥陀仏のところに戴くことが出来る。それは頓《とみ》にではないが、長い間にあらゆる徳の根源を信の一念に感得することが出来る。

四、回向表現

曽我は回向の意義を、「表現」という概念で明らかにしている。

廻向といふことはどういふことであるか、廻向といふことはつまり表現するといふことである。昔からして廻向といふことは施すことだ、廻施することである、己を廻して他の衆生に施すことである、浄土真宗に於ける廻向とは何ぞや、つまり如来の衆生廻向である、如来が自己の功徳を他の衆生に施すことである、かういふ工合に解釈してをりますが、それは無論それに違ひないと思ふのであります。しかし私は単にさういふ工合に解釈することだけで満足しないのであつて、私は廻向といふことは表現といふことである、浄土真宗の廻向は表現廻向であると思ふのであります。

表現廻向とは何であるか、表現廻向といふのは、たゞ水が高きより低きに流れるやうに、何物にも逆らはず低い所を尋ねて、さうして何物にも邪魔されないやうにさうしてあらゆるものに従順して流れてゆく、さういふことが、私は廻向といふ意味ではなからうかと思ふのであります。

自分の本性に従つて自然にあらゆるものに随順してゆく、あらゆる総べてのものに随順してゆく、それが即ちあらゆるものを超越するのであります。随順するが故に超越するのであります。総べてのものに随順するが故に総べてのものを超越してゆくところが、即ち私は本願廻向、廻向表現といふ意味ではなからうかと思ふのであります。

あらゆるものに随順してゆく、それをそのまゝ有難く受けてゆく、有難く受けてゆくといふことがやがてそのものを超越する所以である、之が即ち他力廻向とか本願廻向といふ意味ではあるまいかと私は考へるのであります。（「選集」五―二六三〜二六四頁）

形のある物において形なき心が回向表現する。心が象《かたど》られ荘厳せられる。随って心の本性は形に象徴せられつつ、すなわち形を否定しそれを超えて心は常恒形がない、真心は常に無形である。物を超えて常に無形の故によく物に象られて、形ある物において形なき心が始めて真実に表現回向するのである。物により、しかも物を否定して、そうして物において永遠に一切の形相を超えたる心、それ自身の面目が表現回向せられるのである。曽我はその回向表現について「弥陀の名号こそは本願の回向表現の果体であると云ふ」と、回向表現と言う場合、名号として如来の本願が回向表現されることと説いている。

唯絶対平等の法界があつた。しかし回向表現しない法界の体と云ふことは空言空想に過ぎない。実在は本然の不可知的内性を回向表現せられなければならぬ。実在の回向表現はそれの如是の力用である。而してその力用は則ち名号である。則ち南無阿弥陀仏の名号である。『唯識論』にはこれを「法爾無漏の種子」と呼んで居る。哲学者は「実在の観念」と呼び、神学者は「神の観念」と名ける。而してわれわれの祖先はこれを「如来の名号」と呼ぶのである。げにこの名号こそは絶対無限の如来の本然如是の力用であつて、一にして静なる法の体は挙体表現して十方衆生の生命の根原となり、行為決定の原理となるものである。（同　三—

三三八頁）

曽我は回向表現のはたらきは随順と超越であると言う。本願は法性真理に随順し、衆生を畢竟清浄の世界に入らしめる為に衆生の宿業に随順しそれを超越して摂取する。生死に本当に随順して行くということが、実は生死を超越するということになるのであって、真の随順のできるところにのみ超越がある。凡夫たる我われはやはり生きとし生ける限り生死に苦しめられるであろう。この苦しみ悩みのうちに、またそれを通じて、我われは法の同体大悲の心をいよいよ深く知らしていただく。

「されば、よきこともあしきことも、業報にさしまかせて」、善悪共に過去の業報にさしまかせ、つまり「我身現是罪悪生死之凡夫」、我が身は業報の身、善悪共に現にある宿業の報いたるこの六尺の身体にまかせ、業報にまかせ随ひ随順し、謙虚な柔和忍辱の心、宿業に反抗し、宿業を征服してゆかうとせず宿業に随順してゆく。随順してゆきうる所に随順して超越してゆく道がある。反抗せぬ本当に素直な謙虚な柔軟な心、その柔軟なる心が即ち超越するのである。「いたりて固きは石なり、いたりて軟かなるは水なり、水能く石を穿《うが》つ」、所謂水能く石を穿つ心である。（同　六―三〇八～三〇九頁）

古語には、愚鈍寧弱なる我心を水となし菩提の道を石と観て、その菩提心を自励せられたのであるが、蓮如上人は此古詞の真義を解釈して、頑固強剛なる我が自力の心を石と観、これに対して柔和忍辱の如来の御心を水と見られたのである。如来が衆生の頑固な自力心に柔和忍辱な大悲心で随従し、強剛反逆の人間の心を穿ちて、超えせしめ他力の信水に帰入せしめる。至柔の水が常恒不断の進行に因って遂に能く頑石を穿つ所の内面的堅固さがあるので、ここに五劫思惟の弘誓と兆載永劫の御辛労が象徴され、往還の回向が巧みに表現されていると言えよう。

如来の本願の六字の「回向の大行」である名号表現は、内に無限に深く深く衆生を憶念摂取して妄失することなく、称名は無限に外に広く普く衆生を教化流行して闡化するのである。表現とは、形のない情意を形であらわしてゆくことである。回向とは現象即一切のものがあたえられたものということであろう。まことが形をとってきたものが現象であり、如来のまことをいただいてみれば、天地万物ことごとくがまことの現象である。それが回向なのである。「人間も自然もその核心は皆悉く無限の道程の象徴ならぬものは一つもない。而してその万象の核心はその名である。一切の言語は悉く如来の表現の行に外ならない。「花と云ひ、月と云ひ、水と云ひ山と云ひ、男と云ひ女と云ひ、僧侶と云ひ俗人と云ひ、宗門と云ひ法主と云ひ、夫と云ひ妻と云ひ、すべて「無限の道程」を表現せぬものは一つもない」(「選集」四―一四四頁)、総ての名が無限の意味を包含して限りなく自ら内に向かって選択し回向して終りがないように進み行くのである。

かく曽我は回向表現の道理から見れば世界の文化はすべて還相であると考えている。

いろいろの学問、百般の科学哲学は皆還相で往相はそんなものを突破し超越する。往相の一心は願作仏心。浄土の大菩提心は願作仏心。その願作仏心を度衆生心と名づける。ぐんぐんと唯仏道といふものに専注していく、無上仏無上涅槃、形もなく色もない無上涅槃を求めていくが、同時に又色あり形ある世界に応じていくことが出来る。これが還相といふものでないかと思ふ。（「講義集」一—一二六頁）

南無阿弥陀仏の中に超意識に還相の徳が現在に現れている。南無阿弥陀仏が人事百般に働いて来ることが還相回向である。南無阿弥陀仏が南無阿弥陀仏の姿を隠し、和光同塵して様々の方面に働いて来る。これがつまり還相回向であると曽我は考えている。往相回向も還相回向もそれを統一する如来の本願の願心の内観の発現である。曽我は内的招喚と外的発遣[3]と、内に往相、外に還相と如来の本願が内外相応して表現されているので、内なるものが外に表現され、表現された外なるものが内なるものに相応した発露である。

如来の本願力回向ということは形のない願心が六字の名号となる。それは如来の御回向の本願成就の南無阿弥陀仏が真実功徳相で、法性に随順することである。しかして衆生をして畢竟浄、すなわち大般涅槃に入らしめること、衆生をして不生不滅の常住真実に入らしめるのである。

曽我の還相論の根柢にある往相即還相・還相即往相という身証には「南無阿弥陀仏は往相と還相である。成道と涅槃と感応する。成道は涅槃を目ざしてゐたので、涅槃は成道に応じたのである。始めと終りと相応するのは乃至と云ふことである。始めが終りをつきつめるのである。始めをつきつめて終りになる。終りをつきつめて始めに帰る。結局我等の生活は乃至である。一念が一生涯を超越して一生涯をつゝむ、始めは終りをつゝんで始めに帰る。常に終りを始めにつゝんで始めに帰るのを平生業成と云ふ。つまり終りを摂めて始めに帰る。（乃至）浄土真宗は何時起つたかと云ふと滅度から起つた。それは御誕生に始まり、満九十年を乃至にをさめるのである」（「講義集」一―三三三頁）と述べるように、現在の一念の内観に自ずから感知された領解なのであろう。

註

［1］　曽我は五念門は全て往相であり、五功徳は全て還相と考えている。曇鸞の因の第五なる回向に往相還相の二門を開くことは、明に五念の因を悉く往相とし五徳の果を悉く還相とする御意であらふ。果の前四徳までを往相とすべきではない。証大涅槃は勿論往相であるが、此を四徳に分類する時は同一内容と雖ども、還相である。此事は五功徳が悉く「証巻」の

還相段に引用せられて居ることで明である。古来の宗学者の多くは此を問題とすらして居らぬ人が多いが、少数の学者は兎に角此事を宗学上の問題とまではして居る。しかしその解答は出来ないのであつた。此れ蓋し明なる教証を曲解せんとするからである。祖聖已に此を還相回向の証文として引用し給ふかぎりは何ぞ祖教を味はないのであるか。我は果の五徳を総して因の五念に対して還相と云ふべきであると信ずる。（「選集」三―二〇八頁）

註［2］　教について参照。

教の上に人格的生命の表現を見るは他力信仰の態度である。教と云ふ時に我々は紙と筆とを想ひ出だす、それは教の第二の相であつて、第一の相の教は教主の直接の自我の表現である。教は教主の直接の声を体とする。されば教主の人格を離れて、教は存在せないのである。嗚呼教に遭ひ、教を聞き、教を信受することは至難の事である。遭ひ聞き信愛する我を離れて教はないではないか。『唯識述記』に「聞者の本願縁力の故に仏陀の識心上に文義の相を生ず、此仏陀心上の文義の相を以て根本的の教の体とする」と釈してある。されば文義の相は教主仏陀に在るが実には聞者たる自己の本願縁力の表現に外ならぬ。教は全く自己本願の表現であると云はねばならぬ。（「選集」四―四〇一頁）

註［3］　曽我は、内的生命・内的意志・行信の内的道程、全体的内的感覚・合掌称名の内的感覚・内的努力・真実の内的生活・内的苦闘の闇黒面・内的仮我法たる阿頼耶識・発願廻向の内的本願海を内的生活・信の一念の内的覚証・等、種々の語に内的と内観的表現している。

第十一章　法蔵菩薩の三心

一、法蔵菩薩影現の歴程としての三願

『教行信証』の信巻の三心釈で親鸞は、阿弥陀仏の法蔵の不可思議兆載永劫の御修行の内景を述べている。その詳細は拙書『救済と自証』に記したが、その要旨をその時明らかにしていなかった曽我の唯識の観点に重きをおいて、その意義を考えることにする。

今まで論じてきた様に、大乗仏教の十地の行から浄土願生の一心五念行へ転じる展開過程を究めてきたが、往生浄土の願心の意義は、願往生心の信意識を浄化せんためである。如来の願心が衆生の心に入り、それが衆生の信となり、やがて無上涅槃に至るのであるが、衆生の心における如来の願心の深化展開の過程が衆生の信となる。そこに如来の本願力である法蔵菩薩の限りない願心の内観が証されるのである。その法蔵菩薩の願心が衆生の信そのものになり、衆生の無上涅槃を求める願心となることを明らかにするのが、親鸞の体験の表白である第十八願至心信楽欲生

の三心釈である。この三心釈は親鸞の己証中の己証と言うべきものである。この三心を熟読すると、天親の一心が善導の二河白道の譬を基調に善導の三心を踏まえて親鸞が三心の自釈を展開していることが理解される。

古来の講学者は等しく此「二河譬」を以て三願転入を喩暁するものであると云ふ。此れ元より可であるが、併し三願転入の内面には更に本願の平等一貫の三心廻入がないであらふか。此三心表現の真実内観に依りてのみ、自力を捨て丶他力に証入する所の三願転入が自覚の内容として成立し得るのではなからふか。十九願の「修諸功徳」は「至心の内容」であり、二十願の「植諸徳本」は「信楽の内容」であり、而して此二願を止揚して如来の大願に廻入せしめるのが第三の欲生我国でないであらふかと思ふ。しかのみならず「三願の転入」は主として如来の因位の「選択の願心」を明にせんとし、「本願三心の廻向」は専ら如来の果成の「本願力の廻向」を明にせんとするものである。（「選集」四―一五八～一五九頁）

曽我は、法蔵菩薩の真の願心である至心・信楽・欲生の第十八願を領解するために『法蔵菩薩影現の歴程としての三願』（「選集」三）で第十九・第二十・第十八願の法蔵菩薩の願心の必然的歴程過程を明らかにする事が必要であると考えている。

欲生は、第十八願の「至心信楽欲生」、第十九の願には「至心発願欲生」、第二十の願には「至心回向欲生」と欲生が三願に通じているが、「三願転入は、欲生我国というものが段々自分自身を掘り下げてゆく。欲生が自分自身を掘り下げてゆくのが三願転入ということである」（『選集』九—三二四頁）という。衆生の機がだんだん開発されてくるのは何によるのかというなら、法の三願があるからで、機の転入には法の回入がなければ成就しない。仏の救済の願の展開があってこそ、衆生の転入がある。

曽我は第十八・十九・二十の三願について唯識の阿頼耶の三位と関連づけて説いている。阿頼耶識の識的作用に三位すなわち三重の認識的形式の原理によって、それを転じて内面化して阿頼耶の三相、因相・自相・果相を十八願の三心に立てるのである。

たとひ我れ仏を得たらんに、十方衆生心を至し、信楽して、わが国に生れんと欲ふて、乃至十念せん、もし生れずんば正覚をとらじ、たゞ五逆と正法を誹謗せんとをば除く。（第十八願）

たとひ我れ仏を得たらんに、十方衆生、菩提心を発し、諸の功徳を修し、心を至し、発願して、わが国に生れんと欲はん、寿終らんとする時に臨みて、仮令大衆とその人の前に現ぜずんば正覚をとらじ。（第十九願）

たとひ我れ仏を得たらんに、十方衆生、わが名号を聞き、念を我が国に係けて、諸の徳の本を植ゑ、心を至し、回向して、わが国に生れんと欲はん、果遂せずんば正覚をとらじ。（第二十願）

この三願の文字を黙誦すれば、釈尊が久遠の法蔵眼を開いて、現実的肉体を内感し、自らの永久の流転を観照して御出でになる御姿を偲ばねばならぬ。十方衆生こそは彼の永久流転の姿である。すなはち法蔵菩薩が自ら流転して十方衆生と現はれる。而して十方衆生と現はれる所に法蔵菩薩の本願が満足成就するのである。真実に十方衆生を限りなく産み出すことが法蔵菩薩の本願である。而して真実に全人的衆生を産むことは至難の事業である。これ則ち第十八願の若不生者の誓の上に更に第十九、第二十の二願を発起したまひし所以である。

（同　三一―三〇〇～三〇一頁）

曽我は唯識の現実自我の三位に配当して衆生の煩悩の心中に影現する御苦労を示している。衆生を十八願の至心信楽の三心に目覚ましめるために自ら流転せられるのが方便の十九・二十願と展開される。法蔵菩薩の本願はその第十八・十九・二十の三願において、三度十方衆生の名を呼ばれる。我われは自己誕生の悲痛と困難とを思念し、如来の広大の大悲を感謝せねばならない。その三願の位とは、我愛執蔵現行位・善悪業果位・相続執持位であり、位とは菩提心を起こして仏になるまでの階梯である。第十九願にあたる我愛執蔵現行位は、第八識が第七末那識によって自我であると執著されているので、その末那識の我執が現実の認識作用である第六の自我とする迷いの意識である。第七識の我愛が現行から離れない執蔵される我執の識である。現行の意識である感覚意識の執着である。

曽我はこの我愛執蔵現行位を転換せしめるのが、法蔵菩薩の第十九願であると言う。

法蔵菩薩の三願		蔵識の三位
	若不生者の願	（一）我愛執蔵現行位
	臨終現前の願	（二）善悪業果位
	不果遂者の願	（三）相続執持位

註［1］（同　三―三〇二頁）

今や我々はかゝる聖道の諸師に対する浄土教の立場を述べねばならぬ。それは已に云つたやうに、修諸功徳、臨終現前の十九の願こそは如来が全然その本願の光明を和げ、聖道諸師の我見の無明の塵に同じ、彼等の虚仮雑毒の精神生活を、全然無批判に肯定したものである。この肯定はやがて大なる否定の為の肯定である。「隠れたるを如来蔵と云ふ」「法身五道に流転するを阿梨耶と云ふ」といふが如きは是れ正に法蔵菩薩の十九の願の相である。（同　四一一頁取意）

すなわち第十九の願の衆生は諸善万行を執する自利的律法的なる聖者である。殆ど全く自己の現実を観ぜず、自己の肉体を内感せず、定散の行に執着せるものである。これ等の聖者を臨終の時に生の事実に触れしめんとの願が第十九の臨終現前の願の意である。

次に第二十願は、唯識の善悪業果位で善悪業果位とは、第八識が前世の善業あるいは悪業の結果として異熟識とよばれるので、前世の業によって、時と性とを異にして成熟したものという意味で、倶生の法執は「恒に身と倶なり」といわれ、出生と同時に具している。倶生の微細な根本煩悩に惑うので我執に対して法執である。

第十九願に対向するところの、所選取の境界、すなはち当《まさ》に選び取らるべき境界が二十の願、植諸徳本、不果遂者の誓願である。「諸善をすて丶、たゞ念仏せよ」、これが根本々願なる第十八願の選択せる命令である。しかしながら真実の求道的精神にめざめない多くの人々は皆滔々として此教の言に固執し、此教の文字を自己の小なる経験に訴へて、念仏に理由を附加せんとする。而して此念仏を自己の善とし、これを回向せんとする。これは畢竟するに如来の選択批判の大意志に触れず、依然たる独断虚妄の境地に止まる境界である。二十の願は是の捨て難い自力を悲痛する者の前に開かれた。かくて所選択の行の取捨の問題は終に能

選択の願心へと転入する。（同　四―一二頁取意）

第十九願の臨終終現前の願の奥に第二十願の不果遂者の誓がなければ、臨終現前の願も仮令の願に終るのであろう。我われは常に眼耳鼻舌身意の六根を開いて六境の世界に生活しているが、その奥にある我痴、我見、我慢、我欲の四大煩悩に拘束せられて居るので、正しく久遠の自我に触れる時、人生は唯業繋《ごうけ》である、千歳の黒闇である。どこどこまでもその根本煩悩の十方衆生の肉体の奥底に影現せんと欲する法蔵菩薩の本願は十九の願の奥底に已に二十の願が存在して、臨終現前の願を果遂される。

我われの妄執の闇の深いことは、臨終現前の願の奥に、不果遂者の誓が存在し、我愛の迷闇に執蔵せしむることなく、どこどこまでも十方衆生の肉体の奥底に影現するのが果遂の本願である。第二十の願は不果遂者の誓である。少なくとも臨終までに大悲の本願を果遂して、衆生をして現実世界に誕生せしめ、現実人生に開眼せしめんとするのが第二十の願である。

その果遂の願の底に已に若不生者の大誓願が隠れ彰われて居る。曽我は「たすけたい」と云う欲望の十九の願は、「たすけねばならぬ」と云う意志の二十願に裏づけられ、更に「たすけやう」と云う行為の十八願に裏づけられて居るという。「若不生者、不取正覚」の十八願は、已に法蔵菩薩が衆生の大主観の眼となって、至心信楽の心を回向影現して下されてあることを示すものである。

静に名号の法と信楽の機とを対観すれば、機の主観はどこまでも果から因に向ひ、外から内に向ひ、絶対無限から相対有限に向ふ。内なる因を極めずんば止まぬのが真実信楽の面目である。是故に信は自己罪業の自覚をその本領とし、まことの罪業の自覚の外に別に救済の自覚はないのである。

げに十九の願でも、二十の願でも、衷心から救はれない罪業の自覚がないから臨終の来迎を要求したり、果遂の要誓をしたりするのである。此等は皆罪の自覚に徹底せぬから、さらに理想的なる仮の救済を求めるのではないか。されば第十八願の面目は畢竟自分の永久の流転と云ふの外はないのである。機の深信と云ふことは決して地獄一定と云ふやうな概念ではなく、自己の全責任の自覚である。「現に罪悪生死の凡夫」てふことが機の深信の中心である。此煩悩具足の信知がすなはち本願力の乗托である。

罪悪の自覚は全責任を負ふて起つことである。此が則ち法蔵菩薩の発願の内的動機である。罪の自覚なき者が云何にして慈悲や同情や愛やを感ずることが出来やう。一切衆生の罪を自己一人の罪と内観する時、この時法蔵菩薩は超世の大願を感得せられた。げに機の深信罪悪の自覚こそはわれ等の法蔵眼、現実的大主観の覚醒である。この時初めて微に如来の大願力を、現実的肉体を通して、体験するのである。我々にして衆生の肉体を内感せずして、云何にして如来の大誓願力を感得しやう。則ち十方衆生の肉体を内感する所の現実主観、限りなく十方衆生を産み、限りなき衆生の体内に常に唯一人の自己を発見し、一面には衆生の肉体を精神の牢獄と感ずると共に、他面には是に依つて免れ難き罪業を償ふの悲母であり、更に此に依つて現実的自我を観照するの智慧の光である。されば信はいよいよ深く現実の闇に踏み進まねばならぬ。信は十方衆生を生んで、それを直に自己であると見る。則ち十方衆生を生むことが法蔵菩薩の根本的誓願である。故に衆生の生るゝてふことは彼の成仏である。彼の根本主観の大覚は十方衆生を自己と観ずる時である。而して衆生を生むてふことは則ち彼の主観の観念界中に摂取することである。(「選集」三―三〇四～三〇五頁取意)

かくの如く十九・二十の二願を転じて、第十八願を成就し、この十八願に依って法蔵菩薩は、この現実世界の奥に影現し給うたのである。第十八・十九・二十の三願は法蔵菩薩影現の過程にして、すなわち我等人間の救済の歴史であり、自覚の歴程である。

以上の如く法蔵菩薩の三願の歴程の御苦労は、衆生をして至純な願生心に目ざましめるためである。更にその自覚を顕示するのが第十八願の至心信楽欲生の三心を明らかにすることであり、それが親鸞の『教行信証』の信巻の三一問答である。

三心一心の問答で親鸞の言う本願の三心は、法蔵菩薩の不可思議兆載永劫の修行の内面を示された三心であり、凡夫自力の心でなく、全く如来回向の信心であるということを天親菩薩の『浄土論』の一心と相対して明らかにされるものである。

天親の一心を根柢においての親鸞の驚嘆すべき表白の文であるが、その自釈は、善導の観経の三心、至誠心・深心・回向発願心と融合して説かれていることに注意しなければならない。

二、三心釈の第一問答

三心釈は第一問答の字訓釈と第二問答の仏意釈とがある。その第一問答について親鸞は「問う。如来の本願すでに至心、信楽、欲生の誓いをおこしたまえり。何をもってのゆえに論主一心と言うや」と問い、詳細に至心信楽欲生の字訓を記している。

わたくしに三心の字訓をうかがふに、三すなはち一なるべし。その意いかんとなれば、至心といふは、至とはすなはちこれ真なり、実なり、誠なり。心とはすなはちこれ種なり、実なり。信楽といふは、信とはすなはちこれ真なり、実なり、誠なり、満なり、極なり、成なり、用なり、重なり、審なり、験なり、宣なり、忠なり。楽とはすなはちこれ欲なり、願なり、愛なり、悦なり、歓なり、喜なり、賀なり、慶なり。欲生といふは、欲とはすなはちこれ願なり、楽なり、覚なり、知なり。生とはすなはちこれ成なり、作（作の字、為なり、起なり、行なり、役なり、始なり、生なり）なり、為なり、興なり。あきらかに知んぬ、至心は、すなはちこれ真実誠種の心なるがゆゑに、疑蓋雑《まじ》はることなきなり。信楽は、すなはちこれ真実誠満の心なり、極成用重の心なり、審験宣忠の心なり、欲願愛悦の心なり、歓喜賀慶の心なるがゆゑに、疑蓋雑はることなきなり。欲生は、すなはちこれ願楽覚知の心なり、成作為興の心なり。大悲回向の心なるがゆゑに、疑蓋雑はることなきなり。いま三心の字訓を案ずるに、真実の心にして虚仮雑はることなし、正直の心にして邪偽雑はることなし。まことに知んぬ、疑蓋間雑なきがゆゑに、これを信楽と名づく。信楽すなはちこれ一心なり、一心すなはちこれ真実信心なり。このゆゑに論主（天親）、建《はじ》めに「一心」といへるなりと、知るべし。

（『教行信証』「信巻」本）

この字訓の一字一字について、「選集」八巻『教行信証「信巻」聴記』第十二講・四、三心字訓の深義に詳細に説かれているので、参照して頂きたい。

至心のみならず信楽・欲生の三心にわたって詳しく色々な経教などによって字訓釈というものを施こされた。天親菩薩の『願生偈』に、「世尊我一心」といわれたのはどういうことであるかということについて、まず初めに字訓釈をもって、至心をば信楽の〝信〟におさめ、欲生は信楽の〝楽〟からひらけてきて〝楽〟におさまるのである。三心はすなわち疑蓋無雑の、疑蓋雑《まじ》わることなき、中間の信楽という一つにおさまることを明らかにされた。「至心・信楽・欲生」の三心は畢竟ずるに疑蓋無雑の一心であるということを明らかにされたのである。しかして合釈において「信楽は即ち是れ真実誠満の心なり、極成用重の心なり、審験宣忠の心なり、欲願愛悦の心なり。歓喜賀慶の心なるが故に、疑蓋雑ること無し。欲生は即ち是れ願楽覚知の心なり、成作為興の心なり、大悲廻向の心なるが故に、疑蓋雑ること無し」と最後に字訓に関係なき大悲回向の心を出して、疑蓋雑わることなき天親の一心が如来回向の真実の信心であり、如来の大悲の三心をおこしたもうのは、要するに、我らの一心ということをよく開顕せしめんがために、如来は三心の誓いをおこしたまうのである。如来にあってこの三心をおこしたまわねば、我ら衆生にこの唯一信心を発起せしめたまうのである。「欲生は、大悲廻向の心なるが故に」と至心・信楽・欲生我国の三心のなかの信楽を体として、さらに欲生は如来の大悲回向の心である、至心も信楽もみな如来回向であるが、その至心信楽を大悲をもって能回向される心である。所回向の中に能回向の心がある。そのことを明らかにするために親鸞は第二問答の仏意釈をおこして阿弥陀仏の因位法蔵菩薩の心境を展開されるのである。

曽我は、信巻の三心の字訓釈をもって、「祖聖親鸞の深広無涯底の信仰体験を宣布せられた一大詩篇であると信ずる」と、単に親鸞の字訓釈をとおしてその深義を感得している。第一問答から自然に展開するのが第二問答で、曽我は第十八願の至心信楽欲生の三心というものを阿頼耶の三相というものに配当している。

如来表現の範疇としての三心観において、根本阿頼耶識には、自相と因相と果相の三相がある。その阿頼耶識の自相は、「因果を摂持して自相とする」と『成唯識論』（巻第二）にある。因と果とを摂め持つ、因果を摂持して自相とするとあるが、この本願の三心を阿頼耶識の自相・因相・果相に当てはめて解明している。[2] 信楽は信心の自体、本願の自相である。この自相の意義が至心は果相、果体であり。欲生は因相である。此の因果の二相は阿頼耶の現在の無限の持続内観的事行の上の二つの意義である。第十八願の本願の三心について唯識の三相に基づいて曽我は明らかにしている。『如来表現の範疇としての三心観』（「選集」五）を中心に解明する。

三、第二問答・仏意釈

本願の三心を曽我は阿頼耶の三相によって解明している。三相とは信楽の自相を体として義相として至心と欲生がある。

阿頼耶識といふのは印度の言葉でありまして、之を支那で蔵識といふのであります。此の阿頼耶の蔵意識について三つの相がある。それは何であるかといへば、

第一　自相
第二　果相
第三　因相

これである、かういふ風に申します。従つて此の三相に対して各々名前があるから、阿頼耶には三つの名前がある。阿頼耶識といふのは此の自相の方面の名前である。果相の方の名前は異熟識、因相の方の名前は種子識、詳しく云へば一切種子識で、これを書きますと、

第一　自相　阿頼耶識
第二　果相　異熟識
第三　因相　種子識

此の阿頼耶は三つの相即ち内容をもつているために、その主観なる阿頼耶識の上に三つの名前があるといふことは、『唯識三十頌』の中に書いてある。又『三十頌』の註釈『成唯識論』の中に其の事が解釈されてあるのであります。

先づ此の中に於て自相といふのは一番根本でありまして、自相といふのは然らば何であるか、之は詰り自我の相、或は自我意識の相、又は自覚の相、かういふ工合にいふことが出来

ると思ふのであります。、詰り阿頼耶の自覚相であります。

だから一面から見れば吾々一切衆生の感覚的現実の流転の因果の形式といふものもここにある。又従つて此流転の形式自体なる自覚の理想的還滅の因果形式といふものもここにある。一面から見れば此の流転生死を感ずる業の原理となり、同時に又此の迷ひをひるがへして悟りに到る悟りの自覚の原理道程となる。迷ひの原理自体を証知する原理が即ち此の悟りの原理でありまして、詰り吾々は阿頼耶識の体験の中にあつて本当に迷ふことを感識することが出来るのであります。

悟りといふのは迷ひそれ自体を本当に無限に内観するを其の道程として居る。迷ひといふことをのけて何が悟りであるか、真実に迷ふことを知る、真実に迷ひ来つた所の道を逆に尋ねて悟りに帰り行く。一体迷うて来たけれども、どこをどう迷うて来たか解らぬことが迷の実相であるならば、この識そのものを静かに逆に内に辿つて行つて、そこに吾吾の還滅の道程が昭々として影現し来るのであります。だからして迷ひといふも悟りといふも、要するに阿頼耶の自相、即ち自体相、自覚相、自我相、一切の自覚を総合せる根本的自覚識、さういふ所に一番根拠があると思ふのであります。(「選集」五―一六一～一六三頁取意)

このように阿頼耶識の自相は具体的経験それ自体の自覚であり、諸識を内に総合して各自に自覚あらしむる所の自覚全体である。一切の自覚の総合原理自体、自覚の自覚、自覚する自覚、それがすなわち阿頼耶である。その自覚の道程はすなわち迷いの道程の逆的内観である、その迷いの道程に即して自覚の道程を内観する体験、それがすなわち阿頼耶の自相である。あらゆる万法の蔵たると共に、それが直にそれを自意識する意識である。その蔵というのはつまり阿頼耶の体相、即体験であり、蔵が蔵自体を識する所の蔵の識、蔵することがすなわち蔵識することである。蔵即識の蔵意識である。その体験の自覚の内容的な意味に果相と因相の義相が二つある。

それで阿頼耶の果相といふのは何であるか。又因相といふのは何であるか。詰り果相といふのも因相といふのも、此の阿頼耶覚体自相の限界概念の有限的並に無限的の両面に外ならぬのであります。

そこで自覚といふものは具体的の全一の作用でありますが、やはり体を全うして働く所の働きであります。其の具体的経験といふ等流因果の相続の一面の有限の極端、極限の内容が果相である。自覚の有限相対の一面的意義を現すのが果相であります。それに対して絶対無限の一極限に現われる意味が、それが因相である。或は果相は阿頼耶識の立体的自覚作用の内在的意味であり、分析的内容である。それに対して因相は阿頼耶識の自覚作用の超絶的意味、即ち直に総合的自覚主観夫れ自身の反省である。

阿頼耶識の因相・果相といふものについて、果相といふ方は、阿頼耶覚体自相の限界概念の有限的な面、迷の世界を顕してゐるのである。それに対して無限的の面因相は真理の世界を顕す。それでつまり果相の迷の方は業道自然の世界であり、全く異熟せられた不純に象徴せられた世界である。しかしながらその背景である所の因相といふ無尽の法蔵から果そのものを照し見る時、純粋完全の象徴の世界といふものが感得せられる。

要するに、絶対的無限の自覚の中に於てこそ初めて此の現実有限と無限の理想といふものを具体的に包含して居る、それが即ち本当の円満的具体的経験であり、具体的経験としての自覚意識といふものである。斯ういふ工合に現して行くのが阿頼耶識の三相と名づけるものである。（同　五―一六五～一六六頁）

果相は過去の善・不善の業の結果（異熟、果報）としてであり、因相は、諸法を生起する種子を蔵するというのであるが、曽我は果相は至心であり、因相は欲生であると言う。要するに、自相である信楽自覚の義相（内容）に二面があり、過去からの現実業道の限界、業縁起の果相がきわまるところに、如来の至心が作用し、法性縁生の限界概念、未来からの無限の大悲を因相として欲生が作用するので、未来より欲生の因相と過去の至心の果相とは畢竟現在の信楽を成立せしめる具体的な原理である。

かかる観点に立つ曽我の考えに基づき親鸞の法蔵菩薩の三心の各々について論及する。

①至心釈

一切の群生海、無始よりこのかた乃至今日今時に至るまで、穢悪汚染にして清浄の心なし、虚仮諂偽にして真実の心なし。ここをもつて如来、一切苦悩の衆生海を悲憫して、不可思議兆載永劫において、菩薩の行を行じたまひしとき、三業の所修、一念一刹那も清浄ならざることなし、真心ならざることなし。如来、清浄の真心をもつて、円融無碍不可思議不可称不可説の至徳を成就したまへり。如来の至心をもつて、諸有の一切煩悩悪業邪智の群生海に回施したまへり。すなわちこれ利他の真心を彰す。ゆえに疑蓋雑はることなし。この至心はすなはちこれ至徳の尊号をその体とせるなり。（『教行信証』「信巻」本）

茲に謂ふ所の「群生海」は、所謂衆生海であり、感覚意識と称すべきものである。普通感覚意識と云へば、眼識、耳識、鼻識、舌識、身識並に意識の六識を指すのであるが、私は此六識と共に、外に此等の所縁となる色声香味触法の六境、及び内に此等六識の所依体たるべき眼根、耳根、鼻根、舌根、身根、意根の六根を併せて悉く衆生界即ち感覚意識の群と呼ばんと欲する。通常考ふる所の六識を以て六境を感覚すると云ふのは、六境の上の或る性質を抽象して知覚することであつて、境の全体即ち色そのもの香そのものを感覚するのではないが、私の云はんと欲するは、それ等の特殊的性質を感覚するに先だち、我々は内には六根なる有機体を全体的に感覚し、外には六境なる無機体を全体的に感覚する。是れ即ち有機感覚、無機感覚なるものである。私共の感覚意識は寧ろ生理的物理的である。夫は内外無数に各々別々の形象を取りて内なる煩悩妄念に応じて化現して居る。此の一切群生海は、感覚意識が何等の統一なくムクムクと所謂六根六境六識の群賊悪獣を生ずる。群生の、群とは何か。群賊悪獣、それが群り生ずる、それを群生海といふのであります。(「選集」五―一七四頁)

三心中に「群生海」という語が一貫して語られるが、衆生の自証は群賊悪獣の形相をもって表明せられた。我われは常に眼耳鼻舌身意の六根を開いて六境の世界で生活しているが、六根・六識・六塵・五陰・四大とは現実の身心を始め感覚世界の一切である。それは群賊悪獣をもって衆生の現実相を象徴するのである。所謂業煩悩全体を一つにして「一切群生海」と言うのである。一切群生海とは正しく部分的感覚ではなくて全体的感覚であり、深層意識である阿頼耶識の自覚において、自己の身心の有機体のみでなく、外界の無機物である自然をも一切を感覚する。群生海と象徴される全体的感覚を『唯識論』では異熟識と名づけるのである。

「吾々は業の果を通して業の因といふものを見出す。其の業の因が即ち此の異熟識でありまして、業果に対して業果を感ずる所の主観、即ち業の因が此の異熟識というべきものである、といふ工合に説いて居るのが阿頼耶の果相であります」

異熟を異熟する所の識を一層深く内観して、今まで因と果と別体と見えたる無自覚なる業の因果を全体総合の自覚作用の異熟識として阿頼耶識の自覚全体を見出して来たのが群生海という事である。その一切群生海というのは、単なる外的なる衆生でなく、宗教的自証の内在的果相である。かかる一切群生海の自覚を通して如来の本願を絵巻物の如く明瞭に信知するのである。

すなわち異熟がその極限に達した時、異熟識は異熟を超越して清浄真実の智光を開いて一切衆生を摂取し、衆生の苦悩を転じて歓喜たらしめる。

曽我が阿頼耶識はこの流転生死を感ずる業の原理となり、同時にまたの迷いを翻して悟りに到る悟りの自覚の原理道程となると述べるように、阿頼耶の大きな自覚を通して、翻って其の自覚の果相として、現実相として業全体を、自己の全体的責任というものを、浄玻璃の鏡の前に立った如く明らかに見出されるのが阿頼耶識である。

その唯識における阿頼耶識の自覚を自覚せしめるのが法蔵菩薩の本願の三心中の至心のはたらきである。「如来は不可思議兆載永劫に於いて三業の所修一念一刹那も清浄ならざることなし、真心ならざることなく至心を廻向したまう」と、正しく至心は如来の本願における果成の力用である。一切群生海と主観客観の表現をされずに親鸞が表白されているところに、全く衆生そのものと一如となって悲憐される法蔵の大悲を感識しておられるのであろう。

「欲覚、瞋覚、害覚ヲ生ゼズ、欲想、瞋想、害想ヲ起サズ、色声香味ノ法ニ著セズ」と、一体之は何を云つてある。初めから生じたことの無いものならば、「生ゼズ」といふ必要はない。初めから起さぬものならば「起サズ」と断る必要はない。初めから著せぬものならば「著セズ」と断る必要はない。こゝに殊更に「生ゼズ」「起サズ」「著セズ」といふのは何を云つて居るのであるか。「生ゼズ」といふことは、生を通し、生を超えて、生を超えることによつて、此の不生の境に達し、「起サズ」といふのは、真実に起を通し、起を超えて、不起の所に達するのである。「著セズ」といふのは、著を通して、初めて著を超えた境地に至つて「不著」といふのであらう。(「同」五―一八二〜一八三頁)

『大無量寿経』の勝行段の欲覚、瞋覚、害覚を起こさない法蔵菩薩の行は、欲覚、瞋覚、害覚を起こし、本当にそれに悩まされているものが開く境地である。本当に欲覚、瞋覚、害覚を起こし、それに悩まされたものにして、初めて欲覚、瞋覚、害覚を生ぜない、それを超越した所の境地を感得するのであろう。法蔵菩薩は、我われの本当の現実、異熟の現実の自覚を通し、煩悩に染まらずして煩悩に染まる衆生に同じて一念一刹那に衆生の煩悩を菩提に転じて救済する。それが法蔵菩薩の兆載永劫の修行である。

如来の至心は我われ衆生の苦悩の全体的業の果相を転ぜしめる。一切の群生海の果相を通して我われは如来の因相を明瞭に知ることが出来るのである。

法蔵菩薩の至心は、我われの本当の現実、流転の業果の自覚の限界・極端の底に現れ、そこに感ずる所の清浄なる大精神である。本当に現実に苦しめられ、我われを本当に見つめ、自己のあらゆる現実を認めて、自己の全体を投げ出し、その自己全体を投げ出し、その自己全体を投げ出す時に、その自己全体を引き受けるのが法蔵菩薩である。

至心釈において「至心はすなはちこれ至徳の尊号をその体とせるなり」と、この至心の本質は如来の真実心である名号であり、南無阿弥陀仏の大行である。またこの「如来の至心」はすなわち「利他の真心を彰わす」ので利他の真心とは衆生の悪を転じて徳とする実行の理性であり、悪を浄化して徳となす離垢清浄のはたらきである行智である。

名号について「法体の成就」と「衆生への廻向」との二つを考ふることであり、前に掲げたる親鸞の至心釈に於ても、「清浄の真心を以て円融の至徳を成就したまへり」と云ひ、ついで「至心を以て群生海に廻施したまへり」といふのは次第の如く此二者を分つが如くである。併し所謂「法体の成就」と云ふのは名号が挙体即ち内容の光明であり、「衆生への廻向」

と云ふのは名号が全体即ち作用の至心であることを示すものでなからふか、則ち挙体即ち光明摂取の徳を具足することを示して「至徳を円融する嘉号」と云ひ、挙体即ち作用表現であることを顕はして「転悪成徳の正智」と云ふたものである。随つて至心は名号が即ち本願の廻向表現であることの本願の自証作用に外ならない。名号に於て光明摂取の意味を表現して居ると云ふことは、衆生が正しく転悪成徳の作用を自証するの外に意義はない。この正しく作用する自証を離れては名号は単なる光明の意味に過ぎないのである。(「同」四―一五三頁)

至心は名号の自証の作用・はたらきであり行智である、名号する名号である。穢悪汚染、虚仮諂偽の衆生の業を観ずる所の法蔵菩薩の至心の自証である。曽我は「衆生は徳を悪に変え、如来は悪を転じて徳とする」と、逆説的な強烈な言葉で菩薩が衆生の業道を転成する力用を表白している。単に衆生の悪を徳に転じるのみならず、如来自身が衆生の悪を醸成しておのれの徳として熔解するのである。阿弥陀如来は、このような不可思議の至徳の名号を、真心をもって成就する。すなわち「利他の真心を彰はす」ものである。つまり「至心」とは利他回向の真心である。利他回向の真心には、一点の疑蓋も雑ることはない。だから、「この至心はすなはちこれ至徳の尊号をその体とせるなり」、すなわち南無阿弥陀仏の名号をもって至心の体とする。南無阿弥陀仏と果徳成就して果徳全部を私共に与えてくださる。その果徳によって、我らに真実信心を発起せしめてくだされるのである　如来の至心は名号となって我等の胸に届く。かかる意味で至心が果相と言うのである。

以上至心について明らかにしてきたが、曽我が信楽の自相に対して至心と欲生を義として分けられる意義は、法蔵菩薩の兆載永劫の修行が大悲の本願が念々に衆生に同化されるはたらきの内面を明らかにすることにより、親鸞の己証中の己証の真意を開示したのである。

更に信楽釈により往生が往生に留まらず成仏を目ざすのであることを明らかにする。

②信楽釈

信楽《しんぎょう》といふは、すなはちこれ如来の満足大悲円融無碍の信心海なり。このゆゑに疑蓋間雑あることなし。ゆゑに信楽と名づく。すなはち利他回向の至心をもつて信楽の体とするなり。しかるに無始よりこのかた、一切群生海、無明海に流転し、諸有輪に沈迷し、衆苦輪に繋縛せられて、清浄の信楽なし、法爾として真実の信楽なし。ここをもて無上の功徳値遇しがたく、最勝の浄信獲得しがたし。一切の凡小、一切時中に、貪愛の心、つねによく善心をけがし、瞋憎の心、つねに法財をやく、急走急修して頭燃をはらふがごとくすれども、すべて雑毒雑修の善となづく、真実の業となづけざるなり。この虚仮雑毒の善をもて、無量光明土に生ぜんと欲する、これ必ず不可なり。何を以ての故に、正しく如来、菩薩の行を行じたまひし時、三業の所修、乃至一念一刹那も疑蓋まじはることなきに由りてなり。この心はすなはち如来の大悲心なるが故に、必ず報土の正定の因となる。如来は苦悩の群生海を悲憐して、無碍広大の浄信をもて諸有海に廻施したまへり、これを利他真実の信心と名く。(『教行信証』「信巻」)

徹底的に否定を重ねて、どこどこ迄も否定せずんばやまないといふ、純正に否定的論理を以て一貫して居るといふことに吾々注意せしめられることである。

之は思ふに、阿頼耶の自相、法蔵菩薩の自覚体験、自覚的組織体を現して居るものが即ら此の信楽であるが故に、だからして善導大師の法の深信の中に書いて居られます所の乗仏願力、是が即ら信楽である。さうなければならぬのである。さうなければならぬのであるのに、然るに今親鸞の三心の中、信楽釈を見るといふと、一向乗仏願力が無い。之はどういふ訳であるか。善導の二種深信釈には乗仏願力を叫んで居るのであるが、親鸞の此の『教行信証』の信楽釈を見ると乗仏願力が無いのはどうした訳であるか。此の大事な乗仏願力を親鸞は忘れたのであるか。たゞたゞ否定に否定を重ねてどこどこまでも否定せずんばやまない。之は何故であるか。

彼は信楽釈に於て何処までも往生の可能を否定する。往生の否定は何を否定するか。生といふことを否定して不生といふことを云つて居る。往生を否定し否定して、最後に成仏の志願則ら願作仏心にまでもその自覚を推し進めて行かうといふ。此の論理が信楽の否定論理である。

往生を否定せずんばやまないのは、安価な化土の往生に満足してはならぬ。どこまでも真実報土の往生を遂げなければならぬ。それにはどこまでも往生を否定しなければならぬ。詰り吾々の疑ひといふものを徹底的に打ち砕き、疑心といふものを否定して信心といふものを徹底せしめるためには、其の信心が安価であつてはならぬ。安価な信心は即ち疑ひである。だからして吾々が信心信心と思つて居るやうな、そんな信心はやはり疑ひである。それ故にどこまでもどこまでも吾々が信心だと思つて居る其の信心といふものに気をゆるしてはならぬ。吾々が信心と思つて居るそれをどこまでも疑ひとして無限に否定して、さうして、如来菩薩の行を行じたまひし時三業の所修乃至一念一刹那も疑蓋雑ること無し、其の一念一刹那も疑蓋雑ることなき所の法蔵菩薩の信行、法蔵菩薩の信心、そこまでつき進んで、信心仏性といふことまでも明かにして行く論理、それが此の信楽釈である。かういふ風にうかゞはれるのであります。(「選集」五―二〇一～二〇二頁)

親鸞の御自釈に「菩薩の行を行じたまひし時、三業の所修、乃至一念一刹那も疑蓋まじはることなきに由りて」とあるごとく、信楽は阿頼耶識の自相、限りない念々の自覚内観であると捉える曽我は、往生を肯定する所の論理が信楽の論理ではない。往生を否定する所の論理が信楽の論理であると言う。

至心釈においての業相が外的な迫害や誘惑する現実感覚世界の一切を群賊悪獣として捉えられている。信楽釈では「一切凡小、一切時の中に、貪愛の心常に能く善心を汚し、瞋憎の心常に能く法財を焼く」「一切群生海、無明海に流転し、諸有輪に沈迷し、衆苦輪に繋縛せられて、清浄の信楽なし、法爾として真実の信楽なし」と煩悩が内面化される。曽我は、至心の否定の対象になるものは我われの業である。もろもろの道徳的の悪業を否定するのである。信楽の否定するものは何であるか、信楽の否定するものは疑いである。疑いが自覚の直接の敵であるというが、この疑いは仏智の疑惑である。至心の煩悩が六麁の意識的煩悩なれば、信楽の煩悩は三細という深層意識の微細な障りである。信楽の得がたいことを痛歎せねばならないのは、一層深く水火の二河が深くして底のない貪愛と瞋憎の煩悩の業を発動すると煩悩で衆生の自証において一層深く内面化せられたものであり、出離の縁無き罪悪の自覚である。「この雑毒の行を回らして、かの仏の浄土に求生せんと欲するは此れ必ず不可なり」と化土の往生を否定する。疑情胎宮の往生の否定である。

至心において肯定された往生は、念々に化土往生に留まって成仏を目ざさないことに対しての否定である。信楽の一段というものは初めから終いまで、徹底的に否定を重ねて、どこどこまでも否定をもって一貫している。至心では法蔵菩薩の永劫の勝行をもって、衆生の念仏往生を成立せしむるの方法とし因行としたのであるが、今や信楽釈に来りては正反対に自力不生の理由とし、この往生の徹底的否認を通して、如来の純粋一如の大悲心の自証を展開せしめるのである。

こゝに私は更にひるがへつて、善導大師の二種深信の中の深信の言葉を一つ読んで見たいと思ふ。

自身ハ現ニ是レ罪悪生死ノ凡夫、曠劫ヨリ已来常ニ没シ常ニ流転シテ出離ノ縁アルコト無シト深ク信ズ。

かう善導は云はれた。此の「出離ノ縁アルコト無シ」、「無有出離之縁」といふ此の言葉は、「無縁の大悲」であると思ふ。無縁の大悲といふのは如来の大悲心であるといふが、此の無縁大悲とは何ぞや。私は明かに云ひます。無縁大悲といふことは無有出離之縁の大悲といふことである。それは出離の縁の無い所の大いなる悲しみである。俺はもう悟りを開いたが、お前は気の毒だ。それは無縁の大悲では無い。有縁の大悲である。自分は救はれたがお前は気の毒だから、どうしてやらなければならぬ。それは仏の大悲で無い。或は因位を離れた単なる果上の仏の大悲といふものはさういふものであるかも知れぬ。しかし因位を離れて果上の仏はない。けれども因位の法蔵菩薩の大悲心はそんなもので無い。（乃至）

本当の大悲心といふものは、本当にいたましい心が如来の大悲心である。無縁の大悲心は無有出離之縁の悲しみである。「我身」とは法蔵菩薩自身である。かういふ工合に見て来なければ、機の深信といふものは展開することが出来ない。我身は我が身だ、そんな風に読んで居る見方は、それは自力の見方といふものであつて、そんな風に見る二種深信は自力の二種深信である。我身はといへば勿論我身は我身だけれども、其の我身は単なる我身でなく、即ち法蔵菩薩の我身である。我身は現に是れ罪悪生死の凡夫だ、曠劫より已来常に沈み常に流転して出離の縁あること無し、と深信する。そこが善導の機の深信であつて、其の言葉を本当に親鸞が読んで、さうしてこゝに信楽釈といふものを掲げたのでは無いか。私はさういふ工合に思ふ。[3]（「選集」五―二〇二～二〇四頁）

信楽は如来の大悲心、大いなる悲しみである。曽我は、信楽は「如来の底知れない所の大いなる悩み、大いなる悲しみ、大いなる痛み」であるとさえ言う。それはただ徒らに安価なる往生、化土の往生というようなものを肯定し、それに止まっていてはいけないという悲しみ、悩み、痛みである。この信楽の如来の大いなる悲しみに同感し共鳴するその心が信楽である。我われの願い、我われの自覚というものを無限につき進めて自覚は止まってはならない。止まるのは自覚ではない。自覚は無限の内観であらねばならない。かくの如くしてここに信心仏性が開かれるのである。

我われはこの往生の要求を成仏の祈願にまで進めなければ、ただ往生が単に往生というところに止まっているものであるならば自覚を離れてしまう。無限に往生を否定するところにおいて本当の信楽の自覚があるということになる。そうしてこの報土往生の成仏までつき進んだ時に、初めて往生否定のこの信楽が、やがて往生の原理となる。往生を否定せずんば我われは真に往生を得ることは出来ないのである。つまり往生を否定して成仏まで達した時に、我われは翻ってそこに如来の大悲心というものが開けて、そこに我われの往生というものがそれから開けて来るのである。そこまで我われ信仰の自覚というものを純粋純正にしなければ措かないというのがこの信楽釈の論理である。そうしてこの信楽釈の論理というものは、純粋な機の深信というもので一貫して、法の深信というものはほとんど機の深信の中にかくれてしまっている。正しく出離の縁なき身である機の深信そのものになって法蔵菩薩は我等を願生されるのであろう。

かくのごとく、「念仏往生」の至心が真実に至心にして純一無疑なるが為には、それの中に無限の否定を要し、その無限の否定は「念仏往生の表象」を超越して「信心成仏」の究竟真理の自己認識としての「信楽」にまで達せしめられる。

「斯の心は、即ち如来の大悲心なるが故に、必ず報土往生の正定の因となる」と述べられて、如来回向の大信心こそは、すなわちこれ如来回向の円満の大悲心であるということを表している。如来の大悲心は、どういう方法も手段も尽きたところの衆生のために、如来の一切を捨ててしまわれる。そういう如来の心が我われに感応する。それがすなわち真実信心である。一切の計らいのないものが真実信心である。

親鸞が「難信金剛の信楽は疑を除きて証を得るの真理」と言うのは、信楽が化土往生、単なる往生は、不了仏智の疑いである。しかして新しき疑は時々信の一念を再現して、信の生活をして日々に新にする。これすなわち信が常に清新なる所以である。かかる信楽の自覚相は、唯識の一瞬一瞬の転依の考えによるのである。

「前念命終は証大涅槃である、後念即生は住正定聚である」と叫ばしめられた。しかしよりこのかた私は此叫びを忘れることが出来ない。自証と救済との問題、すなはち成仏と往生との問題はわが真宗の教学に於て最も重要の題目である。（同　四―五〇頁取意）

曽我の有名な「信に死して願に生きる」と言うのは、前念命終の信心は願作仏心で成仏を目ざす。後念即生は往生・正定聚に住する。臨終一念の夕べは夕べであるが、本願を信受する信の一念の時、大涅槃を証する。「大涅槃を先験する」とは「信に死す」と曽我が言うように、念々に信は自力往生を否定純化し、「願に生きる」とは願力回向の他力往生を後験するのである。信の一念のところに前念命終、娑婆の命が終わる。迷いの命の根元が仏智の不思議を信ずることによってたち切られる。そして信の一念に、自力妄念の心の命が終わって、新しい心の命、願往生心が始まる。

信は願より生ずれば　念仏成仏自然なり
自然はすなはち報土なり　証大涅槃うたがはず

信の因相である願、欲生は、無限の信楽の内容を示す義相である。信楽にあっては、如来回向の願往生心によって如来の信楽を回向成就し、無限に反証して、大涅槃を先験することによって往生成仏を体験し得ることを明らかにするものである。しからば信楽の自相に対して因相である欲生は如何なる意義があるのであろうか。

③欲生釈

果相は有限なる義相であり、因相はこれ無限なる義相である。この二つは全く矛盾しているようであるけれども、それは阿頼耶の全体的自覚意識の二つの極限としてここに総合せられて、ただ一体の上の二つの意義としてある。それと同じように、本願の至心信楽欲生の三心というものも、その体たるものは第二信楽、すなわち信心、信心なる疑蓋無雑の純一なる一心であって、至心といい、欲生というものは、ただその信心の上の二つの意味である。すなわち宗教の先験原理なる本願の回向の三心は、ちょうど全意識の総合原理なる阿頼耶識の三相と同一なるもので、三心の中の至心が阿頼耶識の果相であり、欲生は阿頼耶識の因相であり、信楽はその綜合の自覚の自相である。その欲生釈は、

欲生といふは、すなはちこれ如来、諸有の衆生を招喚したまふ勅命なり。すなはち真実の信楽をもて欲生の体とするなり。まことにこれ大小、凡聖の定散自力の廻向にあらず、かるがゆへに不廻向と名くるなり。しかるに微塵界の有情、煩悩海に流転し、生死海に漂没して、真実の廻向心なし、清浄の廻向心なし。この故に如来、一切苦悩の群生海を矜哀して、菩薩の行を行じたまひし時、三業の所修、乃至一念一刹那も、廻向を首として、大悲心を成就することを得たまへるが故に、利他真実の欲生心をもて、諸有海に廻施したまへり。欲生心はすなはち廻向心なり、これすなはち大悲心なるが故に、疑蓋雑はることなし。

(『教行信証』「信巻」)

この欲生は、前の信楽をもって体とする。いわゆる信楽は欲生の自体である。信楽は信の自体であるが、その信を自体として、欲生は因のすがたである。至心が果相であるなら、欲生とは信心の因相である。至心は行、欲生は願である。信心というものは、至心の行を果相とし、それを果体として、その中に如来の願心、諸有の群生を招喚したもう願心を信の中に包んで持っているのである。真実信心全体が、我が国に生れんと欲《おも》えという如来の招喚の勅命となっているのである。信が信にとどまっているなら、信が如来廻向の信という証拠はない。その受動的信の全体が、我が国に生れんと欲えという如来招喚の勅命となってきた。信全部が欲生になる。信全部が招喚ということになるのである。願とは私どもの自力の願ではない。如来廻向の願心である。如来は真実の行を我らに廻向したもうと共に、それを動かすところの願というものを廻向してくだされたのである。だから我らは如来よりたまわったものを私するのではなく、そのたまわったものを如来の招喚をとおして一切衆生に廻向する。これが大悲廻向の心といわれる所以であります。浄土の大菩提心が、願作仏心すなわち度衆生心といわれる所以である。（「選集」八―二八七頁）

信楽は不生で化土の往生の否定であった。そして成仏の自覚をうながすものであった。それはすなわち成仏を願わない往生を否定するのである。その往生を無限に高揚して成仏の願にまで高めるのが信楽原理である。その真実の必然的内容を見いだして来るのが欲生である。すなわち「欲生ト言フハ、則チ是レ如来諸有ノ群生ヲ招喚シタマフ勅命ナリ」と。純粋信心成仏の自覚を転じて、そこに衆生救済に出て来るのが欲生である。すなわち不生から得生というものに転じて来る所の原理である。欲生の生はこの真実報土の得生であって、我らの自力の往生ではないのである。自力の化土の往生でなくして、如来回向の純粋なる所の真実報土の往生である。

欲生我国は至心信楽を体とする。その至心信楽全体をふるい立たしめるのが欲生我国である。信楽の内容となるのが欲生である。至心は信楽の自覚を通して欲生というものに更に自らを展開して来るのであり、至心は内に信楽を展開し、信楽は至心を内に包んで更に欲生を展開する。すなわち言葉を換えていえば、至心というものは信楽の自覚を通して欲生を展開してくるのである。

信楽は真実の信楽であることの自覚的証拠が招喚の欲生である。信楽が信楽にとどまって欲生我国がないならば、信楽全部が願にならないならば、それは真実の信楽ではない。信楽が真実の信楽であるという自覚の証拠は、信楽全体が欲生我国として燃え上がってきて、そこに如来の勅命を私共に信知証知せしめてくださるのである。三心が如来回向の大信心であるという証拠は、信心の中に如来の本願という契機が含まれていて、その信心が如来回向の信心であるということを証明するものがすなわち欲生我国である。信中の証である。信の中に証がある。

「夫《そ》れ以《おもんみ》れば、信楽を獲得《ぎゃくとく》することは、如来選択《せんじゃく》の願心より発起す」。如来選択の願心は、三心の中の特に欲生我国をおさえて「如来選択の願心より発起す」といわれるのである。至心信楽は受動的であるが、欲生我国は能動的である。如来の本願名号の回向によって、我ら一切の妄念妄想はその立場を失って、我らの全体が南無阿弥陀仏に転成されてくる。だからして、我らは全く受動的である。しかし、その受動的であるところの信楽の中に、願という契機を含むのである。受動的な信楽はその信楽のまま、受動的の信楽の本性を失わずして、そのままに全部能動的になる。それを欲生我国というのである。すなわち「真実の信楽を以て欲生の体とするなり」といわれるのである。

曽我は「欲生の生は往生ではなくて来生でありましょう。「来《きた》れ」ということでしょう。自分の魂の本国である。ということは、魂の本国から自分を招喚しておる。招喚ということを自分の心の深いところに感じるのです」(「講義録」上―二〇六頁) と言う。欲生は人間の意識の深いところにあるところの、もっとも本質的な一つの宗教的要求である。

「欲生は即ち是れ廻向心なり」欲生とは即ち如来の廻向したもうお心である。如来が一切の果徳を成就して、それを諸有の衆生に振り向けてくださる。その時、その振り向ける廻向心を一緒に与えてくださる。ただ果徳だけを与えてくださるのではなく、果徳の因になるところの廻向心、いわゆる法蔵願心、法蔵魂を一緒に与えてくださる。ただ阿弥陀仏のお徳だけ

を与えるのではなくて、南無の二字をもって、その法蔵精神を私共に与えられる。(「選集」八―二九一頁)

真実信心全体が「我が国に生れんと欲え」という如来の招喚の勅命となっているのである。如来の回向心といい、その回向心に目覚めしめられたところを本願力回向の信というのである。法蔵菩薩が衆生を見いだし、それを助けようと願を発され、その願が我われに成就して我われの信全体が願となる。願作仏心・度衆生心を満足する願往生心となる。この欲生心がなかったら、如来からたまわったものを自分の心の中に私蔵して何のはたらきもしない。

「如来、一切苦悩の群生海を矜哀して、菩薩の行を行じたまひし時、三業の所修、乃至一念一刹那も、廻向を首として、大悲心を成就することを得たまへるが故に」と大悲心を回向される。

本願の廻向を深く内に開展して、廻向を廻向する所の能廻の廻向心なる欲生に証入する時、そこに如来と衆生との同体の「ナヤミ」があり、如来が衆生を真実に生まんとする悩みであり、真に衆生を内面化せんとする道程であり、随つて亦衆生が真に衆生たらんとする願である。かくして超越的なりし如来の至心の本願力は信楽を経て純粋内在の境なる如来の招喚として、自然に念仏往生を得証するに至るのである。(「同」四―一六九~一七〇頁)

無有出離之縁の大悲心を単に大悲心とのみ言わずして、大悲の悩みとさえ表現している。衆生の「ナヤミ」を「ナヤミ」とする法蔵の願心は無有出離之縁のナヤミにおいて衆生と同体の感情である。衆生の悩みを我が血肉の悩みと感じるのである。衆生の往生の徹底的不可であるとの自覚を通して、如来の大悲を反顕し、最後の欲生釈には直に西岸上の招喚の教勅を挙げて、衆生が衆生としての自覚を内面化して如来の大悲回向心を展開するに至らしめる。悩みにおいて如来と衆生は同体である。ここにおいて衆生の救済と如来の自証が共に無限の願生心の法蔵菩薩と象徴されるのである。如来が衆生を真実に生まんとする悩みであり、真に衆生を内面化せんとする道程であり、随ってまた衆生が真に衆生たらんとする願である。すなわち欲生心というのは衆生が衆生として本当に自分自身に目覚めることである。欲生とはすなわち如来の回向したもうお心である。如来が一切の果徳を成就して、それを諸有の衆生に振り向けてくださる。その時、その振り向ける回向心を一緒に与えてくださる。ただ果徳だけを与えてくださるのではなく、果徳の因になるところの回向心、いわゆる法蔵願心、法蔵魂を一緒に与えてくださるのである。

如来の回向心をいただいたならば、その如来よりたまわったものを悉く私せずに、全部を一切衆生に施すことができる。私共は施そうと思って施すのではない。南無阿弥陀仏の中に自らそういう徳を成就する。

親鸞は信巻の欲生釈で、欲生釈成就の文を始め、『浄土論註』下巻の還相回向のなどの諸文を引用して、如来の大悲回向心によって救済された衆生の還相利他行であることを示している。三心中でも曽我は欲生心をもっとも重大であると考えている。

締めくくりとして本願の三心の関係を巧みに表現した曽我の文を紹介しておく。

如来の本願の成就を「十方恒沙の諸仏如来は皆共に無量寿仏の威神功徳の不可思議なるを讃嘆したまへり」と云ふ名号の体験に求めて、更にそれを内に「信心を歓喜する疑蓋無雑の一念」の自証の中に「至心に廻向したまへる願生彼国」の如来の廻向心を見出した。誠に如来の「与へる心」である所の「至心」は衆生の「受けとる心」である所の「信楽」の定水に影現しては「求める心」である所の如来の「欲生我国」である。唯此「求める心」に於て、「与へる」如来の心と「受ける」衆生の心とが先天的に総合せられて、仏心と凡夫心とは仏凡一体である。至心は天上の月光である、信楽は月夜の浄水であり、欲生は水中の月像である。私達が月像の明浄に依つて水の浄さと月の朗さとが証知するように欲生の求むる心が無限に自力の感覚意識の不純を浄化して、如来の衆生を招喚したまふ無上命法である時、信楽の定水いよいよ澄浄であることが反省せられ、随て如来の真実至心がいよいよ光明であることが体験せらるゝのである。然り欲生の先験によつてのみ信楽も至心も、随つて名号も本願廻向の体験として成立するのである。されば祖聖親鸞はこの欲生に於て始めて「衆生招喚の如来の勅命」を発見し、此を以て「如来の廻向の心」と決し、この「選択廻向の願心」を以て信楽発起の先験的原理と定められたのである。（同　四—一七一〜一七二頁）

以上、本願の三心と言っても体は一で義としては二として説かれていることである。天親が一心というように、衆生に信楽の一念を開発せしめんとして如来が法蔵菩薩の三心として内観自証展開されるので、言い換えれば如来の一心、現在一刹那の現行の本願が衆生を救済せんとの御苦労を親鸞が己証されたのが本願の三心釈である。至心の有生・信楽の不生・欲生の得生といってもそれは唯識の転換の道理による曽我の考えであり、信楽の一心の義が至心欲生であることを忘れてはならない。曽我は、法蔵菩薩の永劫修行は無限の内面を描写せる宗教歴史の絵巻物である、全宗教の文化史的展開である、すなわち往還二面に表現回向することであるとまで述べている。

註〔1〕　三位について……阿頼耶識の自相は凡夫から菩薩の第七地まで、二乗ならば有学の聖者までの位がもつとせられ、この位を我愛執蔵現行位という。菩薩の八地以後又は二乗の無学には我執がないから阿頼耶識はその自相を捨てるのであるが、なお異熟識たる果相が残るとせられ、この位を善悪業果位という。仏果に至れば異熟識の果相も捨てられるが、有情利益を行うから、諸法の種子及五根を執持して失わず相続するとせられ、従って種子識たる因相のみが残る、この位を相続執持位という。以上を阿頼耶の三位と称する。（法藏館『仏教学辞典』八頁）

註［2］　三位と三相の関係についての曽我の考えについて述べている。（『選集』五―一五九～一六〇頁）

註［3］　機の深信といふものは、「願生の因の相」であります。願往生心といふものを離れて、さういふものを自覚しないで、たゞ機の深信、俺は罪悪深重の者だといくら云つても、そんなものは自覚でも何でもありません。願求往生心が痛切に自分に自覚される程、愈々自分は助からん者である、現実の自分は愈々助からざるものであるといふことを痛切に自覚する、その悲しみがあります。しかるに一切衆生をあはれむ慈悲のお方が法蔵菩薩だ、さういふことばかり多くの人は聞いて居りますが、本当に助からないといふことを悲しむ、その悲しみが法蔵菩薩の心そのものでありまして、この深き悲しみを本当に痛切に感ずるところが法蔵菩薩の衆生をあはれむといふところのあはれみの根元である。だから大悲の悲といふ字は自ら深く悲しむ。無有出離之縁を悲しむが故に悲れむといふ心が起つて来る。私はこの事を皆さんが深くお考へ下さることを希望してやまないのであります。悲れむは悲しむなり、悲しむが故に悲れむのである。悲しまざる悲れみといふものは、悲れみでも何でもない。つまり法蔵菩薩はどこにあるか。本当に業報を痛感する人、本当に自分の罪を痛感自覚する人、罪を怖れ罪の結果を痛感する人、その人の心が法蔵菩薩の心であります。法蔵菩薩の兆載永劫の御修行といふものは何であるか。その痛切なる心を一つ象徴的に表はし示したものが、法蔵菩薩の兆載永劫の御修行といふものであります。永遠に助かるまじき自分の悲しみを象徴したものが、法蔵菩薩の永劫の修行といふものであらうと思ふのであります。（「選集」五―三二四～三二五頁）

終章　曽我の法蔵菩薩と唯識観

一、根本意識と現象意識との間の限界概念

この論文を締めくくるにあたり、今まで論究してきた曽我量深の唯識思想に基づいて『大無量寿経』の法蔵菩薩の物語に象徴される真実の宗教的要求の原理をまとめて、全体の論旨を理解する助けとする。曽我は「『唯識論』ばかり読んで居っては阿頼耶識が何であるか解らぬ。又『大無量寿経』ばかり読んでいても法蔵菩薩が何であるか解らない。『大無量寿経』に説いてある所の法蔵菩薩を『唯識論』の阿頼耶識の中に求めることによって、私は『唯識論』の阿頼耶識といふものが即ち法蔵菩薩であるといふことを明らかにしたのである」（「選集」五―一五八頁）と述べているように、互いの関係を通して法蔵菩薩が大乗菩薩道の宗教的要求の原理であることを明らかにしようとしている。

しかし、法相唯識の阿頼耶識は迷いの位の根本識である。それに対して法蔵菩薩は、果上の法

性より衆生を助けようという願を成就せんために、法界・浄土を荘厳し、果上の阿弥陀仏が法蔵菩薩という因の位にさがってくださる還相の根源である。曽我はこの阿頼耶識に雑染の識と清浄の識の二面があるという。その清浄の阿頼耶識を阿摩羅識という語で一度だけ表現しているが、真諦のように阿摩羅識を第九識と別に立てるのではなくて、第八識の雑染の迷いの識が転じて悟りの識になる。[1]清浄識で清浄の位の阿頼耶識を特別に阿摩羅識というのであって、因の位にあっては阿頼耶識というし、果の位にあっては阿摩羅識というのである。法蔵菩薩が衆生を救うのは唯識の転依の自覚原理に基づいている。私なりに曽我の法蔵菩薩は阿頼耶識の関係を象徴的に簡略に表現した最も当を得た文、『如来我を救うや』(『選集』四)の次の文を手がかりとして、「法蔵菩薩は阿頼耶識なり」の曽我の思想のキーワードの意義をまとめる。

私は数日前に東洋大学に於いて唯識教学を講じ、阿頼耶識の種子について語つて居る間に、忽然として一つの言音を聞いた。それは「如来が如来であらんためには衆生を救はねばならぬ、しかし彼が衆生を救はんがためには永久に如来となることが出来ぬ」といふ言音であつた。私はこの言音を思念しながら、阿頼耶本識とその中に積聚して一切現象の親しき能生の自因であるところの功能軌範たる種子、ならびにその種子の所生の自果たる現象意識の関係について語り続けた。私は今日こそしみじみと根本阿頼耶識と現象意識との明瞭なる境界線を感ぜしめられた。「真実勝義諦に於ては八識は体一とも異とも言ふことが出来ない、なぜなればそれは離言難思の境であるから、しかし方便の世俗諦に於ては八識は、厳然として体別であつて、断じて体一といふことは出来ぬ」といふ『唯識論』の主張は今日程強い感銘を受けたことはない。[2]「万象を生ずべき因たる種子は根本阿頼耶の中にある、しかしそれから生ぜらるべき現象意識は永久に根本識の外にある、随てこの現象意識が限りなく根本主観にその習気を新たに薫習しても、内に受け取るものは現象意識としての相ではなくして、内面化せられたる種子である」といふ内外峻別の態度は唯識教学の一貫せる真面目である。(『選集』四―二八頁)

ここで述べている「根本阿頼耶識と現象意識との明瞭なる境界線を感ぜしめられた」ということが大切である。「如来が如来であらんためには衆生を救はねばならぬ、しかし彼が衆生を救わんがためには永久に如来となることが出来ぬ」、この「如来が如来であらんためには衆生を救はねばならぬ」とは、根本阿頼耶識の自相は現象界に迷う衆生を救うことを通して自己の悟りを自証せねばならぬ。しかし「衆生を救はんがためには永久に如来となることが出来ぬ」と永劫に衆生と流転を共にせねばならない。悟りの位に住しつつ衆生の迷いと共にする矛盾した二面を両立止揚せねばならない。この道理を明らかにするのが、唯識の種子と現行の関係であると曽我は考えている。

言うまでもなく唯識の基本原理は「種子生現行、現行薫種子、三法展転因果同時」と、「種子・現行・種子」の循環性を現し、種子生現行・現行薫種子が交互に因と為り、果となる。現行は種子が表に現れた相であり、同時に表に現れない種子が無意識に蓄積されていく、この関係が同時因果である。単に因が果となり、果は因となる相互の循環展開のみを説いているのでない。曽我は種子から現行へ、現行から種子への間に抜きがたい境界線、限界概念があると言う。潜在の種子と顕在の現行の間に超越しがたい境界がある。

あらゆる現象界を生ずる根本阿頼耶識の中に種子がある。すなわち善悪全ての種子を善悪の判断をすることなく無記に蓄積し蔵している。曽我はこの阿頼耶識の種子を単に無記と捉えずに、この一切の業の責任を荷負するのが法蔵菩薩の本願であると捉えている。

それは現象意識がいかに薫習してもそれを内面化して少しもそれに影響を受けない。それに対して種子から生じた現象界である現行は根本識の外にある。すなわち永遠に迷いの現象界を現じている。識の生ずる基である根本識の本質と、それから展開する現象意識との断絶を如何にして内在し超越するかが曽我の唯識観の根柢の考えである。

それは無限性の因である根本阿頼耶識の種子は、すなわち法蔵の本願は、現象意識である有限の縁である現行に限定せられること、すなわち衆生の煩悩に同化せんために自己を限りなく限定反省するのである。自我意識の衆生は無限と有限との境界線、罪悪生死の巌頭に立っての自覚である。妄我と真我、個我と大我との境界概念である。それは無限に我執と接触して、それを止揚して、一面に我執を超越すると共に、他面には固定せる我執を限りなく内面化して止まない。煩悩を限りなく自覚するのである。

法蔵は未来の世界から、我の前に立つて、而も、現在の妄我を呼び、現在の我の上に自己を表現して居られる。我と真我の境界線に立つて我は彼に直接する。彼は我の肉体を親しく執受して、摂して自体と安危を共同す。彼は我の総報の果体である。彼は我の一切の行為の最後の責任者である。而して我々をして自由に善悪の行為を選択するの自由を与ふる根本的動力である。彼自ら煩悩を起さないが、しかし一切煩悩の動力となる。彼には排他はない。彼は個々に就て責任なくして全責任を負ふ。(同　三―一五一頁)

この阿頼耶識と現象意識との明瞭なる境界線において往還の本願の回向がある。曽我の往相即還相、還相即往相の分水嶺の本願の根拠はかかる唯識思想に基づいているのであろう。往相とは、「浄土に生じ已《おわ》って」と言われるように、現象意識を超越して根本阿頼耶識である本願に転入することであり、還相とは現象意識である八万四千の煩悩が本願に摂取乗托し、法蔵の分身の徳をいただくのであろう。

従って阿頼耶識の有限的外的限界概念によって迷いがある。その迷う所の阿頼耶識の道程を我われが本当に知るということ、それがつまり悟りの道程である。悟りというのは迷いそれ自体を本当に無限に内観する自覚に他ならない。三法展転因果同時というように、能作・所作の交互転換が見られる。悟りが迷いに転じて迷いに同じる。逆に迷いが転成して悟りに還る。このはたきが境界線といわれる限界の自覚によって超えられ内観される。すなわち所作が現行の果である如き転変は生起と称せられる。逆に現行である現象的存在が深層心（阿頼耶識）のなかにその影響を薫じることを薫習と言い、薫習された種子を習気《じっけ》という。

第八阿頼耶識は、何等特性なき無邪気淡白なるものならざるべからず。則ち、善悪、美醜、正邪、高下に対して、同様なる観察をなし、同等なる包容をなすものたらざるべからず。則ち何等の思量、何等の主義を有せざるものたらざるべからず。阿頼耶識は無覆無記性ならざるべからず。斯くして初て彼は平等に善悪醜美の薫を受け、同時に包容して、何等抵抗をもなすことなし。（同　一―三五八頁）

所蔵として無記であり、善悪の有漏の種子も蔵せられているだけで作用しない。阿頼耶識は公明正大で、現行で汚染された現象意識において変化するも、阿頼耶識に薫じられても阿頼耶識は少しも影響を受けない。阿頼耶識は第七識である末那識の善悪・無記の総報の果体となって一切を平等に受け入れる根本識である。かかる一切の業識を包摂する阿頼耶識を曽我は、すべての責任は阿頼耶識にある、阿頼耶識は末那識の我執を自己の責任と自覚的に捉え、一面衆生の感覚的現実の流転の迷いの意識であるが、翻して悟りの意識になると転依の道理で阿頼耶識を把握している。

では何故、末那識の責任を取ると曽我は考えるのであろうか。曽我は巧みに表現している。

第八識は自己を顕はさんが為に、第七識に命じて主我の観念となさしめたるものに非ずや。第八識の主観は勿論不可知也、客観も不可知也。是故に彼は其客観の方面より自己を顕示せしめんが為に、第六識に外的実体の観念を与へたり。吾人は此誤謬の基づく所を尋ねて、遂に客観的方面より、是本質実体を写象とする第八識に到達したり。されど客観的実体の観念より第八識を尋ぬることは甚だ間接なる方法也。吾人は更に真主観なる第八識に直接せんことを求む。而して吾人の第七識は主我の観念を以て第八識主観を把持せんとしつゝあるに非ずや。主観は客観たる能はず。況《いわ》んや不可知の主観は、到底第七識の主我の念を以て把持する能《あた》はざる也。然らば則ち主観としての第八識は到底自己を顕現する能はざる也。不可知は彼の性なれば也。第六識が本質を憧憬しつゝ本質に直接する能はざるが如く、第七識は第八識の主観作用を憧憬しつゝ、彼は到底彼自身の影像の上に第八識主観の霊相を写象する能はざる也。（乃至）以上吾人は第六識より客観的に其本質の観念に依りて間接に第八識を証明し、又第七識の主我の観念より主観的に直接に第八識の主観に到達せり。（同　一―三八五～三八六頁）

八識の阿頼耶識は自己を直接表現出来ないので、末那識に命じて自己を表現せんとした責任と誤謬が阿頼耶識自身にある。それは「実体の観念は第六識に属すと雖ども、第八識の絶叫也。吾人は直接に第六識の声を聞くと雖ども、而も其声の内容は決して第六識自身の力に非ずして、阿頼耶識の声也。宛《あたか》も使者の言は使者に依て発表せらるるも、其実主人の言なるが如し。是故に吾人は阿頼耶識の主観の不可知なるが為に、決して是を否定すべきに非ざる也。吾人は第六識に依りて、現に第八識の音響に接しつゝあるに非ずや」（『選集』一―三八二頁）と、罪無くして罪を背負うのが阿頼耶識であると述べている。かかる阿頼耶識のあり方を曽我は自覚的に捉えて、無漏の種子は法蔵菩薩の本願であると考えている。

深層意識の無漏の種子は、たとえ末那識の我執が誤謬を犯しても、それを容認しそれを縁として現象界の不覚の有漏の種子の中で住し、不覚を覚に変える。既に述べたように、成唯識論に「摂為自体、共同安危」とある。即ち衆生をあまねく摂して自の体とするとあるのを、法蔵菩薩は一切衆生を自己に収めて自の体とすると受け取っている。安危は生死であり、苦楽である。死ぬも生きるも衆生と共にする。自分一人悟りを開こうとするのでなく衆生と共に悟りを開く。唯識思想の論理を、信仰的に捉え、法蔵菩薩が一切の衆生の罪を背負う。自分自身に主体などという自覚はない。むしろ、そういうもののない随処作主という境地である。主体がなくして一切の主であるのが法蔵菩薩なのである。しかしてその無漏の種子を曽我は法蔵菩薩の本願と考えている。

二、無漏の種子は弥陀の本願・新薫種子は諸仏の本願（諸仏称名の願の意義）

前章に述べた様に、曽我は唯識の無漏の種子を浄土真宗の教えでは本願であると、次の様に述べている。

曇鸞の観仏本願力の釈では因が果を、果が因を成ずるのである。願は種子、念仏は現行、南無は願、阿弥陀仏は行。願は行を成じ、行は願を成ずるところに弥陀の本願の力（はたらき）が衆生を救うのである。衆生を救ふことによつて本願成じ、弥陀が弥陀となる。南無阿弥陀仏の道は永遠に止らないのである。それは空間に拡がり、時間に極りがない。（「講義」三―

一二三頁)

原因・結果の理法は成唯識論を読むと前七識と第八識とが同時因果・互為因果である。第八識中の種子は前七識の一切法の現行の内なる因である」「浄土真宗の教えからいえば、種子は願、現行は行。信心は種子、念仏は現行というものになる」「念仏が相続するというが、本当は憶念不断である。憶念は信心＝種子。それに対して名号は現行になる。本願の種子が現行して来るのであって、念仏の相続は、本願の信心が不断に持続しているのである。(『親鸞の大地』二〇一頁)

仏の本願が私共煩悩具足の、我等の煩悩宿業の大地に、本願の種子を蒔いたれば、遂に不可思議兆載永劫の長い間のお育てによって時到り、南無阿弥陀仏と芽が出た。遂に衆生の宿業の泥の中に「衆生貪瞋煩悩中能生清浄願往生心」、南無阿弥陀仏と芽が出た。(「選集」一一―三七〇頁)

種子は法蔵菩薩の五劫思惟の本願であり、現行は兆載永劫の修行であり、さらにそのはたらきを南無阿弥陀仏に帰着していくと、本願と念仏とを種子と現行で説明している。本願の名号といい、名号の本願というように名号と本願と言うものはこれは全く一念同時である。言うまでもなく本願力の名号、法爾無漏の種子、実在の観念、それを久遠の昔から永遠の未来まで一貫して憶念執持するところの願心がなくてはならないからである。現に内に憶念執持する根本主観の願心がなくてどうして如来の名号の回向表現があろう。根本主観の願心がなくては、如来の名号の回向表現はありえない。無漏の種子を本願と言い、名号を現行というのは、種子と現行、現行と種子、唯識の上において同体の上においてその意義について現行と種子と二つの概念を本願と念仏とに区別してそのはたらきを示している。

このように無漏の種子が本願であり、南無阿弥陀仏の名号がその力用・本願力というならば、無漏の種子から第七識の末那識である自我や、第六識の感覚意識に派生する新薫種子にいかなる関係をもって展開するのであろうか。換言するならば因位法蔵菩薩は現象界のあらゆる善悪雑染の意識、有漏の種子を有漏の種子として受容されながら、その有漏の種子を転じて無漏の種子に包摂してしまうのであるが、いかにして煩悩具足の衆生を転じて菩提に向かわせしめるのであろうか。その具体的な作用が諸仏である。

我々の現行せる個々の意識は根本意志を分析したものであるが故にその現行意識は同時に根本意志に総合せられるのである。『唯識論』ではこの根本意志の分析を「種子が現行を生ずる」といひ、而してその総合を「現行が種子を薫ずる」といひ、此を「三法は展転して、因果同時なり」といふて居る。この種子こそは根本意志の自己の無限反省の功能作用である。これこそ純粋なる概念名号である。就中《なかんずく》本有種子は弥陀の名号であり、現行は即ち諸仏であり、新薫種子は諸仏の称名であり、この三法は次第に正、反、合の三つの判断である。すなはち種子生種子（種子の純粋相続）は直観の判断であり、種子生現行は反省の判断であり、現行薫種子は総合判断である。第一は根本意志の真如の不変の本性を表明し、第三はその自爾先天内的総合進展を表明する。南無は意志自己の正断でありて寿命無量をあらはし、阿弥陀仏は意志の我執を破る反断であつて光明無量をあらはし、機法一体の南無阿弥陀仏の称名は正に衆生一切の無明を破りて衆生一切の志願を満足せしめる先天総合の真如一実の功徳宝海の最高概念である。げに南無を離れたる阿弥陀仏は抽象的空念に過ぎない。それは単なる観念の内容に外ならない。これ「称名憶念すれども無明なをあつて志願を満たざるは名義と相応ぜず、如実修行相応ぜざるが故」である。それは南無の信の正断に対して、阿弥陀仏が反断たることを知らぬからである。それは南無の願心の上の我執を照破して願心それ自らを無限に荘厳純化するための方便の方法である。されば南無の本有種子の純粋相続は願心の本性清浄を示し、阿弥陀仏の現行は願心の上の独我論的染執を照破するの無上の方法方便である。この方法に依つて、根本意志の願心をして離染清浄とならしめ、主観的理論的清浄をし

て客観的事実的清浄ならしめる。（同　四―一〇三～一〇四頁）

難解な文であるが、逐次領解していくが、ここで無漏の種子が本願のみでなくて名号であると言うのは、本願の等流のはたらきとして種子現行因果同時として一つの流れであるからである。『唯識論』では、この根本意志である本願すなわち能生の因である本有種子は、所生の果であり能薫の因である現行意識、及び所薫の果なる新薫種子として展転するが、その種子と現行の展転について根本意志に総合されるとか、根本意志を分析すると述べている。総合とか分化分析というのはどういう意味であろうか。

弥陀と諸仏は総合と分析の関係である。その関係は第十七願の諸仏が弥陀を讃歎する称名によって相互関係が成立する。絶対無限の自覚体である弥陀の本願が衆生を救済するためには、自己の本願を証明する諸仏の教証が必要なのである。すなわち相対有限の世界の迷いの衆生を救う具体的な方法が諸仏が弥陀を讃嘆することである。分析とは諸仏の教証作用である。「「諸仏の称名」の行こそ真実なる絶対無限の自覚体系たる本願自体の法爾に等流せる現行、即ち覚体に即する義用である」（「選集」四―一三五頁）と言うように、弥陀の弥陀であることを証明するはたらきを示すのが諸仏の称名である。衆生はその迷いが深くして、直接に弥陀を憶念称名することは出来ない。衆生はただ弥陀の本願によって憶念せられるのである。弥陀は衆生の痛ましい迷妄に対して諸仏を通して親縁する。衆生もまた仏を念ずるが、その念ずる仏は到底表象的化仏を出ない。衆生の欲望に応じる諸仏が、弥陀を称讃する証明、すなわち「諸仏称名」の願が選択せられるのである。それは衆生はただこの諸仏称名の証明を通して弥陀を憶念称名する。諸仏の称名の行によって衆生は称名の徳を頂くのである。衆生の称える行は「称えさせられる」のであって「称える」のではない。諸仏の分析分化の証明を通して弥陀は衆生を総合すなわち摂取する。分析分化と言うように諸仏の自覚体系は決してただ一箇ではなく、それは無量無数の自覚体系である。ではは諸仏が弥陀の本願を無限に自覚流行して衆生を救済するのであるが、諸仏はいかに具体的に教証するのであろうか。

大自然の本願力から従果向因し、還来穢国せる因位法蔵菩薩の本願の永劫の間創作せるものは遂に無量無辺の諸仏の名号、すなはち有限相対の観念に過ぎなかつた。彼の生めるものは彼の父の全体ではなかつた。彼は果して云何なる心を以てその生める所の子を見たであらうか。彼は絶望したであらうか。彼は遂に失望せずして限りなく諸仏を創造した。彼はあらゆる無生の智慧と、無縁の慈悲とを以て、衆生界に還来出生して、生死の園、煩悩の林に遊んで諸の神通応化を示現した。而して一切欲望を統一し、一切衆生を摂して彼の願心にかへり来つた。

刹那の雑音に疲労せる十方の衆生等よ、来れ、わが名号界に来りて、そこに表現し回向せるわが本願力を憶念せよ。（同　三―二八一頁）

衆生の煩悩に八万四千ある故にそれぞれ無数の煩悩に応じて法蔵の本願は、諸仏の名号に分化し八万四千の光明のはたらきとなる。しかしてその諸仏を通して弥陀の本願にその八万四千の光明は総合せられる。八万の光明は八万の煩悩を照らして、八万の徳相の名号であり、この八万の徳相の名号は智慧の光明と無明の煩悩と無碍であり、八万の差別の徳相はすなわち平等である。

曽我の種々の文によれば、「衆生とは我々の物質的欲望、八万四千の煩悩、八万四千の欲望というものを具体化したものが十方衆生と名けらるゝものである」「十方衆生とは自己現実のもろもろの欲念であって、自己の欲望を固定し十方衆生として知覚せられるのである」「十方諸仏と言うのは此欲望の理想であり目的物となって我の個々の欲望の饑渇を満すべく醇化すべく現はれた理想の客観的対象であり、我われの欲望を目覚めさす応化の光明である」「十方諸仏は未来の一如の浄土から、衆生の各自の欲望の世界に応現し給へる権化の光明である」「名号こそは根本意識の内界と外的欲望の世界とを交通せしむる精神力である」「一切の妄想と雑染と罪業との衆生を摂取して、自己の本性に総合し統一せずんば止まぬ憶念執持の力である」と言う。

諸仏こそ如来が衆生を救済して、如来の本願力を成就せしめる無上至巧の妙法である。弥陀が衆生を救うということは現在に諸仏を産出することである。故に弥陀が衆生を救う方法が諸仏であって、如来の本願力によって諸仏がある。「諸仏の護念証誠は、悲願成就のゆへなれば」というのは、決して諸仏と弥陀との相互の誓約によるということではなく、衆生の個別的欲望を総合する理想である。衆生が無量なれば欲望は無量である。欲望が無量であれば理想もまた無量であり、従って諸仏も無量である。諸仏は唯一如来の応現として各自に一々の欲望に応じ、弥陀はそれを総合摂取する。弥陀は無数の煩悩の衆生を救うには諸仏の方法が必要なのである。

正しく諸仏と衆生の関係は、我われの諸々の欲望に応じてその欲望を醇化展開せしめ、真実の願心に目覚めせしめる弥陀如来の応化の用をなすのが諸仏である。法蔵菩薩の本願力は一切の無明欲望の行業を内省して、本有の名号を分化して、有限の観念なる諸仏の名号を産出創造されるのである。菩薩広大の願力は一切の無明欲望の行業を内省して、無縁平等の大慈悲の態度をもってその本有の如来の名号を、次第に一行から一切の行を自爾に分化される。それは絶対観念の弥陀の名号の一段の開展である。阿弥陀の御名を各自の名号の上に表象回向して衆生界に流行せしめるのである。物質的祈願の象徴の上に、はや永遠の本願の象徴が示現せられてある。まことに有限相対と無限絶対との一致、全我の分化と総合との一致はただこの名号の世界にのみ成立する。天親論主が阿弥陀を尽十方無碍光と讃嘆せられたのはこの意義である。

諸仏の名号が分化といわれるのは、法蔵菩薩は唯一なる絶対の観念を摂持しているのみではなくて、法蔵は数知れぬ相対有限の観念を摂蔵している。常に本願の胸を開いて所有十方衆生の欲望の観念を受け容れる。すなわち十方衆生の雑行雑善を受け容れる。十方衆生の自利的なる現世祈願を受け容れる。それは、法蔵が十方無量の諸仏の名号を摂持しているからで、阿頼耶識の種子の世界というのは十方恒沙の諸仏の名号の世界である。十方諸仏の観念は皆悉く客観から薫習せられたる新生の観念である。

枝末的な有限の諸仏の名号を感発しなければ、本仏の名号は成就することは出来ないのである。諸仏の名号を離れれば本仏の本有の名号は何等の内容なき外形に過ぎないのである。

しかしまた肝要なことは本仏である弥陀の願心を憶念することによってこそ、この諸の欲望の観念、一切の有限観念である一切諸仏の名号は決して相互に撞著しない。薬師の名号も、観音の名号も、多宝の名号も、大勢至の名号も、皆一面にはそれ自ら有限の欲望の名号にして、全人格の一部を抽象したものであるが、一度全人格の願心海に入り来たっては、相互に無障無碍であって、その全人格の願心を表顕しなければ止まないのである。

自己の真に救われるのは、諸仏を通して弥陀の本願を体験し、弥陀は諸仏を媒介として衆生を救い、自己の願心を自証するのである。すなわち衆生は諸仏が称讃する第十七願の南無阿弥陀仏の大行によって救われるのであるが、その諸仏は弥陀を称讃することにより弥陀の本願のまことなることを証明する。観点を変えると諸仏は阿弥陀如来の名を称えること、第十七願によって諸仏は成仏する。

法蔵菩薩の四十八願に於て、正しく摂法身の誓願と云ふべきものが三つある。それは第十二の光明無量の願と、第十三の寿命無量の願と、第十七の諸仏称名の願とである。この三願は一如自然の体相用《たいそうゆう》を表示し成就するものである。寿命無量は一如の体大を示し、光明無量は一如の相大を示し、諸仏称名は一如の用大を示す。この三願を以て一如の三大を示現して洩す所はない。寿命は悲智の内面なる因位の本願を示し、光明は悲智の外的徳相なる果上の正覚を示し、名号はすなはち内外因果の体相を貫通して現実人生に表現したる一如の具体的なる妙用そのものである。まことに名号は常に一如の体中に在りて、同時に現実なる生死の裡に在る。無始より生死の苦海に在りて而も常に一如の体中を出《い》でない。用の用たる所は実に茲《ここ》に在る。親鸞が光明、寿命の誓願を「大悲の本」と呼び、名号の誓願を「大悲の願」と名けられたは正しく此所以であらうか。[3]（同　三―二六八頁）

光明無量・寿命無量は、すべての諸仏に共通であるが、法蔵菩薩の四十八願においては、第十二の光明無量の願と、第十三の寿命無量の願と、第十七の諸仏称名の願で、体相用にあたる。つまり寿命無量・光明無量によって南無阿弥陀仏の名号を成就して、そうして我われ衆生を救いたもう。

名号は一如の因位の本願である寿命の中にあって、同時に現実の生死の中にある。生死の苦海にあってしかも常に一如の体中を出ない。用の用たる所以である。また果上正覚の光明はわれわれの現実を照現するのである。寿命はすなわち実在の内なる体である、遍照の光明は実在の外相であり、内外体用の無碍自在なる名号は実在の妙の妙たるはたらきである。

「自証の願はその本性の功徳相であるところの智慧の光明を以てその久遠の法性真如の寿命を照明して、遂に名号を転出し、理想の如来は親しく、我等衆生の現実の生活の軌範として、内に救済の願を包むことを得て、その内的自証を完全に外に表現廻向し、誠に光明に照現せられたる法爾自然の名号こそは我々の唯一の救済の方法軌範である」(「選集」四—六二頁)。阿弥陀如来様は自分だけ光明無量寿命無量の御徳を具えるだけではなしに、一切衆生が我が本願を信じて南無阿弥陀仏と私を念じたならば、その私を信じ私を念じておる所の人々に南無阿弥陀仏の徳を全部一切衆生に回向する、一切衆生にそれを与える、こういうのが第十七願である。他の仏は、仏自身は光明無量寿命無量のさとりをもっているがその仏様の徳を、さとりを与えられない。名号があればこそ、そこに光明無量も寿命無量の徳も衆生に回向することが出来る。

如来の名号は正しく是れ絶対無限の観念そのものである。すなはち神の観念である。この無限の観念こそは至醇にして原始究竟の観念である。この無限の観念なくして宗教なく、哲学なく、芸術なく、道義なく、自我なく、人格なく、真の智慧と慈悲とはなく、真実の現在人生なく、大自然界はないであらう。げにこの絶対無限の観念はわれ等の憶念の最後の礎であつて、万象万有の生起する第一の所依である。

げに絶対無限の観念、真実法爾無漏の種子、これが則ち法蔵菩薩の第十七願に於て「我名」と呼び、諸仏の称揚を希求せしところのものである。その「我名」の何物たるやは有限因位のかれの知らざるところである。しかしながら彼は彼自身の心霊に如来の御名を受け、その御名に依りて現実世界に回向せしことを知つて居る。この無限の観念こそ一切の物質観念の基礎である。外界経験の基礎である、而して一切の物質界を荘厳し浄土を完成せしめる第一歩である。親鸞は「行の一念」と呼び、また「第一希有の行」と名けて居られる。（同　三一二七一～二七二頁）

曽我は弥陀の名号を絶対無限の観念といい、真実法爾の無漏の種子・絶対真実とか特別な観念と言っているが、無限の観念について論じているのは『名号の世界』（「選集」三）と初期の論文『弥陀及び名号の観念』（「選集」二）である。すなわち「絶対無限の観念はわれ等の憶念の最後の礎であって、万象万有の生起する第一の所依である」と弥陀の名号が他の観念、現象存在の依りどころ、基礎である。「識体は自証の作用で識の直接の用であり、相分見分に分けられるが、あくまで用《はた》らきを表すので、何か体があるのではない。全く純粋な観念の根本智で相分も見分もない。自己所具の真理を内観する斗《ばか》りである」（曽我ノート）。無限の観念とは無限の内観によるのであって、無限の観念と限りない識の自覚作用、内観のはたらきである。

宇宙に第一原因なし、そは唯原理にすぎず。現象は無窮なり、無始無終なり。是故に他と云ひ自と称するもの決して仮相にあらず。是故に他力なる名は必ず有限界中の相待ならざるべからず。と称するもの決して仮相にあらず。是故に他力なる名は必ず有限界中の相待ならざるべからず。無限は自他を絶しつゝ自他を包含す。決して他力と名くべきにあらず。況んや他を以て無限とせんか、他力は即無限力ならざるべからず。されど無限力なるものは箇々の力の総計の外何物かあらむ。要は無限力とは個々の力の相関係する所以にして、唯原理に過ぎず、一箇の無限力なるものありて後有限力の生じたるものにあらず、唯有限をしてしかあらしむる原理のみ。決して第一原因にあらざるなり。（同　一―二五四～二五五頁）

あらゆる観念は、皆無限の一方面に過ぎない。無限はいかなる矛盾をも摂容すると言うのである。それは無限のままで摂容するのではない。相対的な有限の観念において摂容するのである。

既に述べたように、南無阿弥陀仏はこれ法蔵菩薩の根本的観念であって、南無阿弥陀仏の観念は最初の実在であって、しかも最後究竟の顕現である。一切諸行の根本であって、しかも一切諸行から選択摂取せる最後の到着点である。弥陀の名号こそは一切を摂受する無限のはたらき、無碍の一道である。「本有の名号は、絶対真理と相対の事実とを無碍ならしむる一つの道である。この名号こそは根本意識の内界と外的欲望の世界とを交通せしむる精神力である」(『行信の道』第一輯)と、親鸞は『大無量寿経』の体を「仏の名号を経の体とす」と釈せられ、また「名字は因位の時のなを名といふ。号字は果位の時のなを号といふ」(親鸞法語)と言われる。南無阿弥陀仏は法蔵菩薩の本有の真実法爾の根本的観念であろう。しかし一切諸行の根本であって、しかも一切諸行から選択摂取せる最後の到着点である。南無阿弥陀仏は真俗二諦に流行する真実の大行である。

印度大乗仏教の深き観念主義は決して少数の哲人の所証ではない。全民族の統一的創造である。彼等は人間の現実的精神界の至奥を開いて、観念の世界、名号の世界を発見した。世界の多くの民族等が、徒に幻の如き生活欲望を無批判的に肯定しつゝある間に、かの印度民族は深く此等欲望の醜悪と虚偽とを悲痛し、遂に現実世界の奥に真実の名号の世界を感得した。(同　三―二七三頁)

まことに、名号の世界を発見し、欲望の醜悪と虚偽とを悲痛し、現実世界の奥に真実の名号の世界を感得したのである。深き無漏の種子の本願が現行としての名号南無阿弥陀仏と力用していく過程に、諸仏の証明というか諸仏を通して具体的客観的な救いを現成するのである。願の展開の総合的全体について弥陀と言い、その自覚の分析的作用について諸仏と言うのである。

三、唯識における第十七・十八・二十願の関係

曽我は唯識における真宗の十七・十八・二十の願の関係を、阿頼耶識は詳しくは法蔵識というべきものであり、浄土真宗の本願でいうならば、第十七願と第十八願の関係という意味と、更にもう一つは第十八願と第二十の願の関係という二つの二重の意義を持っていると考えている。阿頼耶識は第十八願に当たり、清浄なる阿頼耶識・阿摩羅識は第十七願、末那識は二十願であり、そして第十九の願は前六識に当たるものである。

二十願と十七願は裏と表の非常に深い関係を持っている。親鸞は二十願と十七願とに分けて、十八願の機の方面には二十願を開き、法の方面には十七願を開くが、唯識における阿頼耶識は末那識と阿摩羅識という二つの二重の意義をもっているように考えられる。

私共の深層意識のところに二十願がある。無始の原罪、曠劫の根本的我執、断ち得ざる自力の我執である。第十九願は社会通念の機の自覚に過ぎない。その機が主体的になるところに第二十願がある。この二十願に曽我は唯識観に基づいて深い考察をしている。

茲に私は『歎異鈔』の第九条の「しかるに仏かねてしろしめして煩悩具足の凡夫とおほせられたることなれば、他力の悲願はかくの如きの我等がためなりけりとしられてたのもしくおぼゆるなり」と云ふ文章を想ひ出すのであるが、この「仏かねて知しめす」とは因位法蔵菩薩の願心を指す言であり、すなはち根本阿頼耶の中に知ることである。如来の現在の正覚の中には彼と同一体なる十方無量の諸仏があるばかりであつて、一人の衆生もないのである。すなはち彼は彼の久遠の本願を憶念する時にのみ、十方の煩悩具足の衆生があるのである。しかしながら彼がその本願を念想する時、その願心の中に存在する衆生とは何であるか。それは果して個人意識の内容たる衆生であらうか。更に明に言はゞ世の中に果して煩悩具足の凡夫なる者が一人でも居るであらうか。我等は日常の個々の行為に就てはその悪を知ることが出来ないといはない。しかしそれは決してその衷心から「煩悩具足の凡夫」といふ名のりではない。是は極めて深重なる自証の告白であるべきものであつて、軽々しく口に現さるべきものではなく、真に悪の自証を離れて悪人がある筈がない。(「選集」四―二九頁)

曽我が一切衆生は彼の「かねて知しめす」とは因位法蔵菩薩の願心を指す言であり、一切衆生は彼の「かねて知しめす」ものとして彼の内容として彼の光の中に摂取せられてある。しかし如来の悟りの中には、覚った衆生である諸仏が存在するのみで煩悩具足の凡夫は存在しないのである。

諸仏とは衆生が助かって仏になった諸仏同体の位で、悟りの世界には衆生は存在しない。曽我は諸仏は衆生の救われた理想であると言う。かかる正覚から迷える衆生を救済せんと法蔵は本願をおこされた。法蔵は十方諸仏の光明を通じて、光の陰にうごめく煩悩具足の凡夫の十方衆生に接せられて、正覚の如来はその久遠の「正覚から本願に」向下流転される。

静に如来の願心海を念ずれば、一切衆生は彼の「かねて知しめす」ものとして彼の内容として彼の光の中に摂取せられてある。しかし遂に彼の全く知しめさぬものは現在の自己である。一切衆生は如来の願心と一如であるけれども、自己一人は永久に法の外に捨てられた。此間の消息を第一に洩すものは第十八願の「唯除五逆、誹謗法」の文字であり、『教行信証』信巻の「悲いかな愚禿鸞、愛欲の広海に沈没し、名利の大山に迷惑して、定聚の数に入ることを喜ばず、真証の証に近づくことを快《たのし》まず、慚づべし傷むべし」の文や、化巻の「悲しき哉垢障の凡愚、無際よりこのかた助正間雑し、定散心雑するが故に出離その期なし、みづから流転輪廻をはかるに、微塵劫を超過すとも仏願力に帰しがたく、大信海に入りがたし」といへるは此意味を示すものと見ゆる。（同　四―三二頁）

この親鸞の深い表白は、二十願の機の深信であり、煩悩具足の悪人、救われざる無有出離の身、本願に漏れた逆謗の一人であり、この逆接的な救いが一切の衆生を救う大悲を示している。それは十八願の法蔵の同体大悲の願心は不取正覚と如来自身が救いから除外する衆生の身となって救いを身証されるのである。二十願の果遂の誓は第十八願を自覚の道にする。第十八願を本当に自覚の道たらしめるために第二十願がある。

その救済の方法は十八願に十方衆生を呼ぶ前に、第十七願に十方の諸仏を呼んで、自己の名号の咨嗟《しさ》称揚を要求し、自己の証明を求められる。十方諸尊の護念を背景として十方衆生に向かい、十方衆生を背景として十方諸仏の証明を求める。すなわち第十七の諸仏称名の願は、十方諸仏の咨嗟称讃によって、如来の名号を成就し、衆生の行となって、十方衆生の志願を満足せしめられる。第十七願の十方諸仏を一身に負って十方衆生を呼び、また十九、二十の二願の十方衆生の心願を一身に負うて十方諸仏を呼んでいる。十方諸仏の心願と、十方衆生の心願とは、唯一の法蔵菩薩の上に統一せられてある。

「五濁悪時悪世界、濁悪邪見の衆生には、弥陀の名号あたえてぞ、恒沙の諸仏すすめたる」とは第二十願の機の相である。名号は第十七願の名号である。「良《まこと》に勧め既に恒沙の勧めなれば信亦恒沙の信なり、故に甚難と云ふ」と、常に十方諸仏称名の証誠護念により、全く救われることの出来ない底下の凡夫を救うことを得るのである。

この第二十願と第十七願とを相対抗せしめるところに、いわゆる法頓機漸の原理がある。法頓とは第二十願の立場に立って法を第十七願に見いだして来る。この道理は本願成就文と第二十願とを比較して見るといよいよ明確である。「設我得仏、十方衆生、聞我名号、係念我国、植諸徳本、至心回向欲生我国、不果遂者、不取正覚」、聞我名号は第十八願にはなくて第二十願にある。係念我国もまた二十願にある。成就文の至心回向を二十願の自力回向と区別せんがために「至心に回向したまへり」と親鸞は訓ぜられたのである。「至心に回向したまへり」はどうしても第十七願に移して初めて出て来る言葉である。

第十七・第十八の二願は、ちやうど合せ鏡のやうなものであります。これは法相唯識の学問の方では自証・証自証といふことを云ふ、私はこれをもつて了解してをるところであります。(乃至)即ち、自証の鏡と証自証の鏡、――自証の鏡は即ち信心の鏡である、証自証の鏡は即ち大行の鏡である、行の鏡と信の鏡である、かういふやうに解釈すべきものであると

思ふのであります。（同　七—二五五〜二五六頁）

第十八願の至心信楽欲生の三心が、唯識論のいわゆる第八阿頼耶識すなわち根本主観に相当し、また二十願の自力念仏の願心の至心回向欲生の三心は、心理的自我意識の根本の第七末那識に相当し、また十九願の諸行往生の願心なる至心発願欲生の三心は、普通の自己意識の第六意識に相当し、十七願は清浄な阿頼耶識（阿摩羅識）に相当する。

第十八願の自証分、主体的に自覚識を客観的に証明するのが証自証分の十七願である。自己を照らすために法の面で十七願が十八願の普遍的な救いであることを証明する。また機の面で二十願が十八願の見分に対する相分の現識を内観反省することによって末那識の我執を転識せしめる。相分によって見分は主体的に自覚自証する。第十八願を本当に自覚の道たらしめるために第二十願がある。それが十八願の「唯除五逆誹謗正法」の意味であり、果遂の誓いと言われるのである。無論、かかる二十願の機を転ずるのが、真実の法である十七願の諸仏称揚讃歎によることは言うまでもない。かかる二十願の機を転ずるのが、真実の法である十七願の諸仏称揚讃歎をもって照らしていただくことによるのである。

親鸞の「仏かねてしろしめして、煩悩具足の凡夫」といわれる深い自覚と、「他力の悲願は、かくのごときのわれらがためなりけりとしられて、いよいよたのもしくおぼゆるなり」と、潜在的に法蔵菩薩のやるせない大悲・本願力を「親鸞一人がためなりけり」と感知された。

法蔵菩薩といえども証明する鏡がなければならない。十方諸仏が証明する。衆生と共に生死の泥の中に踏み込んで法蔵は修行をしておられるが、法蔵菩薩は諸仏の証明のもとに南無阿弥陀仏となられる。法蔵菩薩は常に十方諸仏の証誠を要求するというよりも、不断に諸仏の証誠の語を聞かれて、親しく十方衆生の中に自らを発見せられ、衆生の身になって十方諸仏の称讃の声を聞かれたのである。

かくして十方諸仏は果の位であり、十方衆生は因の位であり、因である救われる信の立場より見れば十方衆生であり、救われた行の立場より見れば十方諸仏である。念仏を称えざるを得ないのは十方衆生であるが、称えるといふ仕事は諸仏の仕事である。諸仏が衆生であることを知らしめ、また衆生がすべて諸仏になることを知らしめて互いに照らし合う。「霊と肉が遮られて諸仏も苦しめば衆生も苦しんでゐる状態から、その苦を脱して共に全一融合の状態に帰り得るやうにせられるのがこれ救済である」(「選集」四—四四九頁)。

曽我の唯識思想において第十七願の諸仏称名の願の意義を考えてきたが、根本意志である本願すなわち本有種子は所生の果であり、新薫種子である諸仏に分析分化するとは還相を示すのであり、その新薫種子の作用である諸仏の称名が根本意志に総合されるとは弥陀の本願に摂取されることであるが、総合から分化への作用は還相であり、分化から総合への作用は往相である。

十一願・十八願も往相回向の願と言われるが、十七願は特に往相回向の願の全体であり、その隠彰の事実に還相があるのであろう。十七願は専ら名号成就の大願であるが、「しかるにこの行は大悲の願（第十七願）より出でたり」（行巻）と言われるのはその意を表していると言えるのであろう。

諸仏は弥陀の大行の教証作用であると前述したが、まず教を行に収め、信を行から開いて、この信の一念に立って証を前に見、行を後に負う時、第一の教は第二の行の背景となるのである。この行に教を収め、証を信に収めて行信一体で無上の涅槃を求めるのが教行信証の往相道である。教を行に収めるときは、大行は往相の心証である。それに対して行を教に収め、信を証に収めて教証とする時、往相の心証である大行の南無阿弥陀仏の体験を証した教主の教は還相である。

では第十七願と第二十二願は如何なる関係になるのであろうか。

四、第十七願と第二十二願

西岸上の如来本願の招喚を受る時、此自覚の自我の往相を（願往生）行者と名け、又自我の還相を必定の菩薩と名ける。菩薩はわれの還相の名である。祖聖が「汝の言は行者なり」と云はれたのが往相の現実当面の名であり、又次に「これを必定の菩薩と名く」と云はれたのは還相の隠彰の名である。

往相還相とは誰の相であるか、この自己の二つの相である。我の前相と後相とである。往相とは現実人生から理想の自然に往生するわれの意識の顕相（願作仏心）であり、還相とは理想の自然から現実の人生に還来する所の無意識のわれの隠相（度衆生心）である。則ち往相は従因向果の向上の我相であり、還相は従果向因の向下の我相である。現実の白道の第一歩にある我はわれの背後から浄土還来の必定の菩薩の発遣の教を受け、われの前に、正覚如来の名号の名乗りを聞くであろう。（『選集』三―一八八頁）

『体験の教証』（『選集』三）の論文において、「必定菩薩と云ふは如来が我の還相として応現の相である」と我の上に還相の相を見いだしている。

往相の信意識の表面は自利を主とし、往相は本願力を回向表顕することは出来ない。ただ往相の背面に隠彰する還相の上に明らかに如来本願の他力回向が顕彰されている。南無阿弥陀仏の大行を説く教主は往相では諸仏と拝するのであるが、またその教化を受ける身には菩薩である。衆生を教化する者は菩薩であって、仏ではない、菩薩でなければ教化地たることが出来ない。「釈尊は十七願の諸仏称名の願に応じ、第二十二願の還相回向の弘誓に乗じて、此世に興出し、真実之利を恵まんと欲せられたのである。この欲の文字は釈尊の本願を示す。彼の『大経』開説は静的には十七願に応じ、動的には二十二願に乗ずるのである。全体我々は教を静的に見るは不徹底である。教は直に教主の人格の表現である。教主の人格を離れて存在しないのではないか」（「選集」三―一六九頁）と述べている。

大経上巻に於ては、浄土の三荘厳中、仏荘厳と国土荘厳とのみ開示せられ、第三の菩薩荘厳の一つが下巻に譲られて一段落を告げて居る。弥陀の浄土にはこの第三菩薩荘厳こそ本願成就の場所であり、仏道実践の成就、大切の場所であるのであつて、下巻は決して上巻の平面的延長でないのである。下巻は先づ本願成就の経文から始まつてあるが、開巻第一は必至滅度の十一願、次で諸仏称名の十七願、至心信楽の十八願、三輩往生の十九願、一生補処の二十二願の成就の経文が次第を遂ふて第三菩薩荘厳の偉観を展開する。（同　四―四九一頁）

東方の偈において、東方恒沙仏国の無量無数の諸菩薩衆、みなことごとく無量寿仏の所に往詣して、他方菩薩が阿弥陀仏国に往観して、無量寿仏を讃歎することによりその仏の本願力、名を聞いて往生せんと欲《おも》えば、皆悉く彼の国に到りて自ら不退転に致らんと十七願の意を掲げられ、それから、還到安養国とさらに十方諸仏の国をお訪ねして二十二願の還相回向のはたらきをすることが説かれている。正しく十七願と二十二願が深い関係をもつことが理解される。

東方諸仏国の諸菩薩が諸仏の勧めにより阿弥陀如来の浄土へ往観する。如来の威神功徳不可思議であるから、十方恒沙の諸仏たちがご自身の弟子たる菩薩たちに阿弥陀如来の浄土へ往観せよと勧められるのである。

往観とあるが、これはやはり往生するのである。阿弥陀如来の浄土は、阿弥陀如来の本願に乗托し、如来の本願力によらねば誰でも浄土へ行くことは出来ぬ。菩薩が阿弥陀如来の本願によらずとも、自由に往ったり来たりできるとお経に書いてあるがそうでない。これは阿弥陀如来の本願を信じ、本願の力に救けられることによって、阿弥陀如来の浄土へ初めて行くことができると、ご開山はご覧になる。ご開山はすべてこのようにみておられる。これは第二十二の還相廻向の願をお述べなされてあるのである。たとえ智慧の勝れたお方であっても、自力を以ては阿弥陀如来の浄土は垣のぞきもすることはできぬ。どんな智慧の勝れた人でも、一文不知の我らと同じく阿弥陀如来の本願を信ぜねば、浄土へ行くことはできぬということを教えて下さる。これが二十二願である。[4]（「講義集」一五―一四五～一四六頁）

他方より往観（往生）した菩薩は浄土にとどまってはいない。菩薩は菩薩の願というものがある。その本願によって自由自在に十方世界に遊ぶ。そして菩薩の行を修す。仏を供養しもろもろの衆生を教化度脱せしめるのである。往生といってもよいけれども、しかし菩薩の往生には凡夫と違って特別の意味をもっているというので「東方偈」では往生といわないで往観というのであろう。第十七願というのは、この地上に、念仏世界、我等の世界をして念仏の世界たらしめよう、という願である。

五、往生と成仏

最後に、往生と成仏の関係についての唯識の思想に立っている曽我の考えを講究しておきたい。『愚禿鈔』の中に善導大師の『往生礼讃』の前念命終・後念即生を「真実浄信心は内因なり、摂取不捨は外縁なり、本願を信受するは前念命終なり、即得往生は後念即生なり」という己証の註釈を加えられたが、曽我は次の様に領解している。

「前念命終は証大涅槃である、後念即生は住正定聚である」と叫ばしめられた。しかしよりこのかた私は此叫びを忘れることが出来ない。自証と救済との問題、すなはち成仏と往生との問題はわが真宗の教学に於て最も重要の題目である。(「選集」四―五〇頁取意)

「証大涅槃をただ証大涅槃だと、未来の益だと見てゆくだけでは意味がない。未来の益を信心の出発点におけば願作仏心というものである」「正定聚は必至滅度を前提して始めて正定聚が成立する」「必至滅度を我等の現在の所に持ってくれば、我等の如来廻向の信心は願作仏心である。願作仏心を前提して現生正定聚ということが始めて確立すると言わなくてはならぬ」などと言うように、前念命終の信心は願作仏心で成仏を目ざす。後念即生は往生・正定聚に住する。臨終一念の夕べは夕べであるが、本願を信受する信の一念の時、大涅槃を証する。「大涅槃を先験する」とは「信に死す」と曽我が言うように、念々に信は自力往生を否定純化し、「願に生きる」とは願力回向の他力往生を後験するのである。

信の一念のところに前念命終、娑婆の命が終わる。迷いのいのちの根元が仏智の不思議を信ずることによって断ち切られる。そして信の一念に、自力妄念の心の命が終わって、新しい心の命、願往生心が始まる。すなわち「往生は心にあり。成仏は身にあり」というのである。この真意を考えてみたい。

私が往生は心にありというのは、成唯識論に照してみると、心というのは第六識、第七識である。成仏は身にある。身とは第八阿頼耶識である。阿頼耶識も識というのだから、心ではないかといいますけれども、阿頼耶識は身心一如の識であり、身心一如の自覚である。ところが第六識、第七識というのは、心と身とを分けた立場で働いている心の働きであります。だから往生は第六識、第七識にあり、成仏は第八阿頼耶識にあります。成唯識論には、八識を転じて、四智を得ると記されています。八識の中において、第六意識、第七末那識の二つを転じて、平等、妙観の二智を得るのは初地不退の時、初歓喜地を得た時に第六識、第七識を転じて平等性智、妙観察智の二智を得るのであると教えています。第八識を転じて大円鏡智を得、前五識を転じて成所作智を得ることが仏果になる。(『往生と成仏』二三頁)

曽我は阿頼耶識は身心一如の識であるというが、唯識では阿頼耶識は瑜伽行の禅定体験を通して身心一体の転換が計られるのである。そのプロセスにおいて修行者は不自由な煩悩の束縛から自由な状態へ転ずる。煩悩を断ち切ることによって、心は麁重から心の満足を得て喜びを感受し、身は軽安な楽しみの状態へと転換する。この転換は身心が離れることなく併行して起こるのであって、特に肉体的な転換が精神的な転換に対して及ぼす影響が重要であると説かれている。[5] 転依者はすなわち心身一如の解脱、転識得智の四智の完成である仏智・成仏を目ざすのである。

しかし断惑の瑜伽行の実践者達は、潜在的な身体的な基盤である極めて微細であり知覚し難い煩悩を断ぜられない。その微細な煩悩によって仏智に到達することが出来ないことを禅定を通じて自覚していたのであろう。断惑というのは煩悩を生じる能力がないように転換するので、それを煩悩が断じられたと言われるので、微細な煩悩を煩悩即菩提と利他教化の菩薩道に転ずるのである。『菩提資糧論』に「菩薩は煩悩を性として、是れ涅槃を性とせず。諸々の煩悩を焼くにはあらず。菩提種子を生ずるがゆえに」と煩悩を否定するが、煩悩を焼き尽くすことなく、煩悩からこそが菩提の種子が生まれると言う。

それに対して、断惑出来ない煩悩にとらわれる凡夫は、身心一如の成仏をこの世で目ざすことが出来ないことを信知して、如来の仏智に照破され、煩悩の身のまま心は浄土に住する正定聚不退の精神的生活を歩む。それが意識である第六識の妙観察智と末那識である第七識の平等性智とを転じるが、煩悩の身である以上、四智を得る成仏は臨終の一念に期するのである。一念の信に目覚めてこそ、煩悩に惑わされる身であることを信知して念々に念仏往生の道を歩み続ける。その往生の到達点である成仏を目ざすのが、往生は心にあり、成仏は身にあると言うのである。身体こそが我われの倶生の煩悩を自覚し、往生成仏たらしめるのであろう。その身体こそが法蔵菩薩のはたらきの場である。

我が肉体は是れ現在の法蔵菩薩である。法身説法の道場である。我は小なる意識に依りて自己を制限すれども、肉体は是れ大なる我である。我は我が肉体を内観して、原始人、自然人、種族人、十方衆生を見る。肉的生身が現実の根本自我である。此肉身に無始以来の祖先の言教がある。我々の一挙一動悉く無意識なる言教の所発でないか。無始以来の生類の歴史は我の自然の言教である。祖先の内的経験は悉皆網羅して我の無意識の言教である。我は専ら此厳粛深重なる言教に発遣せられねばならぬ。（乃至）如来はその皮を紙とし、その骨を筆とし、その血肉を墨汁として、生ける「聖教」を創作し給ひた。その「聖教」は我の肉体である。肉の声は聖教の自発である。『大無量寿経』は此肉体の体験の「経典」である。（『選集』三―二一〇～二一一）

以上、詳しく唯識思想によって、親鸞の深い内観が十一願・十二願・十三願・十七願・十八願・十九願・二十願・二十二願の真仮の八願の救済と自証の真宗教学を樹立された親鸞の意義を感識することが出来るのであろう。

親鸞は唯識を解読も引用もされていないと批判されるかもしれないが、親鸞聖人の深い自己省察の内観は、自ずから天親菩薩の内観と共通するものがある。天親は『願生浄土偈』（『浄土論』）の著者であって、しかも『唯識三十頌』をはじめ瑜伽行唯識の思想の論者であった。瑜伽行唯識において天親は罪業のいかに深く、我執我見のいかに強く離れがたきを身証せられた。それに対して『願生浄土偈』は自己を超越した仏の不可思議力を讃仰されたのである。天親は生涯自力妄執の離れがたきを懺悔し、その反顕として、浄土願生を求められたのであって、かかる矛盾をかかえながら限りなき菩薩道を歩む行者であった。それに対して親鸞は『教行信証』において愚禿親鸞と名乗り、生涯弥陀の大悲に反照されて無始以来の罪業の限りない身が仏の大悲に救われる内観の凡夫道を歩まれた。

思うに喩伽行唯識思想の宗教的な目的であり、実践的な課題は煩悩の根拠の転換であるが、そのことがいかに容易でないか、『唯識二十論』の最後に「他心智云何、知境不如實、如知自心智、不知如佛境」とある。表象作用を超えたところに仏陀の認識作用は到達している。したがって、仏陀は主観・客観の超越した認識作用で、一切を領知している。それは論理的思惟を超えており、「一切は表象作用のみである」という真理は、仏陀の清浄智に達したものだけが得られる無限の究極の無量智である。

すなわち究極の絶対智は仏の境地であり、離言の境地である。法蔵菩薩は限りない願生心、内観の道を示して下さるのである。曽我は「法蔵菩薩こそは大乗の諸の論議経に於ける阿梨耶識若《もし》くは阿頼耶識なるものであつて、げに「大乗的精神」、「菩薩精神」、「大菩提心」、「永遠の人格」、「興法利生の大精神」の象徴である」(『選集』三―三三六頁)と真実の宗教的要求の原理の証著であるというのである。

法蔵を現に見るわけではないが、法蔵のはたらきを感ずる。南無阿弥陀仏というとき生きた法蔵は身に入り、身から出る。これがおたすけの象徴である。全身ことごとく南無阿弥陀仏である。それが声に出れば称名、身にあらわれると利他回向、口にあらわれるときは称名念仏、心に感ずるときは願生浄土。これが生きてはたらく法蔵の姿である。（「曽我量深集」上―一二～一四頁）

南無阿弥陀仏を回向の体とするのであるが、南無阿弥陀仏を体とするところの回向に往相・還相の二つあるので、南無阿弥陀仏がないところにただ回向というものがあって、その回向に往相と還相との二つがあるということはない。往相と還相ということは如来の回向、南無阿弥陀仏を体とするから、如来の回向である。唯識の教義的に言えば主体的に大行を証する自証が往相であり、客観的な真実的体験に求めるのが証自証であり、それが還相と言うのである。

弥陀の回向成就して　往相還相ふたつなり
これらの回向によりてこそ　心行ともにえしむなれ（高僧和讃・曇鸞讃）

註［1］　阿摩羅識について

(1)「選集」八『教行信証「信巻」聴記』第四講、二「廻向の根源としての法蔵菩薩」七六頁参照

(2)ノート０１―０２６　第二節「決定蔵論」五、浄不浄唯識の分別

唯識は一往は事識也　深く考ふれは唯識の真理也、空性也、此れ阿摩羅識の境也、無分別の真如也

ノート０１―０２３「無相論は何か。」八、阿摩羅識の建立

真如を第九識とし　此を唯識の究竟とす。新訳家には真如となすの意見もあれども　浄位の蔵識となすを正とす。有漏種子を蔵識の執持とし　無漏智の種子を阿摩羅識の所執とす

ノート０１―０２３　第三章「真諦訳□経論特点」第一節　解深密経

六、転依浄義を阿摩羅識とす

単に有漏種子を蔵識の執持とし無漏智の種子を阿摩羅識の所執とす

七、流転を阿頼耶識の事とし、本識には無漏種なきものとす。単に有漏種子を蔵識の執持とし無漏智の種子を阿摩羅識の所執とす

(3)修行によって阿頼耶識は一変して清浄なものとなる。玄奘がこの説に対し摂論を釈して、第八の阿摩羅識のみを立てて、それは阿頼耶識の果上に至りし時の名称であり、また阿頼耶識が無垢に

なったものであるとするので九識を別に分けて立てない。真諦はそれにたいして第九識の阿摩羅識を無垢識として立て、やがて真如・如来蔵とも呼ばれるようになることから、その真如・如来蔵から、全ての現象世界が現出していることを「真如縁起」・「如来蔵縁起」と言うようになる。

註［2］体一体別について、曽我は護法を継承する玄奘の体別立場を取っている。安慧を継承する真諦は体一の立場である。

唐訳にありては、蔵識は唯染汚識の種子を有して、自ら染汚の現行を有せず。従て染汚識は、種子としては阿頼耶識の所生なれども、現行としては全く蔵識以外に別立して、其の染汚性は毫も蔵識の本性と関係することなし。而して、此の蔵識の本性を染汚する能はざる所、正に蔵識は永劫染汚の種子を持して散失せざらしむる所以なりとす。

之に反して、真諦は、種子現行一体説なる故に、蔵識が染汚識の種子を持するとは、即ち蔵識が、染汚識の生因となるの義なり。従て、蔵識本来染汚を有すと定めざるべからず。されば八識は、其の相に於て常然たる区別あれども、其の体は唯一ならざるべからず。六識の妄執は七識の我執により、七識の我執は八識の法執によるとなす。護法の、六七有執・五八無執と論じて、諸識の上に執の有無を分別するは、唯、八識体別の仮定の上に立ち、安慧の八識有執説は、其の淵源、識体唯一論に存す。即ち第八識は、其の実相は真如心にして染汚を超絶し、其の現相は七識の生因として染汚を包含す。即ち玄奘は、染と雑染とを区別して、善悪無記等の倫理的範疇によりて、染浄の宗教的範疇を律せんとするに反し、真諦は、染と雑染との二者を同一視して、染浄真妄等の宗教的範疇に坐して倫理的範疇を解釈せんとするの傾向あり。故に玄奘は、第八識は体雑染虚妄の識なれども、而も有執の染法には非ずとなし、真諦は其の有漏雑染の故に、即ちに有執の染汚識なる所以なりと決定す。故に玄奘は、阿陀那の名を以て、専ら第八識に属せしむるに反し、真諦は、之を七・八二識の通名とせり。(「選集」一―四九八～四九九頁)

また、離言については、

法性は離言であつて一とも異とも名くべきではない。唯夫れ人間の識の境界でないから是を不二とか無二とか、強て名くるに過ぎない。名字は是れ衆生をしてそれを自証せしむる法の方便善巧であつて、衆生は名を通して、則ち名に即して而も名を超離せしめて法性の離言の意義に証入せしむる所の不可思議の妙用である。衆生の智慧の境界は具体的なる言語名字である。名言の無い所に智慧はないであらふ。併し乍ら円融至徳の具体的なる名言はそれに依つて法性離言の意味を詮表せしめる。則ち無量無限の否定の否定なる離言の意味こそは即ち法性が言語なる本願力自然を通して内に開顕する所の無為自然の自証の自境界に外ならない。(「選集」五―八八頁)

註［3］　無量寿と無量光の寿命と光明の仏身の用が南無阿弥陀仏の名号である、曽我は「弥陀の名号は光寿二無量の義を表明せるものであると云ふ。しかしながら六字名号に於て寿命は南無帰命の二字の義であり、阿弥陀仏の名は主として光明の義でなければならぬ。茲に始めて六字の名号が機法一体の御名として成立するのである。光明の阿弥陀は果成離垢清浄の本願力であり、寿命の南無は因位在纏本性清浄の往生の願心である」（「選集」四―一〇一頁）という。

註［4］　東方偈の次に浄土の菩薩荘厳を説く――二十二願。三毒五悪段、智慧段すべて十八願の自覚内容としての二十願を説て至心廻向欲生の深痛なる廻心懺悔の道を広説する。至心廻向とは選択本願に廻転向入するの如来の深き願心である。これなくして単なる至心信楽は断じて成立しないであらう。（「選集」四―四九六頁）

註［5］「身心論の観点からみた瑜伽行派の人間観―アーラヤ識説を中心に―」日本仏教学年報・第八二号の文を参照する。

あとがき

数年前に『救済と自証』を上版いたしました。その後、毎月の「鸞深会」と名づけた勉強会においで曽我量深先生の唯識観の基礎である『解深密経論』をはじめ唯識に関する諸論文を紐解き、「法蔵菩薩は阿頼耶識なり」との先生独自の唯識観の根源を求めて勉強会を続けて参りました。そして、山口・静岡・四国など各地からお越しの三十名近くの僧俗の熱心な求道者の皆さんの熱意に励まされ、紆余曲折しながら纏めることが出来ました。

その間、長谷正當・京都大学名誉教授に常に出席頂いて示唆を頂き、また仏教学者であり信心の行者である最も畏敬する幡谷明・大谷大学名誉教授から泥中の華文とも言うべき「そえがき」をお書き頂き、感謝の極みであります。また志願半ばで往生された無二の法友、小林光麿氏に答えることができればと念じて執筆いたしました。

人間はＡＩ（人工知能）を開発し、ロボット等のテクノロジーが急速に進歩し、曽我先生がお亡くなりになってから五十年足らず、人間生活の無機化は留まることを知らず、まるで人間性やその生活を置き去りにするかのように感じます。

「如来我となる、如来我となるとは法蔵菩薩の降誕なり」との曽我先生の畢生の命題は、こんな現代においてこそ「人間・私とは何か」という問いに答えるものと言えるのではないでしょうか。

曽我先生は、法性法身は純粋感情の世界であり、方便法身は純粋感覚であると喝破されました。そして光明無量は「如来は衆生の感官なり」とは純粋感覚であり、寿命無量は「如来は衆生の命根なり」とは純粋感情であり、名号は「如来は衆生の行足なり」とは純粋意志（如来の本願）であると言われるのです。

本願の清浄なる感情によって我われの根本の不純な感情を純粋の感情に清浄化して純粋感覚となる。すなわち転悪成徳するのである。

純粋なる感覚を開いて純粋感情の世界に流れている純粋感情を深く深く、証知して行く。感覚において感情を象徴するので、我われも象徴的存在なのであるというのが曽我先生の象徴世界観である。それに対して感情が不純粋であるとは自我感情が働いて、凡てがみなただ利害得失という我々の欲望の対象となるのが現実の我等の実体世界観である。

純粋意志は、大悲の感情であり、悲しみ痛みの苦悩の感情を融和し、無碍の柔軟心ならしめる感応道交の世界を開いていく。どんな感覚も純粋感情の中にとろかしてしまう。我々は感官を外に向けて居るが故に、触れる所は物であって人ではない。如来の感官（純粋感覚）は内外無碍であって、人と物とを無碍に見て、山河大地の内に有情としての自己を見る。

深層意識に顰《ひそ》む宿業本能が饗応する純粋の感性を求めるのが人間の真実の願いであり、大自然から与えられたものであり、この円満平等なる根本的純粋感情に対する信楽こそ人類の一切の文化の源泉であり、人間を人間たらしめ、自己を真の自己たらしむる必然的道理である。

人間の感性を限りなく内観し、「法蔵菩薩は阿頼耶識なり」と象徴的に表現された曽我先生の難解と言われる教えを、愚書が宗教と言うより未来の文化を切り拓いていく機縁の一端になれば幸甚です。

出版にあたり、ご援助下さった小林法友の遺弟の方々、そして大法輪閣の編輯部の高梨和巨氏が詳細に文章を検討し修正して頂きました御尽力に心から感謝申し上げます。

年たけて　いよよ帰らん　古里や
いのちのもとの　とわの自然へ　（元京都大学総長・平澤興先生）

南無阿弥陀仏　　　合掌

那須信孝（なす のぶたか）

1930年京都市に生まれる。1955年京都大学文学部卒業（仏教学専攻）。1959年大谷大学大学院修士課程修了（真宗学専攻）。浄土真宗本願寺派・一行寺住職、現在に至る。主な著書に『曽我量深の教え 救済と自証 ～法蔵菩薩は誰か～』（新学社 2012年）、『如何に中陰法要を勤めるか ～中有を如何に捉えるか～』（方丈堂 2012年）。他、随筆文など。

曽《そ》我《が》量深《りょうじん》に聞《き》く

宗教的要求《しゅうきょうてきようきゅう》の象徴《しょうちょう》・法蔵菩薩《ほうぞうぼさつ》

―限《かぎ》りなく純粋感性《じゅんすいかんせい》を求《もと》めて―

2018年4日15日　初版第1刷発行

著　者　那須信孝
発行人　石原大道
印　刷　三協美術印刷株式会社
製　本　東京美術紙工
発行所　有限会社　大法輪閣
東京都渋谷区東2-5-36　大泉ビル2F
TEL（03）5466-1401（代表）
振替　00160-9-487196番

 ISBN978-4-8046-8211-2 C0015